Hans Schneider
Karl-Heinz Raach

Freiburg im Breisgau

Hans Schneider

Freiburg
im Breisgau

fotografiert von Karl-Heinz Raach

Text: Wolfgang Fiek

Zeittafel: Franz Laubenberger / Hans Schneider

Verlag Rombach
Freiburg

© 1990, Rombach GmbH+Co Verlagshaus KG,
Freiburg im Breisgau
1. Auflage. Alle Rechte vorbehalten
Lektorat: Helgard Schmitz M. A.
Umschlag und Gestaltung: Michael Bögle,
Agentur für Werbung und Graphik, Freiburg
Herstellung: Rombach GmbH Druck und Verlagshaus,
Freiburg im Breisgau
Einige Abbildungen aus der Stadtgeschichte
stammen aus Ausgaben des »Freiburger Almanach«
(Verlag Poppen und Ortmann), dem Buch »Freiburg
und seine Bauten« sowie vom Städtischen Bildarchiv.
Wir danken für die Abdruckgenehmigung.
Printed in Germany
ISBN 3-7930-0579-8

Eine Stadt hat, wie ihre Menschen auch, viele Gesichter: fröhliche, traurige, besinnliche, nachdenkliche, alte und junge. Freiburg kennenzulernen, die Vielfalt und den Reichtum der Stadt zu ergründen, ist ein reizvolles Unternehmen. Dieses Freiburg-Buch, das an die erfolgreiche Reihe der »Impressionen Freiburg im Breisgau« anknüpft, zeichnet ein Freiburg-Bild, in dem Kontraste miteinander harmonieren. Gesichter einer Stadt, die sich von Tag zu Tag wiederholen und verändern.

Ein Bildband kann jedoch nur eine Momentaufnahme sein. Sie zeigt einen Lidschlag der Stadtgeschichte, die seit der Gründung durch die Zähringer im Schnittpunkt zweier wichtiger Handelswege nun fast neun Jahrhunderte währt. Das Auge des Fotografen zeigt uns ein Gesicht, wie es die Kamera in Sekundenbruchteilen einfängt.

Die Fotos von Karl-Heinz Raach lassen einen einfühlsamen Blick für Freiburg und seine Gesichter erkennen. Mit den Bildern entsteht vor den Augen des Betrachters eine moderne, aufgeschlossene und lebendige Stadt, die traditionsbewußt und liebenswert ihren Platz in der Mitte Europas behauptet. Der einleitende Text von Wolfgang Fiek führt zu einem unterhaltsamen Streifzug durch Freiburgs Geschichte, seine G'schichten lassen Vertrautheit wachsen.

Hans Schneider, der Herausgeber von »Freiburg im Breisgau«, ist ein Journalist, der Freiburg kennt wie kaum ein anderer. Für diesen Bildband gebührt ihm Dank und Anerkennung.

Autor, Fotograf und Herausgeber geben mit diesem Band dem Leser Raum, durch Erleben und Erkunden die Vielseitigkeit der Stadt selbst kennenzulernen. Abseits der bekannten Sehenswürdigkeiten gibt »Freiburg im Breisgau« Anregungen auf dem Weg zu einem eigenen Bild von unserer Stadt: »Die Freie Burg«.

Dem neuen Freiburg-Buch wünsche ich eine gute Aufnahme in Freiburg und viel Aufmerksamkeit bei den Gästen unserer Stadt.

Dr. Rolf Böhme
Oberbürgermeister

A town has many features – cheerful, sorrowful, pensive, meditative, old and young. Becoming acquainted with Freiburg, delving into the diversity and wealth it has to offer is an alluring experience. This Freiburg book, following on the successful series »Impressions of Freiburg im Breisgau«, presents a picture of the town in which contrasts harmonise with each other, features of a town which alter from day to day. An illustrated volume such as compiled by Hans Schneider can therefore only be a momentary exposure. It shows in the flicker of an eyelid the towns history which, since its foundation by the Dukes of Zähringen has stood at the intersection point of two important trade routes for nearly nine centuries. The eye of the photographer shows us a face caught by the camera in split seconds.

The photographs by Karl-Heinz Raach pass on, with understanding and feeling, the diversity of the features. With the aid of these pictures a modern, bright and pulsating town is placed before the eyes of the reader, an endearing town conscious of its tradition, which has its place in the centre of Europe. The accompanying texts by Wolfgang Fiek lead us on an entertaining expedition through Freiburg's history and local incidents rendering it still more familiar.

The author, photographer and publisher also give the reader with this volume scope, through their own experiences and interrogation to acquaint themselves with the features of the town. Apart from the familiar landmarks »Freiburg im Breisgau«, stimulates one's own personal vision of our town »Die Freie Burg« »The Free Stronghold«.

Hans Schneider, the author of this edition »Freiburg im Breisgau«, is a journalist who, better than many others, knows how to report on Freiburg with great enthusiasm for his native Alemannia as numerous publications and a series of well-known books prove. This new book deserves gratitude and appreciation.

I wish the new Freiburg book a good reception in Freiburg and that it will attract the attention of many guests in our town.

Dr. Rolf Böhme
Chief burgomaster of Freiburg

Une ville possède plusieurs visages: joyeux, triste, pensif, rêveur, vieux et jeune. Découvrir Fribourg, pénétrer sa multiplicité et ses richesses constitue une expérience pleine de charmes. Ce livre sur Fribourg, qui vient s'ajouter à la célèbre série »Fribourg en Brisgau: impressions«, décrit l'image d'une ville où les contrastes s'harmonisent, le visage d'une ville qui change de jour en jour.

Un livre d'images, tel qu'il est édité par Hans Schneider, ne peut par conséquent être qu'un instantané qui donne un aperçu de l'histoire de la ville qui, depuis sa fondation par les Zähringen à la croisée de deux routes commerciales importantes, a maintenant près de neuf cents ans. L'œil du photographe nous montre un visage comme sait le rendre l'appareil en une fraction de seconde.

Les photographies de Karl-Heinz Raach révèlent un regard intuitif sur les différents visages de la ville. Le lecteur a devant les yeux une ville moderne, réceptive, vivante, qui a sa place en Europe, consciente de ses traditions et digne d'être appréciée. L'introduction de Wolfgang Fiek nous conduit agréablement à travers la grande et la petite histoire de Fribourg, en toute intimité.

L'auteur, le photographe et l'éditeur, dans ce livre, permettent cependant aussi au lecteur de découvrir la ville par lui-même. Outre la visite des monuments connus, ce livre »Fribourg en Brisgau« suggère au lecteur de se faire une image personnelle de notre ville, la »ville libre«.

Hans Schneider, éditeur de ce volume »Fribourg en Brisgau«, est un journaliste qui connait Fribourg comme peu de personnes connaissent cette ville. Il sait parler de Fribourg avec beaucoup d'imagination et d'enthousiasme pour cette ville alémanique, comme le montrent les nombreuses publications et une série de livres célèbres sur Fribourg. Qu'il soit remercié pour cette œuvre.

Je souhaite que ce livre soit bien reçu à Fribourg et qu'il trouve l'intérêt des visiteurs de notre ville.

Dr. Rolf Böhme
Maire de Fribourg

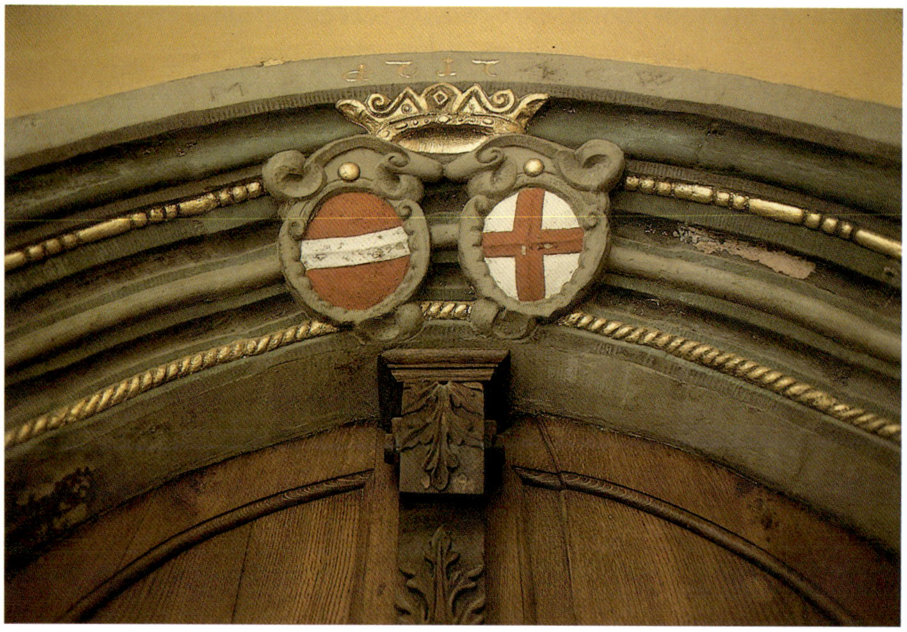

Freiburg im Breisgau

Es wäre ungerecht, Freiburg auf die unvergleichliche Harmonie des Münsters, auf die den Straßen und Gassen entlangeilenden »Bächle« oder auf jenen Teil zu reduzieren, den der Einheimische meint, wenn er »in die Stadt« geht. Kriege, Eroberungen, Besetzungen, Zerstörungen und Verwüstungen haben es nicht vermocht, dieser Stadt ihren von ursprünglichen Maßstäben bestimmten Charakter zu rauben. Als Markt- und Handelsstadt haben die Herzöge von Zähringen, Berthold III. und dessen Bruder Konrad, Freiburg im Jahr 1120 angelegt, keineswegs aus dem Nichts heraus, denn sowohl auf dem Gelände des heutigen Zentrums als auch ringsum bestanden bereits jene Ansiedlungen, die sich als Stadtteile später zu einem Ganzen zusammenfügten. Die Städtegründer aus dem mittelalterlichen Herrschergeschlecht, das seinen Einflußbereich vor allem gegen die Staufer zu erweitern suchte, nutzten die Lage am Fuß des Burghaldenschlosses, am Handelsweg zwischen Schwaben, dem Schwarzwald und dem Elsaß sowie die Nähe der Achse Straßburg–Basel, um Kaufleute und Handwerker als Bürger zu gewinnen. Der Standortvorteil und die großzügige Gewährung von Rechten und Freiheiten ließen die Rechnung der Zähringer aufgehen und führten zum wirtschaftlichen Aufschwung.

Der Weitsicht der Stadtplaner ist es zu danken, daß Freiburg nach der verheerenden Bombennacht am 27. November 1944 nicht als beliebige Ansammlung von Gebäuden, sondern in dem übereinkommenden Raumsystem wiedererstand, das der Stadt ihren Reiz und ihre Eigentümlichkeit erhielt. Weithin sichtbarer Festpunkt ist dabei der 116 Meter hohe Turm des Freiburger Münsters, der auch den verheerenden Luftkrieg fast unbeschädigt überstanden hat. Vielfach anonym und ohne persönlichen Ruhm zu erwarten, hatten Baumeister, Steinmetze, Bildhauer und einfache Bürger ihre Genialität und ihren Fleiß in den Dienst dieses großen Werkes gestellt, mit dem um das Jahr 1200 begonnen worden war und dessen Langchor erst 1510 fertiggestellt worden ist. In Freiburg steht der einzige mittelalterliche deutsche Münsterbau, der noch in Zeiten der Gotik vollendet worden ist.

Das Netz der Freiburger »Bächle« hat den Zweiten Weltkrieg nicht nur überdauert, sondern es wurde in jüngster Zeit sogar noch erweitert. Die schmalen Bachläufe, die schon im Mittelalter dem Brandschutz und der Reinhaltung der Straßen und Plätze gedient hatten, sind in der heutigen Fußgängerzone eine Labsal für ermüdete Gehwerkzeuge, ein Spielplatz für die Kinder und eine Bereicherung für das Kleinklima. Daß diese für Freiburg typische Einrichtung einem tradierten Bedürfnis nach Sauberkeit entspringt und daß sich die Bürger dieser Stadt mit einer auffallend hohen Sensibilität den Umweltproblemen unserer Tage öffnen, ist kein Zufall. Schließlich haben die Freiburger auch zu Zeiten, in denen rauchende Fabrikschlote noch Ausdruck von Prosperität und Wohlstand waren, auf derlei Statussymbole lieber verzichtet.

Dafür wurden alte Beziehungen neu geknüpft. Immerhin hatte Freiburg bereits 1326 ein »Kriegsbündnis« mit Straßburg und Basel geschlossen. In der Folgezeit verband und entzweite man sich mehrfach über den Rhein hinweg. Freiburg wurde von Franzosen, zeitweise sogar von Schweden, besetzt und beherrscht, stand unter dem Einfluß Vorderösterreichs, hatte Brückenfunktion oder geriet in eine nationale Randlage. Aus den Katastrophen der Geschichte, deren Auswirkungen von Mal zu Mal tiefere Narben hinterließen, haben auch die Bürger dieser Stadt ihre Lehren gezogen. Es wurden Partner zunächst in der Nachbarschaft und danach in aller Welt gesucht und gefunden. In einer lebendigen und wachsenden Freundschaft verbunden hat sich die Stadt mit dem österreichischen Innsbruck, mit dem französischen Besançon, dem italienischen Padua, dem englischen Guildford, dem amerikanischen Madison, dem japanischen Matsuyama und dem ukrainischen Lwow (Lemberg).

Wie wichtig der Austausch von Gedanken und Erfahrungen, die Lernfähigkeit und der Wunsch nach gegenseitigem Verstehen zur Überwindung politischer und nationaler Gegensätze gerade auf der Ebene der Gemeinden ist, hat sich in jüngster Zeit deutlich gezeigt. Daher liegt das Verlangen nach praktischer Zusammenarbeit mit den unmittelbaren Nachbarn nahe und hat in der Region zwischen Freiburg, Basel, Mülhausen, Colmar und Straßburg schon zu konkreten Ergebnissen geführt. Ein Beispiel dafür ist die Entwicklung des Euro-Airports Basel/Mulhouse/Freiburg, der mit der Breisgaustadt durch einen regelmäßigen Zubringerdienst verbunden ist und von dem spürbare Impulse für die Wirtschaftskraft in diesem Raum erwartet werden. Im Oberzentrum Freiburg, der Universitäts- und Fremdenverkehrsstadt in der Südwestecke Deutschlands, sind sowohl die kulturelle Mittelpunktsfunktion als auch der Dienstleistungssektor besonders kräftig ausgebildet. Die Wirtschaftsplaner richten ihr Augenmerk indessen auf eine Stärkung der bereits ausgebauten Felder in den Bereichen Fasern/Werkstoffe/Materialien, Pharma/Biotechnik, Medizintechnik und Medizinelektronik, Mikroelektronik und Mikromechanik, angewandte physikalische Technik, Umwelt- und Energietechnik oder das Verlagswesen.

Der 1457 von Herzog Albrecht gegründeten Universität wird in diesem in die Zukunft weisenden Prozeß eine gewichtige Rolle zukommen. Dabei soll der Rang der Geistes- und Sozialwissenschaften, der mit Namen wie dem des Staatswissenschaftlers Carl von Rotteck, der Philosophen Edmund Husserl und Martin Heidegger, der Wirtschaftswissenschaftler Max Weber, Walter Eucken, Konstantin von Dietze, Friedrich August von Hayek, des Soziologen und Kulturhistorikers Arnold Bergstraesser, des Historikers Friedrich Meinicke oder der Romanisten Hugo Friedrich und Erich Köhler aufs engste verknüpft bleibt, keineswegs geschmälert werden. Die in Freiburg erreichten Leistungen im Bereich der Naturwissenschaften und der Medizin folgen schließlich keinem neuen Zug der Zeit, sondern führen zurück auf so bedeutende Persönlichkeiten wie den Zoologen August Weismann, den Biologen Hans Spemann, den Bakteriologen und Hygieniker Paul Uhlenhuth, den Chemiker Hermann Staudinger, die Pathologen Ludwig Aschoff und Franz Büchner oder den Mediziner Ludwig Heilmeyer.

Mehr als 23 000 Studierende sind derzeit an den 14 Fakultäten der Albert-Ludwigs-Universität eingeschrieben, denen eine 15. Fakultät angegliedert wird. In diese Fakultät für angewandte Wissenschaften könnten dann auch die Fraunhofer-Institute für Solare Energiesysteme, für Kurzzeitdynamik, für Physikalische Meßtechnik, für Werkstoffmechanik und für Angewandte Festkörperphysik integriert werden. Einen besonderen Stellenwert haben in diesem Zusammenhang auch das Max-Planck-Institut für Immunbiologie, an dem der Nobelpreisträger Georges Köhler arbeitet, und das Kiepenheuer-Institut für Sonnenphysik. An allen Freiburger Hochschulen zusammen, einschließlich der Pädagogischen Hochschule, der Musikhochschule und der Fachhochschulen studieren mehr als 30 000 junge Menschen. Der in die Jahrhunderte zurückreichenden Verknüpfung mit der Wissenschaft steht im täglichen Leben der Stadt die Funktion eines Einkaufszentrums mit einem weitreichenden Hinterland gegenüber. Dem aufmerksamen Besucher der Stadt wird dabei nicht entgehen, daß in den Kaufhäusern, in den Boutiquen und Fachgeschäften ein hoher Anteil der Kunden aus dem nahen Frankreich stammt, dessen Grenze gerade noch drei Kilometer von Freiburg-Waltershofen entfernt liegt.

Dem Oberzentrum Freiburg obliegt auch die Versorgung der Kranken aus einem größeren Einzugsgebiet. Dabei haben sich die Universitätskliniken auf mehreren Fachgebieten, wie etwa der Tumorvirologie, der Hirnforschung, der Röntgendiagnostik oder der Hepatologie einen internationalen Ruf erworben. Nicht zuletzt gilt Freiburg als Ausgangspunkt und Zentrum der modernen sportmedizinischen Forschung und Versorgung. Während das Kneipp-Sanatorium St. Urban als Anlaufstelle für Erholungssuchende auf eine lange Tradition verweisen kann, sind die Einrichtungen für die Rehabilitation beim »Eugen-Keidel-Mineral- und Thermalbad« im Mooswald erst in jüngster Zeit geschaffen worden.

Durchweg vorzügliche Noten verdient sich die Freiburger Gastronomie und Hotellerie im Urteil nicht nur der Besucher aus aller Welt, sondern auch der auf diesem Feld bewanderten Fachleute. Auf die Mischung aus einem hohen Freizeitwert durch eine die Stadt umgebende abwechslungsreiche Landschaft, auf die Nähe zu den Nachbarländern Schweiz und Frankreich, auf die Leistungen der Gastronomie, die Güte des Weins und auf die Reichhaltigkeit des kulturellen Angebots ist der Erfolg der Touristenstadt Freiburg gegründet. Kulturstätten wie die Musikhochschule, die Städtischen Bühnen mit dem Philharmonischen Orchester, das Wallgrabentheater, das Kinder- und Jugendtheater, das Freiburger Jazzhaus, die verschiedenen Museen, die Festivals, darunter das Zelt-Musik-Festival, und die Veranstaltungsreihen sowie ein vitales und vielfältiges Angebot alternativer Kultur freier Gruppen verdichten das Leben in einer Stadt, die vor allem in den Sommermonaten ein südländisches Flair entwickelt. Zum Feiern sind die Freiburger indessen das ganze Jahr über aufgelegt, bei der alemannisch geprägten Fasnet, bei den Frühjahrs- und Herbstmessen, bei den überregionalen Ausstellungen, bei den Weinfesten, den Flohmärkten, den unzähligen »Hocks« in den Stadtteilen oder zum Ausklang des Jahres beim stimmungsvollen Weihnachtsmarkt auf dem Rathausplatz. Bei allen Aktivitäten in der Stadt verbinden sich die Wesensmerkmale des Freiburgers, der als bedächtig abwägend und eher zurückhaltend gilt, mit dem Temperament einer multikulturell geprägten Universitätsstadt zu einer reizvollen Symbiose.

Wolfgang Fiek

Freiburg im Breisgau

It would be unfair to reduce Freiburg to the incomparable harmony of the cathedral, to the »Bächle« hurrying along beside the streets and lanes or to that the Freiburger means when he goes »into town«. War, capture, occupation, destruction and devastation have not been able to rob the city of its original character. In the year 1120 the Dukes of Zähringen, Berthold III and his brother Konrad, established Freiburg as a market and trading city. It was by no means a new creation because the area that forms the city centre today was already inhabited and the settlements that were later to form the various parts of the city already existed. The founders, members of a mediaeval dynasty that was trying to extend its sphere of influence above all in opposition to the Staufer rulers, used the position at the foot of the Burghaldenschloß, on the trade route between Swabia, the Black Forest and Alsace, and the proximity of the axis Strasbourg – Basle to attract merchants and craftsmen to the city. Because the position was so favourable and because the Zähringer were generous in granting rights and liberties their plan worked and led to a first economic upswing.

Thanks to the far-sightedness of the city planners Freiburg was not rebuilt after the devastating airraid of Nobember 27th, 1944 as a nondescript collection of buildings, but re-emerged in its traditional design that retains the city's charm and character. Freiburg's cathedral survived the bombings almost undamaged and the spire, 116 metres high, is visible from far around. Architects, stonecutters, sculptors and ordinary citizens had used their ingenuity and industry, often anonymously and unselfishly, in the service of this great work of art, which was begun around the year 1200, with the long choir being finished only in 1510. It is the only mediaeval German cathedral completed before the end of the Gothic period.

Not only did Freiburg's network of »Bächle« survive the Second World War, it was even extended recently. The narrow little streams, which take advantage of the natural gradient from east to west and which as far back as the Middle Ages were used for fire protection and to keep streets and squares clean, are, in today's pedestrian precinct, a refreshment for tired feet, a playground for children and an enrichment for the climate in the heart of the city. To say that these »Bächle«, that are so typical of Freiburg, stem from a traditional need for cleanliness and that the inhabitants are remarkably sensitive to present-day environmental problems may be a daring mental combination, but there is something in it. After all at a time when smoking factory chimneys were still an expression of prosperity and affluence Freiburgers preffered to do without such status symbols. Instead old relationships were renewed. As early as 1326 Freiburg had made a ›war alliance‹ with Strasbourg and Basle. In the following years the alliance across the Rhine was broken and re-established several times. Freiburg was occupied and governed by the French, and at times even by the Swedish, was part of the Austrian empire, acted as a bridge or found itself in a marginal position. The citizens have learned the lessons from the catastrophes of history, the effects of which left increasingly deeper scars every time. They sought and found partners, first among their neighbours and then all over the world. The created vigorous and growing friendships with Innsbruck in Austria, Besançon in France, Padua in Italy, Guildford in England, Madison in the United States, Matsuyama in Japan and Lwow (Lemberg) in the Ukraine. In recent times it has become clear how important the exchange of thoughts and experiences, the ability to learn and the desire for mutual understanding are in overcoming political and national differences, particularly at local level. For that reason the desire for practical co-operation with one's direct neighbours is understandable and in the region between Freiburg, Basle, Mulhouse, Colmar and Strasbourg has already led to concrete results. One example of this is the development of the Euro-Airport Basle/Mulhouse/Freiburg, which is linked to Freiburg by a regular feeder bus and which, it is hoped, will stimulate the economy of the region. Freiburg, the university city and tourist centre in the southwest corner of Germany, is particularly well developed as a cultural centre and in the service sector. In the meantime the economic planners are aiming at further developing certain areas in the spheres of fibres/stock/materials, pharmatechnology and biotechnology, medical technology and medical electronics, microelectronics and micromechanics, applied physical technology, environmental and energy technology or publishing.

In this forward-looking process the University, founded in 1457 by Duke Albrecht, will play an important role, without, however, detracting from the quality of the Arts and Social Sciences so closely linked with names like that of the political scientist Carl von Rotteck, the philosophers Edmund Husserl and Martin Heidegger, the economic scientists Max Weber, Walter Eucken, Konstantin von Dietze, Friedrich August von Hayek, the sociologist and culture historian Arnold Bergstraesser, the historian Friedrich Meinicke or the Romance philologists Hugo Friedrich and Erich Köhler. The achievements in the natural sciences and in medicine are not after all something new, but follow on from such distinguished personalities as the zoologist August Weismann, the biologist Hans Spemann, the bacteriologist and hygienist Paul Uhlenhuth, the analytical chemist Hermann Staudinger, the pathologists Ludwig Aschoff and Franz Büchner or the physician Ludwig Heilmeyer.

At the moment more than 23 000 students are enrolled in the 14 faculties of the Albert-Ludwigs-Universität, to which a fifteenth faculty is to be added. The Fraunhofer Institutes for Solar Energy Systems, for Short-time Dynamics, for Physical Metrology, for Material Technology and for Applied Solid-state Physics could then be integrated into this faculty for applied sciences. In this connection special importance is attached to the Max Planck Institute for Immunology, where the Nobel pricewinner Georges Köhler works, and the Kiepenheuer Institute for Solar Physics. Altogether more than 30 000 young people study at the university and colleges in Freiburg, including the College of Education, the College of Music and the various technical colleges. In the daily life of the city the oldestablished links with science are balanced by its function as a shopping centre for an extensive hinterland. The attentive visitor will not fail to notice that in the department stores, boutiques and specialized shops many of the customers come from France, which lies just three kilometres away from Freiburg-Waltershofen.

As the main city in the region Freiburg also provides medical care for patients from quite a large catchment area. The University Clinics have gained an international reputation in several fields, for example tumour virology, brain research, radiodiagnostics or hepatology. Not least Freibug is considered as the starting point and focus of modern research in sports medicine and medical care for sports injuries. While the Kneipp-Sanatorium St. Urban has a long tradition of treating patients, the rehabilitation facilities attached to the »Eugen-Keidel-Mineral- und Thermalbad« in the Mooswald were created just recently.

Freiburg's gastronomes and hoteliers earn very good marks not only from visitors from all over the world, but also from experts in this department. Its success as a tourist city can be explained by several factors – the variety of the countryside around the city, its proximity to Switzerland and France, good food, good wine, many cultural activities. Cultural centres such as the College of Music, the City Theatres with the Philharmonic Orchestra, the Wallgraben Theatre, the Children's and Youth Theatre, the Freiburg Jazzhaus, the various museums, the festivals, including the Tent Music Festival, the series of concerts and lectures and also a vigorous and varied selection of alternative culture offered by free groups – they all combine to shape the life a city which, especially in the summer months, develops a southern flair. However, Freiburgers are in the mood for celebrating throughout the year – at »Fasnet«, the Alemannic carnival, at the Spring and Autumn Fairs, at the supra regionale exhibitions, at the wine festivals, the flea markets, the countless »Hocks« in the different parts of the city or at the romantic Christmas Market in the square in front of the Town Hall to mark the end of the year. In all the city's activities the Freiburgers' characteristics, they are considered cautious, deliberate and rather reserved, combine with the temperament of a university city that bears the stamp of many cultures to form an attractive symbiosis.

Wolfgang Fiek

Freiburg
im Breisgau

Ce serait injuste de réduire Fribourg au charme incomparable de sa cathédrale, aux »Bächle« longeant les rues et les ruelles, ou encore à cette partie à laquelle pensent les habitants en partant »en ville«. Guerres, conquêtes, occupations, destructions et ravages n'avaient pu voler à cette ville le caractère déterminé par des normes anciennes. Fribourg fut fondé en 1120 comme ville commerçante par les ducs de Zähringen, Berthold III et son frère Konrad, non pas par hasard, car non seulement sur le terrain qui de nos jours constitue le centre mais aussi dans les alentours existèrent déjà des colonies, lesquelles se réunirent en une ville comme quartiers. Les fondateurs, membres de la dynastie régnante médiévale, qui essaya d'aggrandir son influence surtout aux dépens des Staufer, utilisèrent la position au pieds du Burghaldenschloß, près de la route marchande entre la Souabe, la Forêt-Noire et l'Alsace ainsi que la proximité de l'axe Strasbourg-Bâle pour gagner marchands et artisans comme citadins. L'avantage de la position et l'octroi grand style de droits et de libertés donnèrent raison aux Zähringer et conduisirent vers une première prospérité économique.

C'est grâce à la prévoyance des architectes, que Fribourg ne ressuscita pas comme un amassement de bâtiments quelconques de cette nuit de bombardement dévastatrice, le 27 novembre 1944, mais garda sa structure transmise qui préserva le charme et l'originalité de cette ville. Un point fixe, visible de loin constitue le clocher de la cathédrale, haut de 116 mètres, qui échappa, pratiquement indemne, à la guerre aérienne.

Souvent dans l'anonymat et sans l'espoir d'une gloire personnelle, des architectes, des tailleurs de pierres, des sculpteurs et de simples citadins avaient consacré leur génie et leur assiduité à cette œuvre magistrale commencée en 1200 et dont on termina le jubé seulement en 1510. A Fribourg on trouve la seule cathédrale médiévale alllemande qui fut terminée pendant l'époque du style gothique.

Le réseau des »Bächle« à Fribourg a non seulement survécu à la IIème Guerre Mondiale il fut même élargi il y a peu de temps. Ces étroits ruisseaux, profitant de la pente naturelle de l'est à l'ouest, servirent déjà au Moyen Age comme protection contre les incendies et au nettoyage des rues et des places, de nos jours ils constituent un soulagement pour les pieds fatigués, un terrain des jeux pour les enfants et un gain pour l'environnement. Une pensée audacieuse mais non sans logique, de comparer le fait que cette institution typiquement fribourgeoise naquit d'un besoin transmis de propreté et que les habitants de cette ville s'engagent avec une grande sensibilité dans la lutte contre les problèmes de l'environnement de nos jours. En fin de compte les Fribourgeois préférèrent renoncer aux cheminées d'usines fumantes même au temps où elles furent l'expression de prospérité et d'aisance.

En retour, d'anciennes relations furent renouvelées. Fribourg avait tout de même déjà en 1326 conclu une alliance de guerre avec Strasbourg et Bâle. Par la suite, on s'allia et rompit à plusieurs reprises les alliances par-dessus le Rhin. Fribourg fut occupé et dominé par les Français, parfois même les Suédois, il se trouva sous l'influence des Autrichiens, occupa une fonction de pont de liaison ou sombra dans l'anonymat national. Les catastrophes de l'histoire, dont les effets laissèrent à chaque fois des cicatrices plus profondes, servirent également de leçon aux habitants de cette ville. On chercha des partenaires, d'abord dans le voisinage et ensuite dans le monde entier. La ville est unie par une amitié profonde et vivante avec Innsbruck en Autriche, Besançon en France, Padue en Italie, Guildford en Grande-Bretagne, Madison aux Etats-Unis, Matsuyama au Japon et Lwow (Lemberg) en Ucraine. Le passé a démontré d'une façon claire l'importance d'un échange d'idées et d'expériences, la capacité d'apprendre et le souhait d'une entente mutuelle pour venir à bout des oppositions politiques et nationales surtout sur le plan communal. C'est pour cela que la demande générale d'une coopération pratique des voisins immédiats est facile à concevoir et à déjà donné des résultats concrets dans la région entre Fribourg, Bâle, Mulhouse, Colmar et Strasbourg. Par exemple le développement de l'aéroport Bâle/Mulhouse/Fribourg qui est relié à la ville du Brisgau par un service d'autocar régulier et dont on espère de sensibles impulsions sur la force économique de la région.

Au centre de Fribourg, la ville universitaire et touristique la plus importante du sud-ouest de l'Allemagne, non seulement le secteur culturel mais également le secteur du bon office sont fortement développés. Cependant les conseillers économiques portent leur regard sur la fortification des domaines déjà en extension tel que fibres/matières premières/pharmaceutique/biotechnique/technique médicinale et électronique médicinale, micro-électronique et micro-mécanique, la technique de physique pratiquée, la technique de l'environnement et énergétique ou les maisons d'édition.

L'université fondée en 1457 par le duc Albrecht jouera un rôle important dans un processus marquant l'avenir. Cependant il n'est nullement question de diminuer le rang des sciences de l'esprit et de la sociologie, qui est étroitement lié à des noms tels que le scientifique politique Carl von Rotteck, les philosophes Edmund Husserl et Martin Heidegger, les économistes Max Weber, Walter Eucken, Konstantin von Dietze, Friedrich August von Hayek, le sociologue et historien de la culture Arnold Bergstraesser, l'historien Friedrich Meinicke ou encore les romanistes Hugo Friedrich et Erich Köhler. Les résultats dans les domaines des sciences naturelles et de la médecine obtenus à Fribourg ne datent pas uniquement de notre temps mais s'attribuent également à des personnalités célèbres tel que le zoologue August Weismann, le biologiste Hans Spemann, le bactériologue et hygiéniste Paul Uhlenhut, le chimiste Hermann Staudinger, les pathologistes Ludwig Aschoff et Franz Büchner ou encore le médecin Ludwig Heilmeyer.

En ce moment il y a plus de 23 000 étudiants immatriculés aux 14 facultés de l'université Albert-Ludwig auxquelles sera ajouté une 15ème. Dans cette faculté des sciences pratiques on pourra intégrer les instituts Fraunhofer des systèmes énergétiques solaires, de dynamique à courte durée, des mesurages techniques de physique, de mécanique des matières premières et de physique des corps fixes pratiques. Une position de valeur particulière tiennent à ce sujet l'institut Max Planck de biologie immunisée, auquel travaille le titulaire du prix Nobel Georges Köhler et l'institut Kiepenheuer de physique solaire. Dans l'ensemble des universités de Fribourg y compris l'école supérieure pédagogique, le conservatoire et les écoles professionelles, étudient plus de 30 000 jeunes gens. La liaison avec les sciences, datant de plusieurs siècles déjà, se trouve en présence d'une fonction de centre d'achats avec un vaste arrière-pays dans la vie quotidienne.

Le visiteur attentif s'apercevra qu'une grande partie des clients dans les super-marchés, les boutiques et les magasins spécialisés vient de France, dont la frontière proche est située à peine à trois kilomètres de Fribourg-Waltershofen. Fribourg, grand centre hospitalier accueille les patients venant même de la grande banlieue. De plus les cliniques universitaires se sont acquis une renommée internationale dans plusieurs domaines comme par exemple la virologie des tumeurs, les recherches cérébrales, le diagnostique radiographique ou l'hépatologie. En outre Fribourg compte comme point de départ et centre de recherches médicinales sportives modernes et des traitements. Tandis que le sanatorium de St. Urban comme relais pour ceux qui ont besoin de se reposer peut se référer à une longue tradition, les fondations de réhabilitation en relation avec la station thermale et minérale Eugen Keidel, située au Mooswald, datent d'il n'y a pas très longtemps. La gastronomie et l'hôtellerie fribourgeoise n'ont mérité que de bonnes notes, non seulement des visiteurs venant de partout au monde mais aussi des critiques réputés dans ce domaine. Ce mélange, de la valeur des loisirs dans un paysage varié environnant la ville, de la proximité envers les pays voisins, la Suisse et la France, des mérites de la gastronomie, de la qualité des vins et de la richesse culturelle, explique le succès de la ville touristique de Fribourg. La vie dans cette ville, qui surtout pendant les mois d'été développe un flair méridional, est intensifiée par des lieux de culture tels que le conservatoire, les théâtres de ville avec l'orchestre philharmonique, le Wallgrabentheater, le théâtre pour enfants et adolescents, la maison de Jazz fribourgeoise, les musées divers, les festivals avec le Zelt-Musik-Festival (festival de musique sous la tente) et les séries de fêtes, ainsi qu'une offre de culture vitale et variée proposée par des groupes libres. Les Fribourgeois sont d'humeur à faire la fête toute l'année, au carnaval aleman, pendant les foires du printemps et d'automne, les expositions interrégionales, les fêtes vinicoles, les marchés aux puces, lors des innombrables »Hocks« (fêtes de quartiers) ou alors comme note finale le marché de Noël impressionnant. Pendant toutes ces activités en ville, les traits de caratère des Fribourgeois, qu'on dit discrets, considérants et plutôt réservés, s'unissent avec le tempérament d'une ville universitaire multiculturelle dans un ensemble charmant.

Wolfgang Fiek

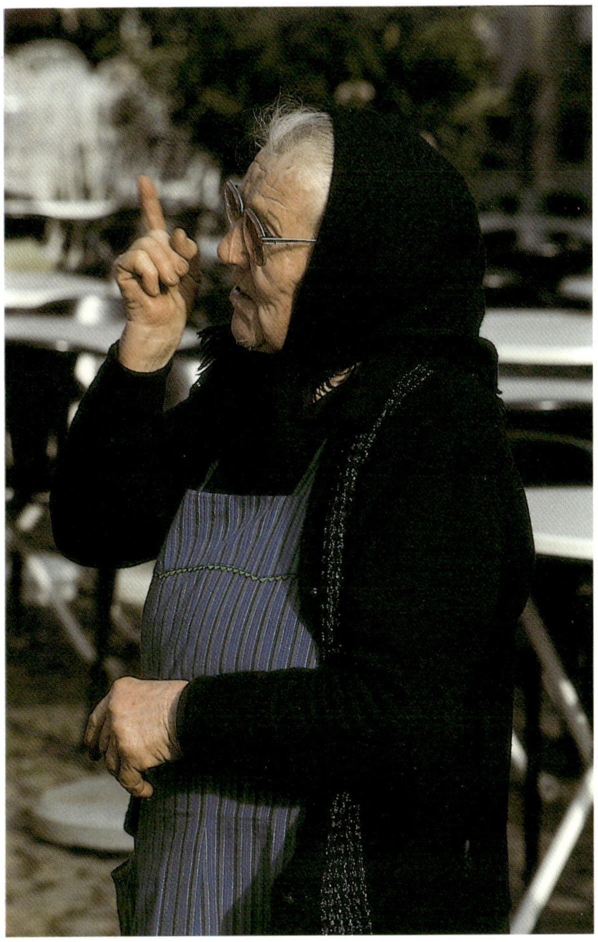

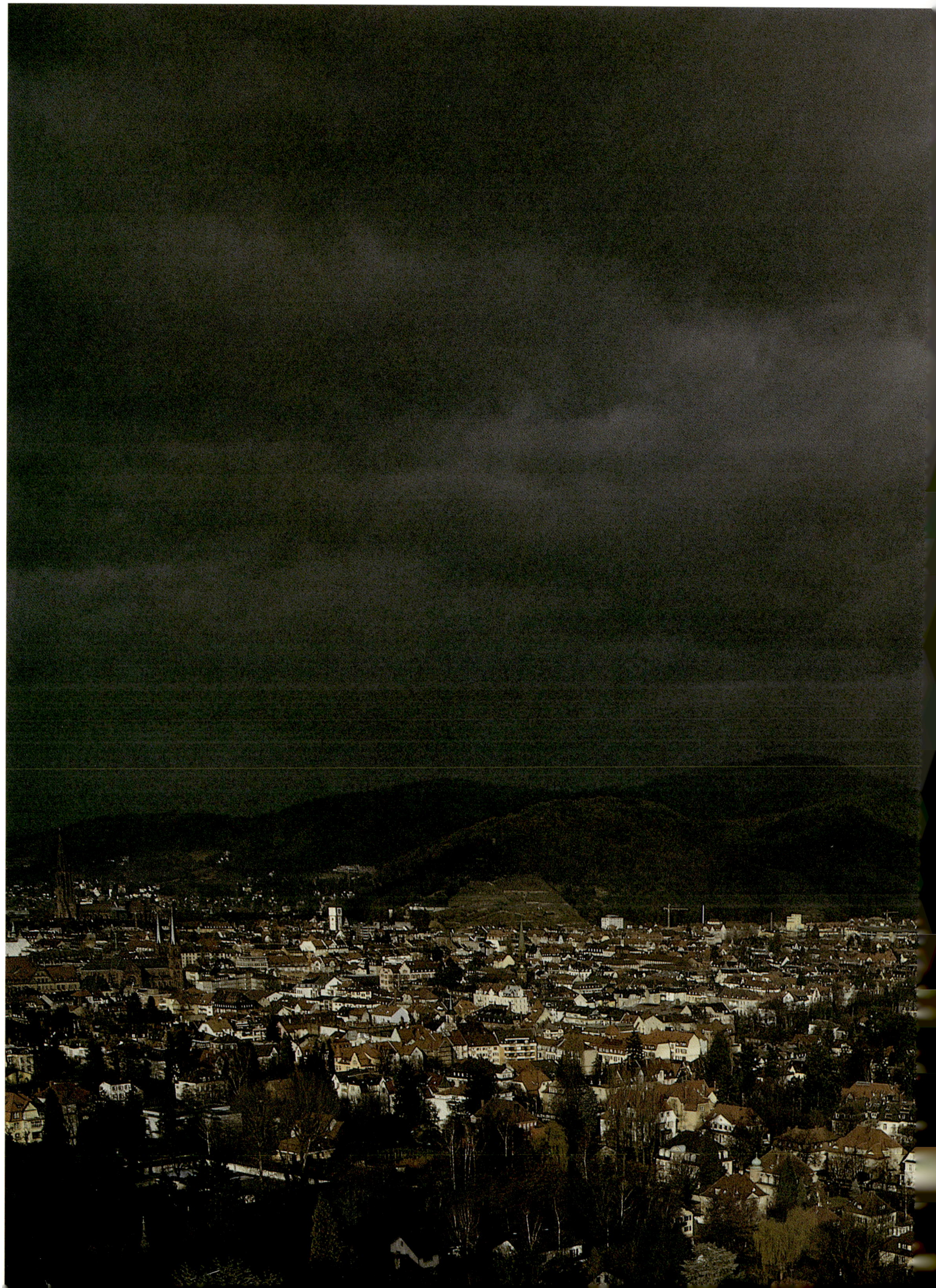

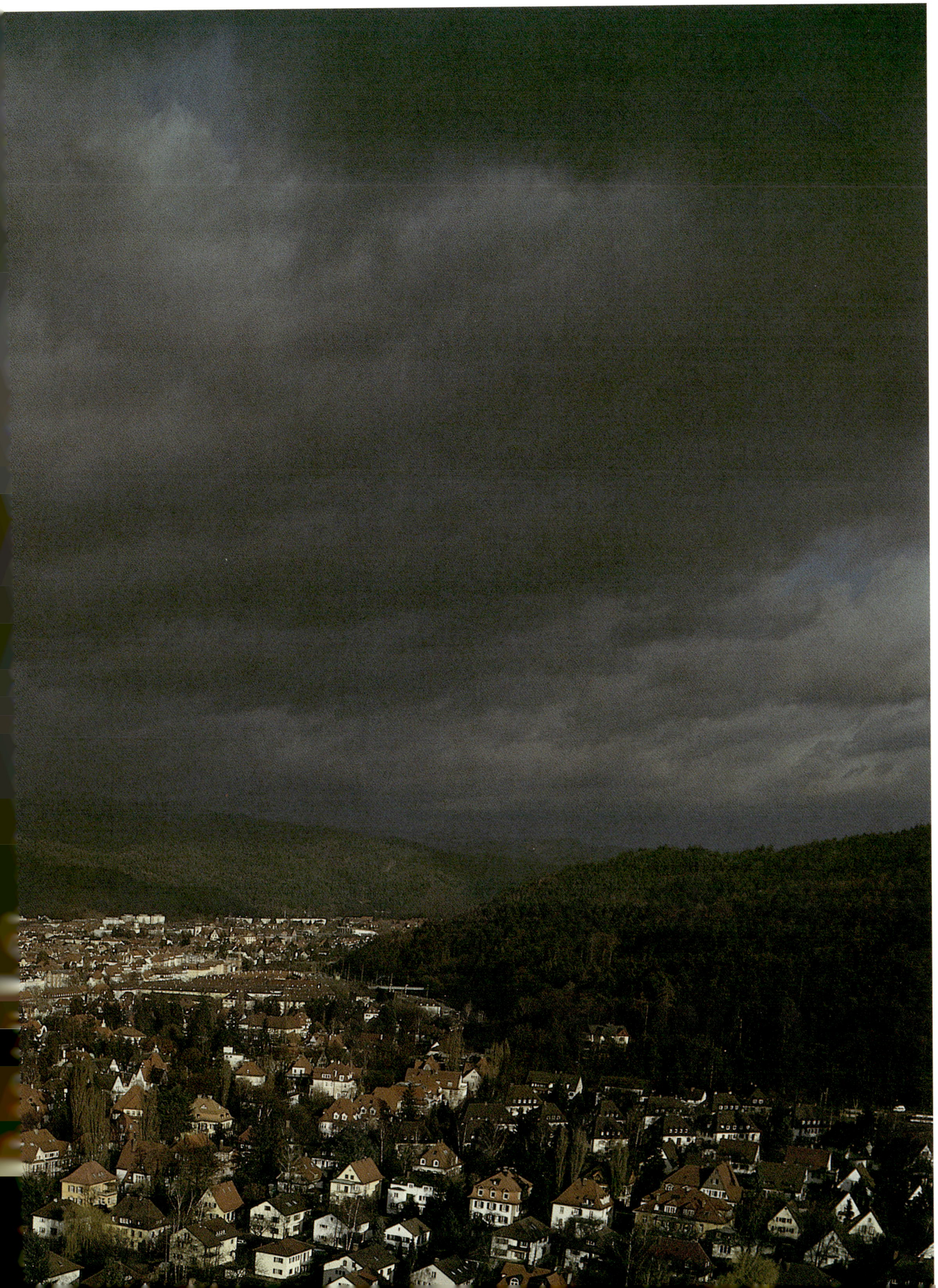

△ Johanneskirche

Martinstor ▷

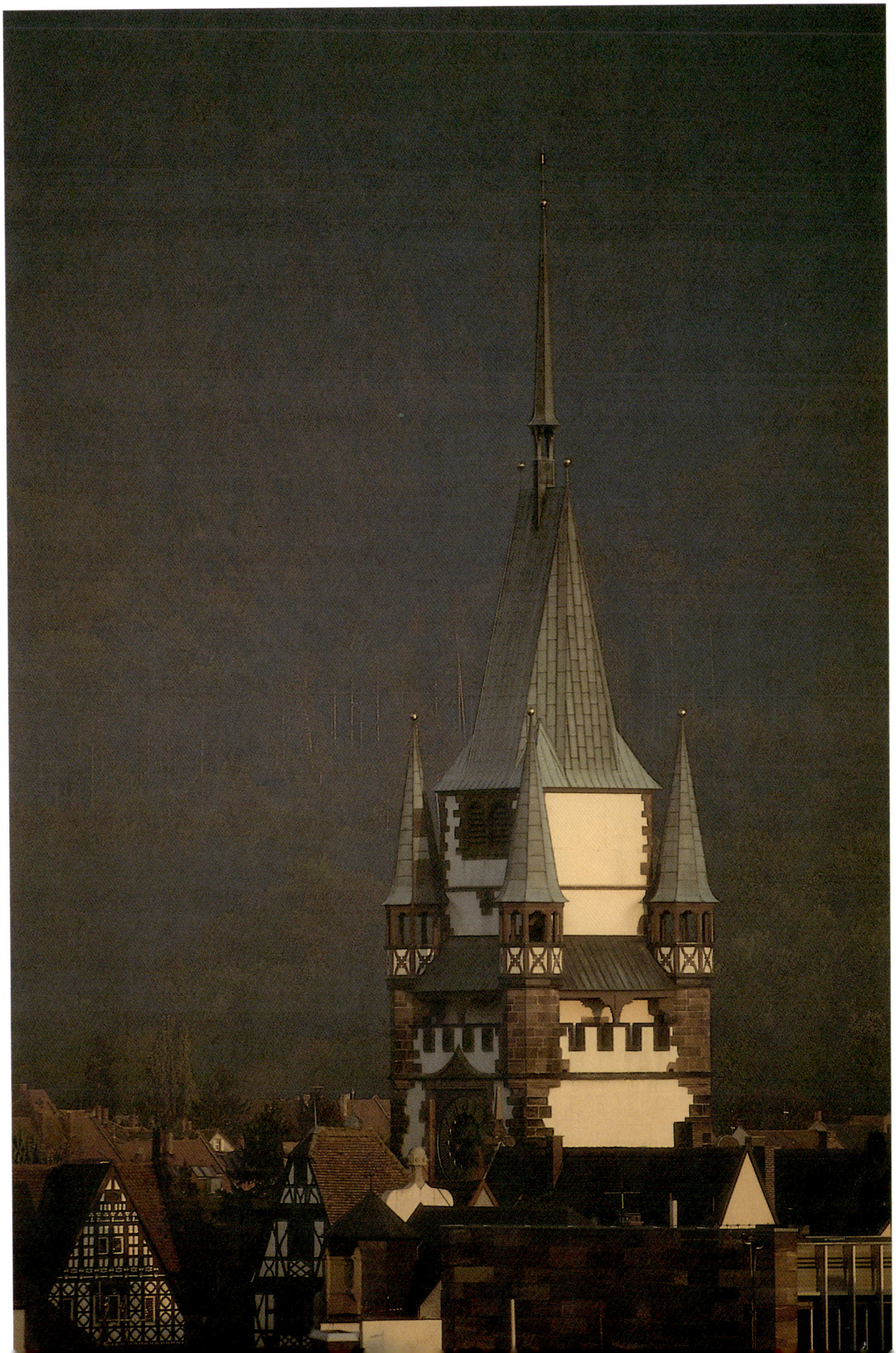

Unterstadt mit Rathaus und Kirche St. Martin ● View of the Town Hall and the St. Martin Church ● Vue sur l'Hôtel de ville et l'église St. Martin

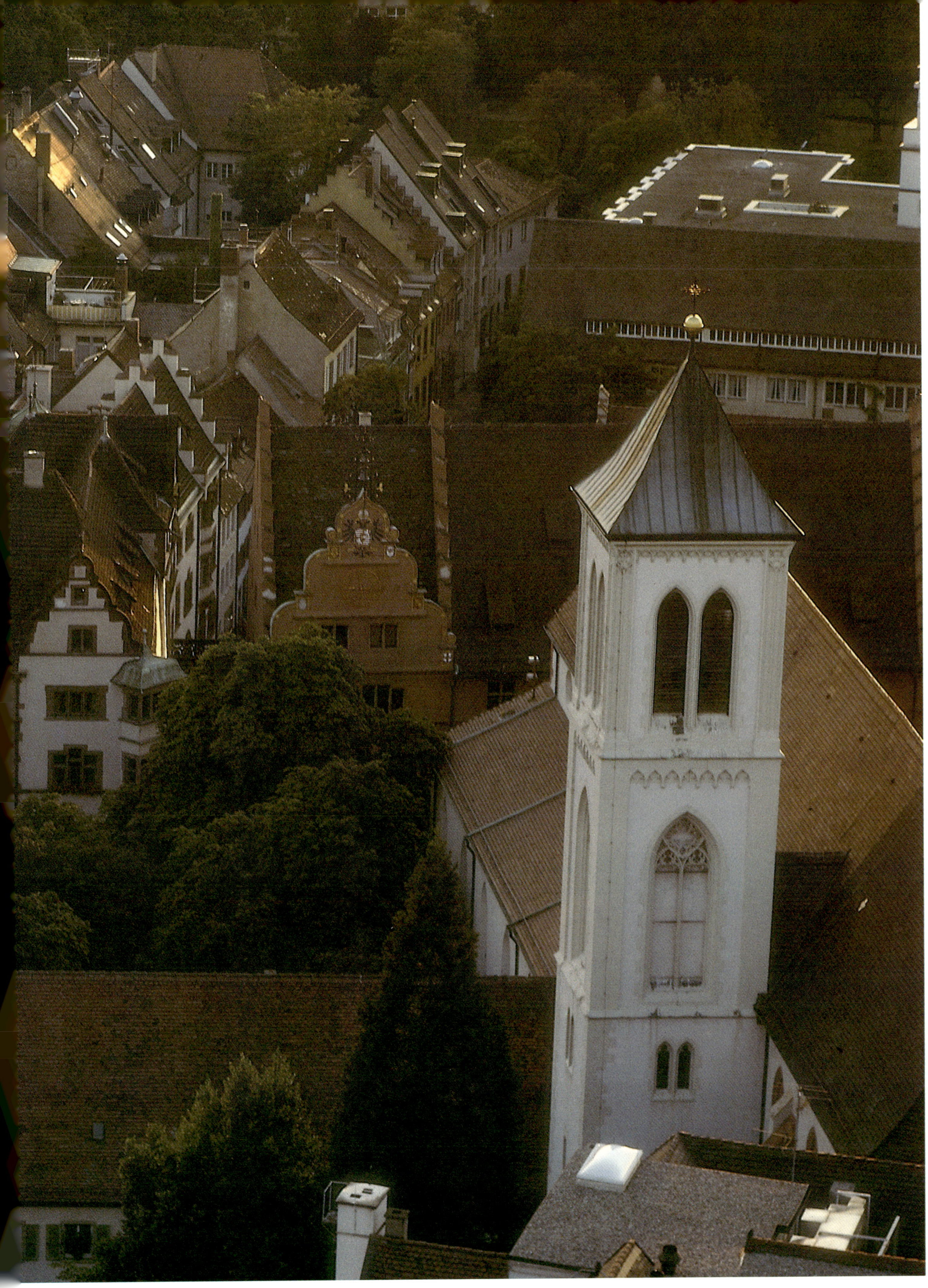

22

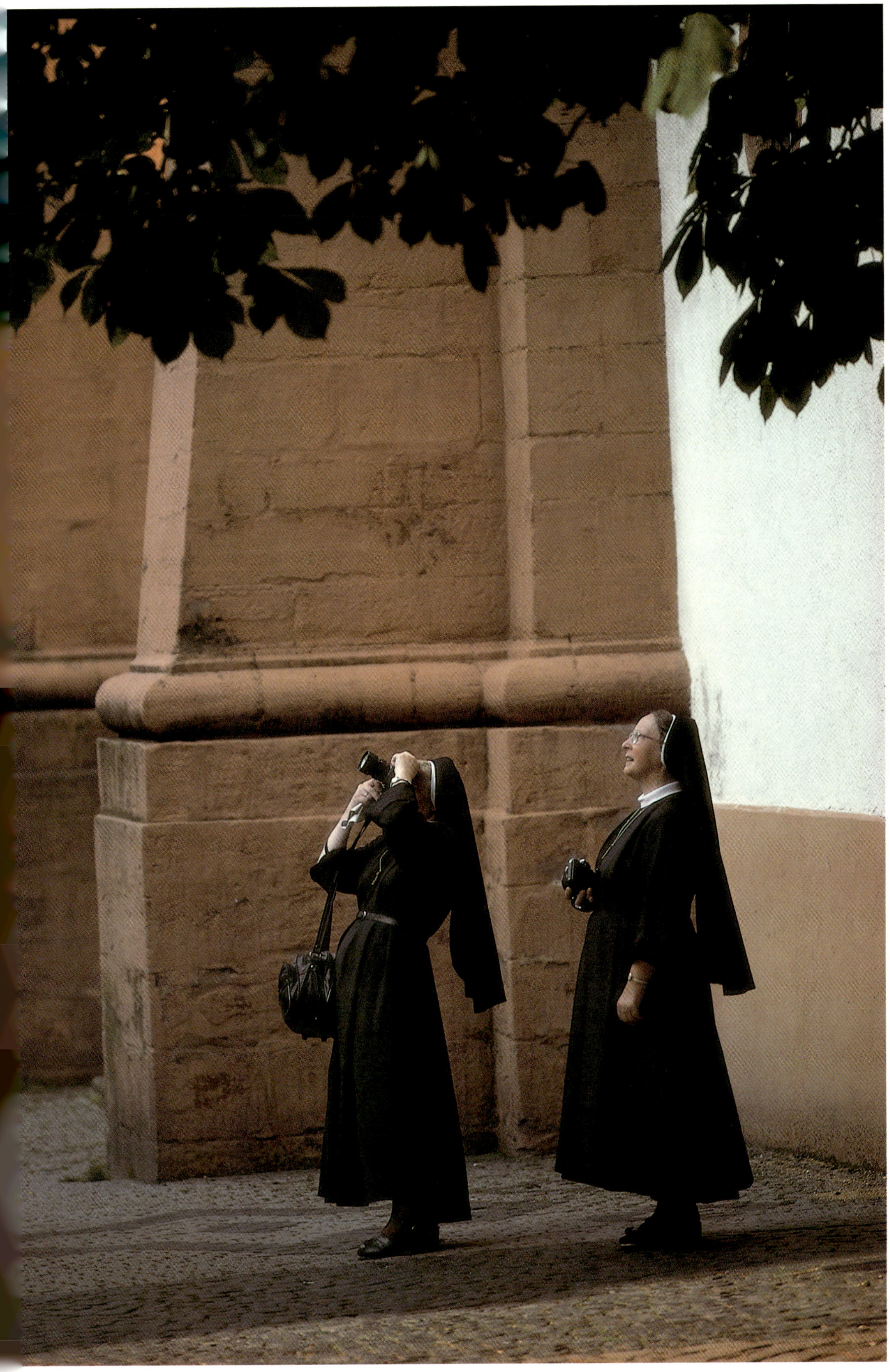

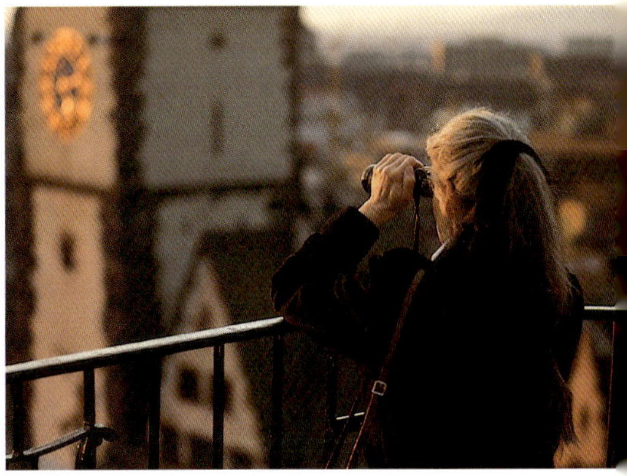

△ Im Stadtzentrum. Bertoldsbrunnen ● In the town centre ● Dans le centre-ville

Turmstraße ▷

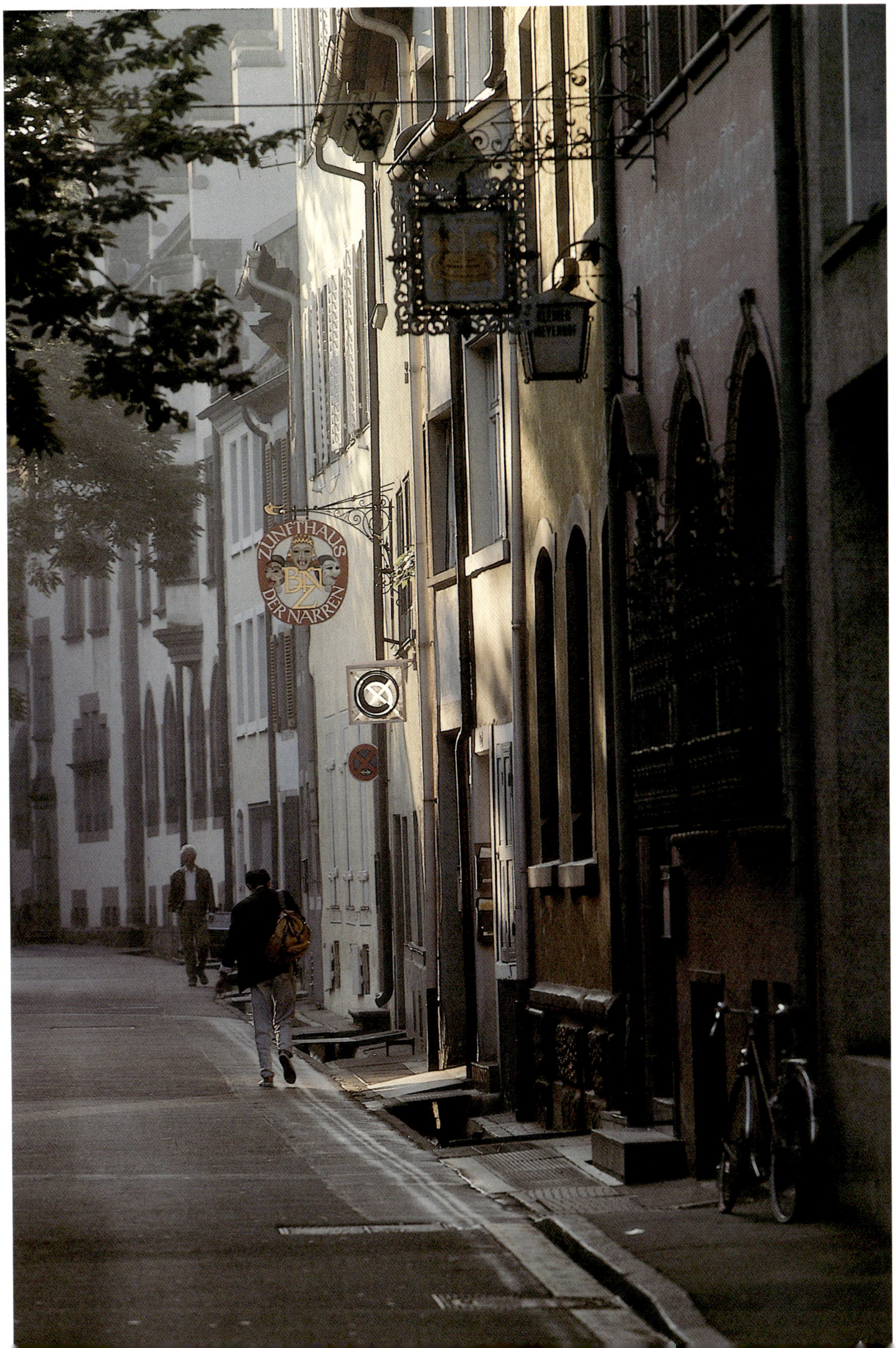
ZUNFTHAUS
DER NARREN

Erker und Tor am »Haus zum Walfisch«, 16. Jh. (heute Sparkasse) ● Historical building »Haus zum Walfisch« ● Maison historique »Haus zum Walfisch«

27

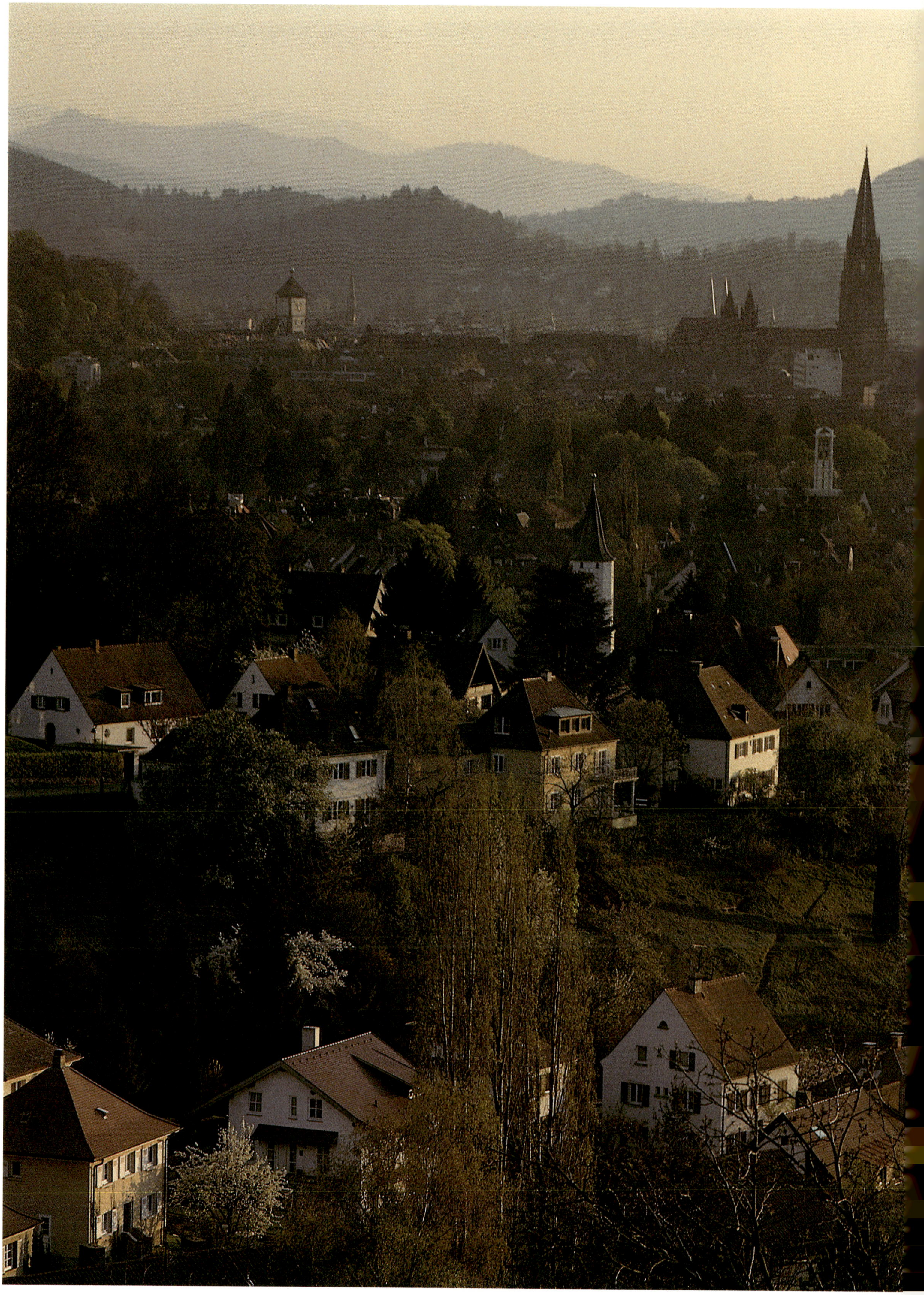

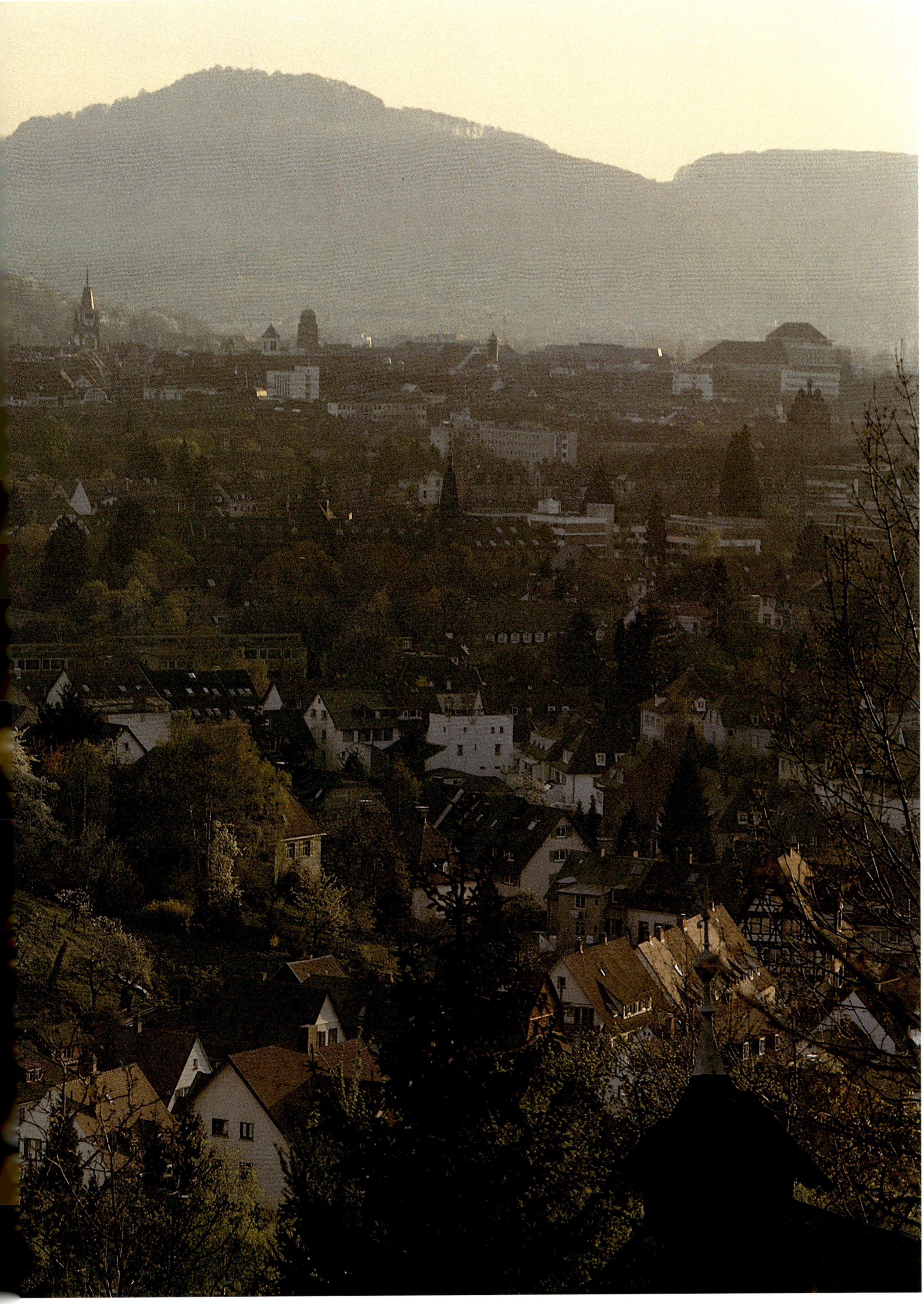

Martinstor und Münsterturm

Münsterplatz. »Historisches Kaufhaus«, 16. Jh.

»Freiburger Bächle« △

Water-Carrying street gutter

Ruisseaux »fribourgeois«

Gäßle (Kaufhausgäßle) ▷

Alley

Ruelles

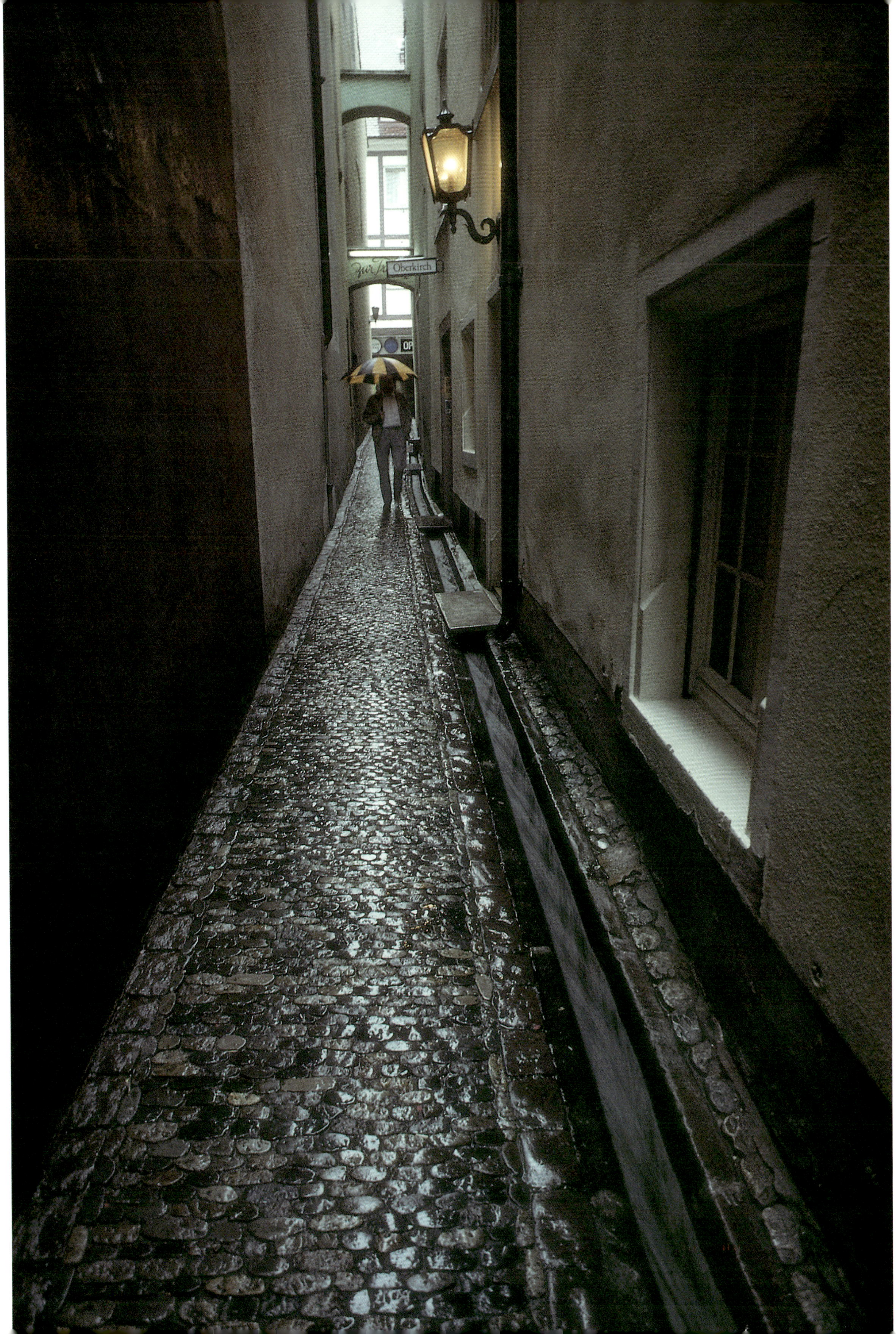
Oberkirch

Markt auf dem Münsterplatz, Nordseite ● Market on the Münsterplatz, north side ● Marché sur la Münsterplatz, côté nord

35

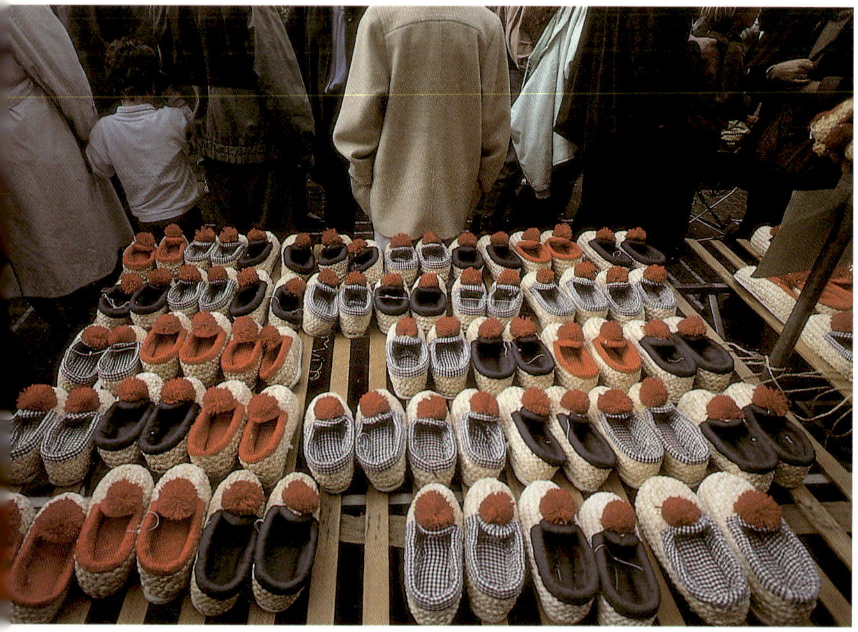

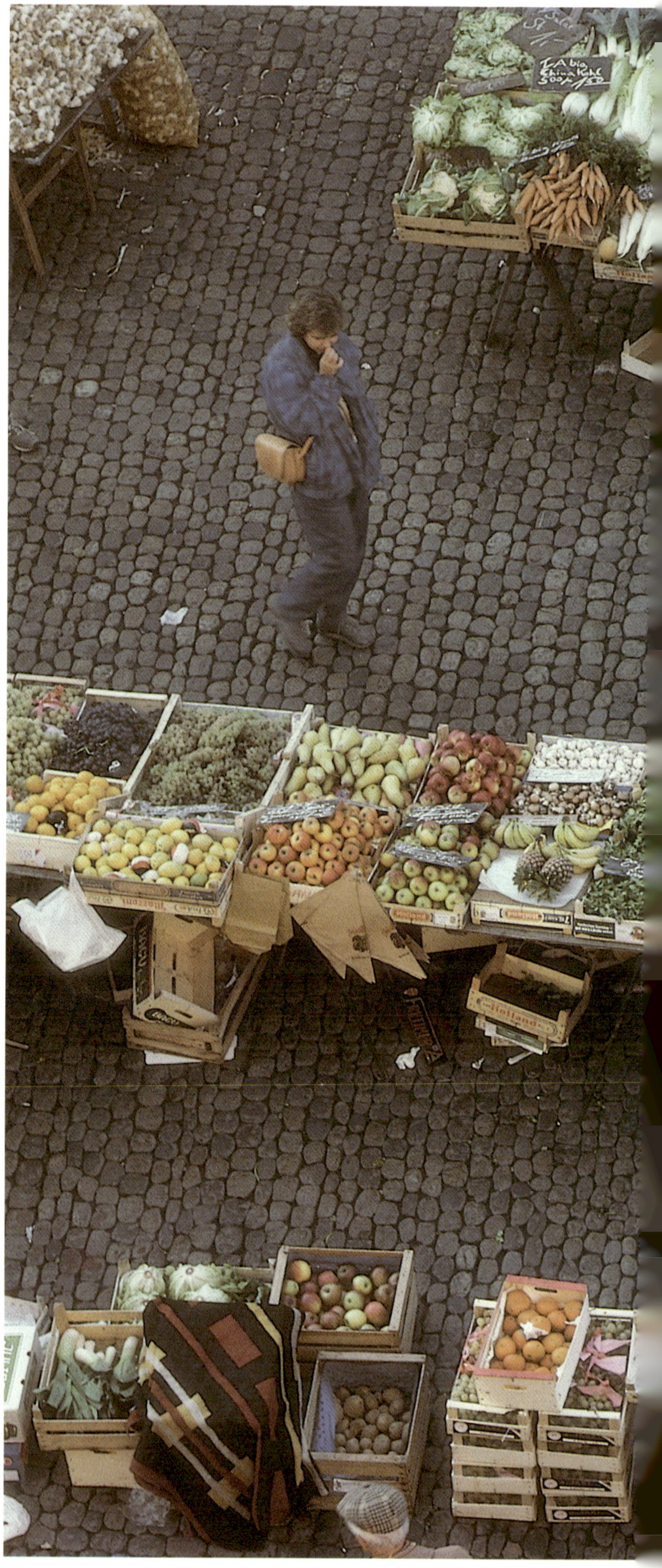

Markt auf dem Münsterplatz, Südseite ● Market on the Münsterplatz, south side ● Marché sur la Münsterplatz, côté sud

Marktszenen auf dem Münsterplatz ● Market scenes on the Münsterplatz ● Scène de marché sur la Münsterplatz

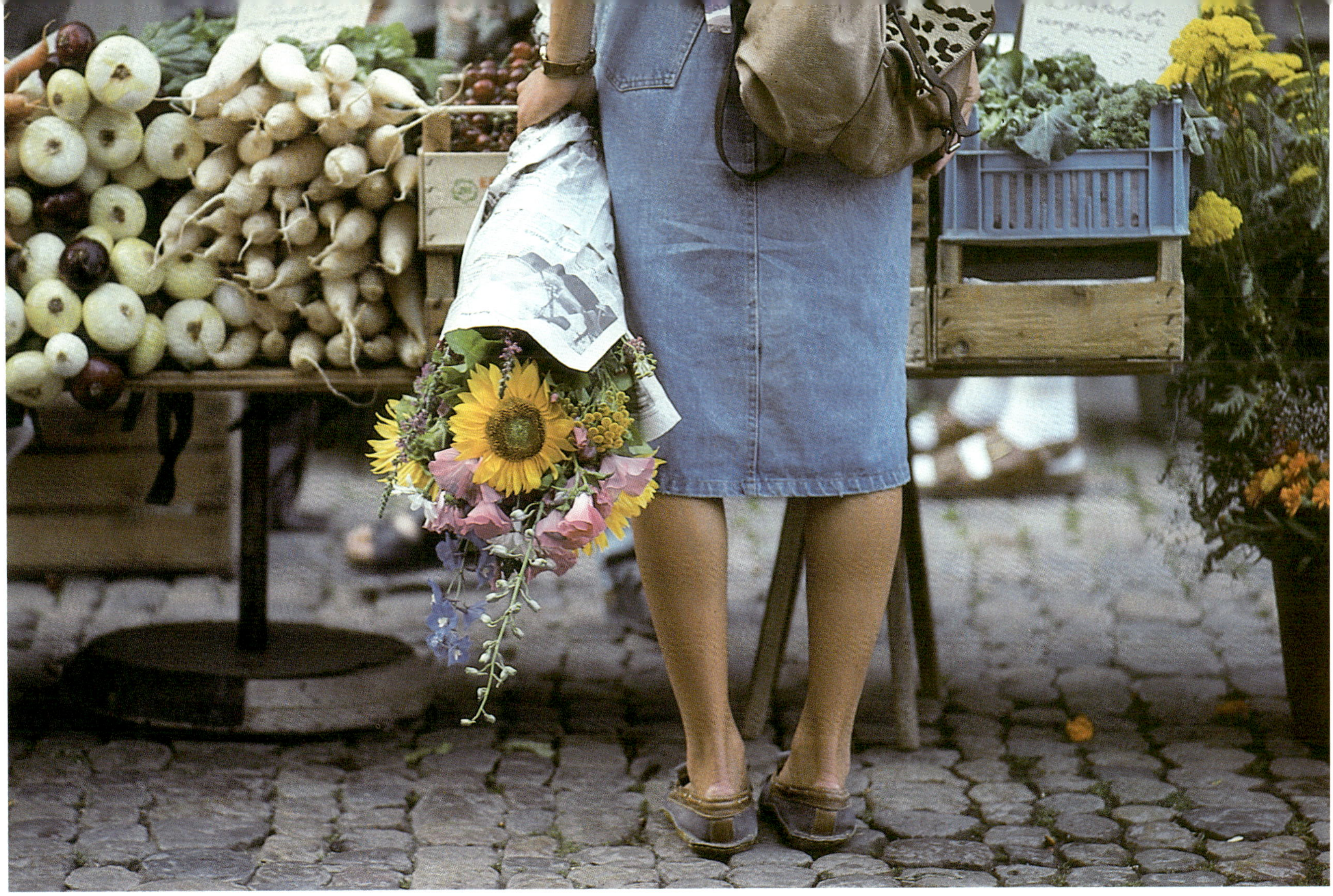

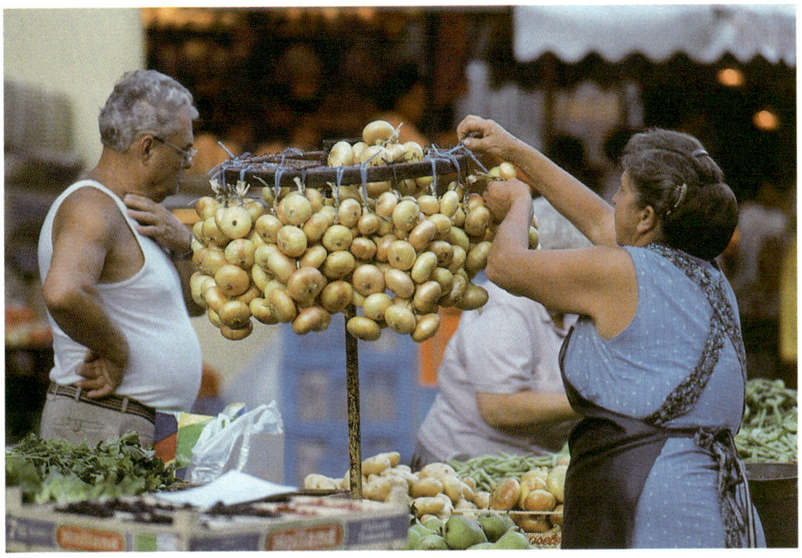

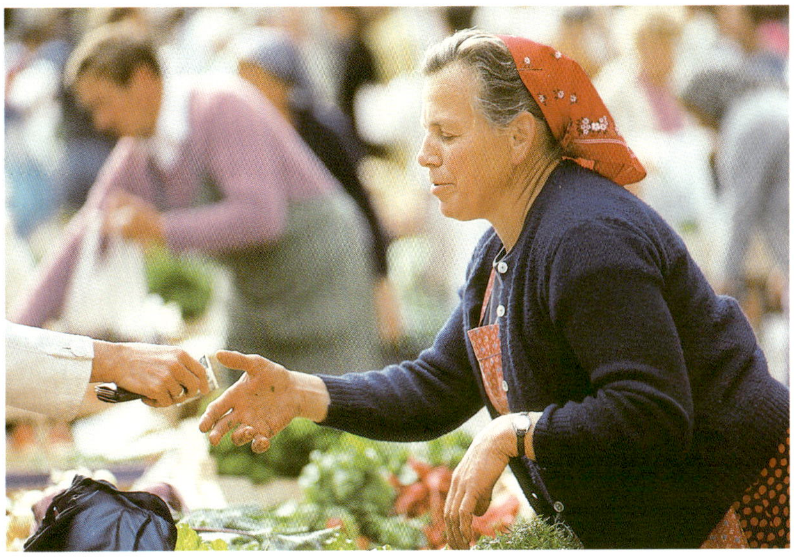

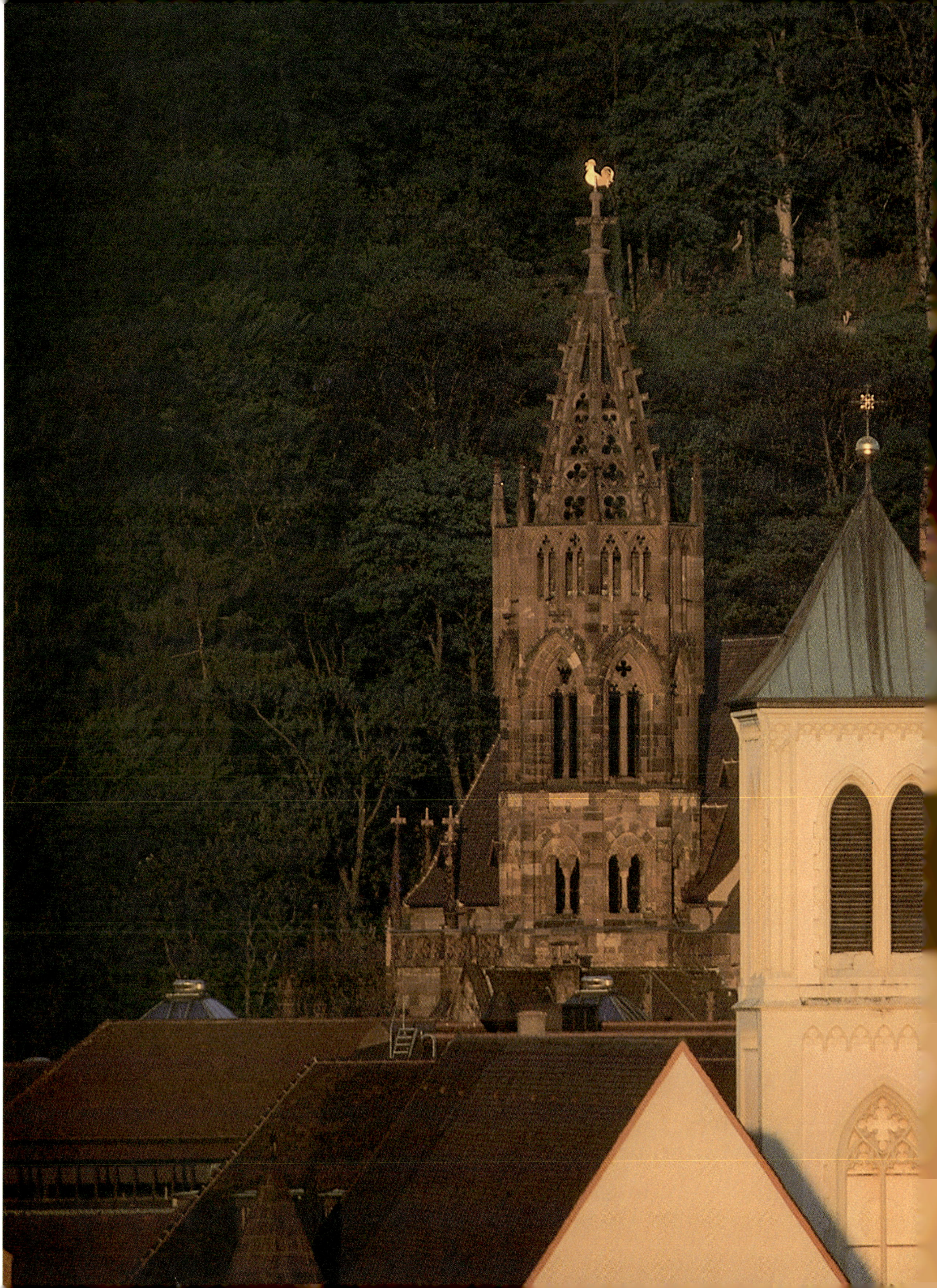

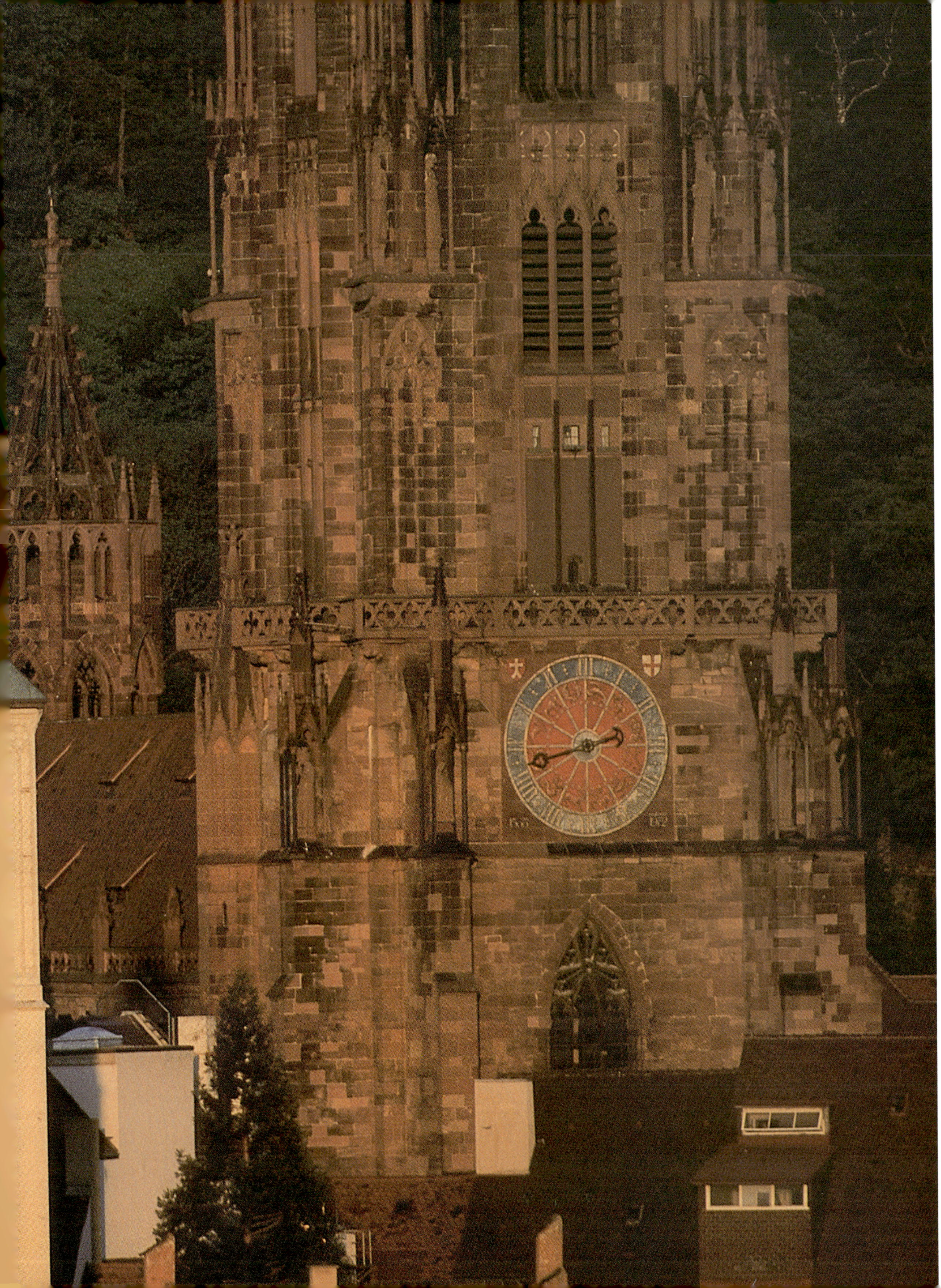

Im Innern des nördlichen Hahnenturms ● Inside the northern Cock Tower ● A l'intérieur de la tour du coq au nord

Aussichtsplattform im Oktogon des Münsterturms ● Panorame platform in the octagon of the Minster steeple ● Plateforme panoramique octogonale dans la tour de la cathédrale

Schimären als Wasserspeier am Münster ● Chimeras as gorgoyles on the Minster ● Gargouilles en forme de chimères de la cathédrale

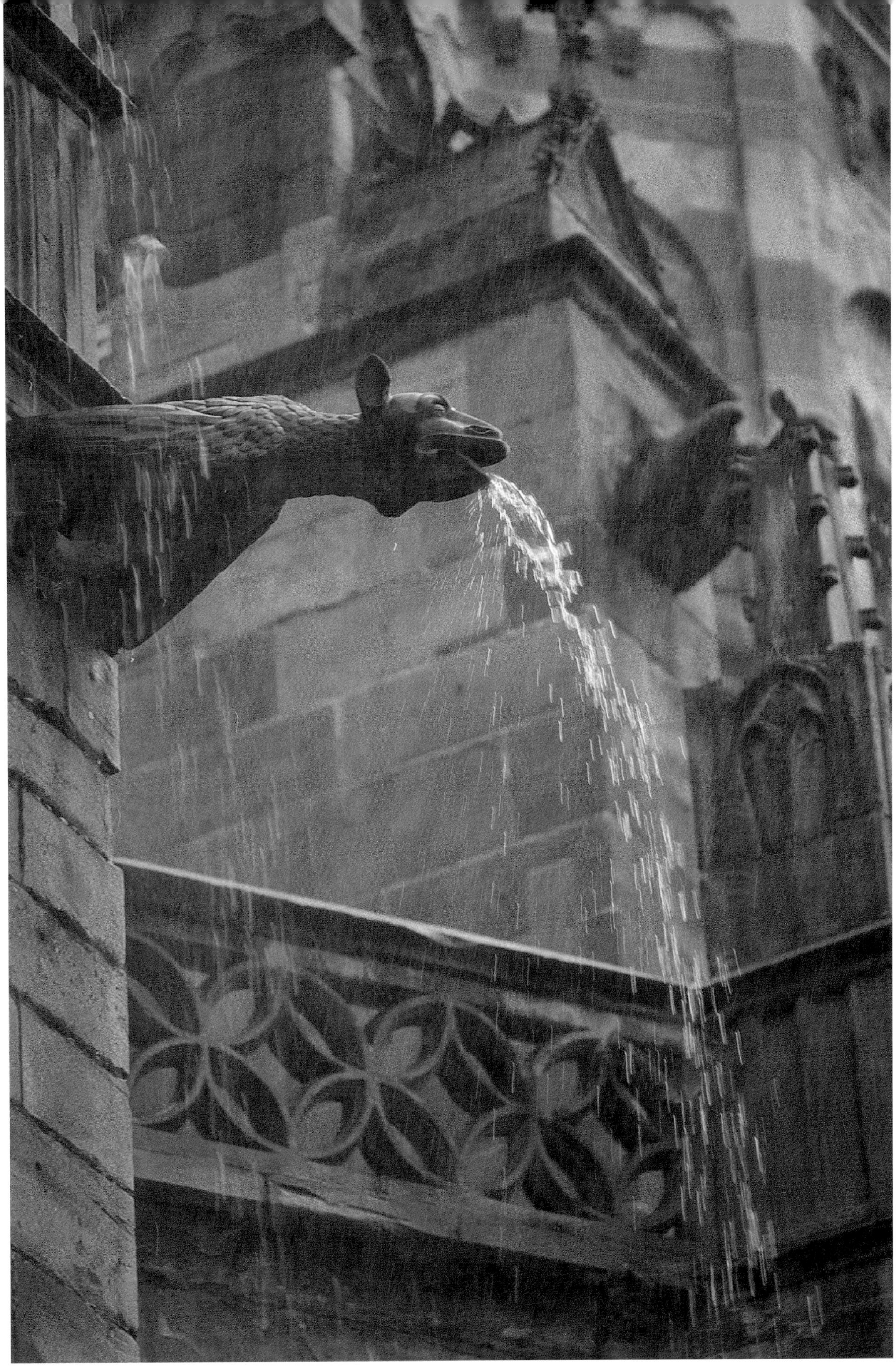

Schutzpatron Alexander vor dem Münsterhauptportal

Patron saint Alexander in front of the Minster's main portal

Devant le portail principal de la cathédrale, son patron Alexandre

In der Vorhalle des Hauptportals ● In the portico of the main portal ● Dans le porche du portail principal

Stadtpatrone und Muttergottes mit Erzbischöflichem Palais
Patron saints and Madonna with archiepiscopal palace
Le patron de la ville et la Madone avec le palais archiépiscopal

Fronleichnamstag auf dem Münsterplatz ● Corpus Christi Day on the Münsterplatz ● Fête-Dieu sur la Münsterplatz

49

◁ Turmstube ● Room in the steeple ● Pièce dans la tour

Im Münster Unserer Lieben Frau ● In the Minster »Unserer Lieben Frau« ● Dans la cathédrale »Unserer Lieben Frau« △

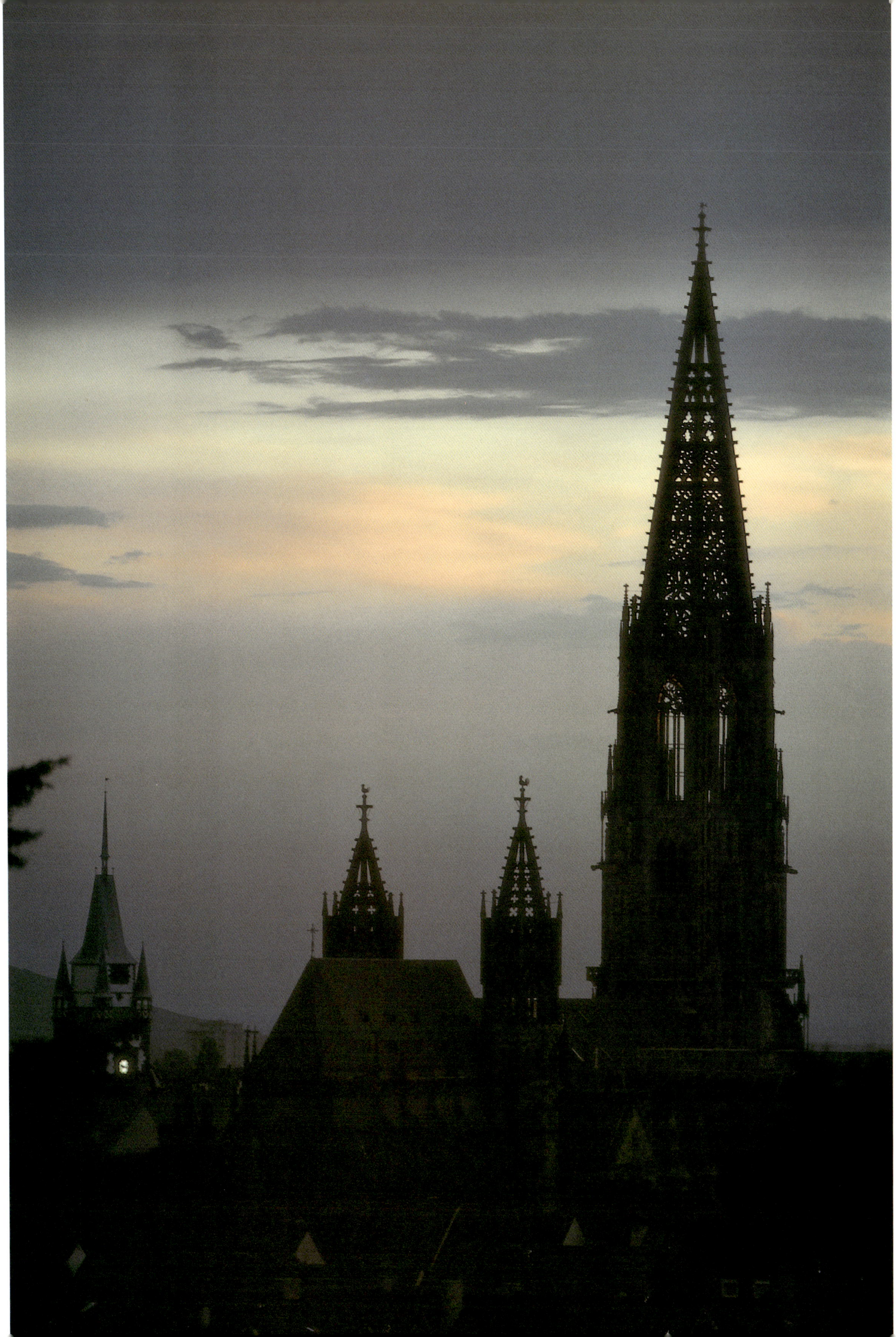

52

Stadt der Radfahrer ● A town of cyclists ● Ville des cyclistes

53

Gartenwirtschaften ● Garden-pubs ● Buvettes en plein-air △ Opfingen, St. Valentin

△ Kastaniengarten am Greiffenegg

Cafés

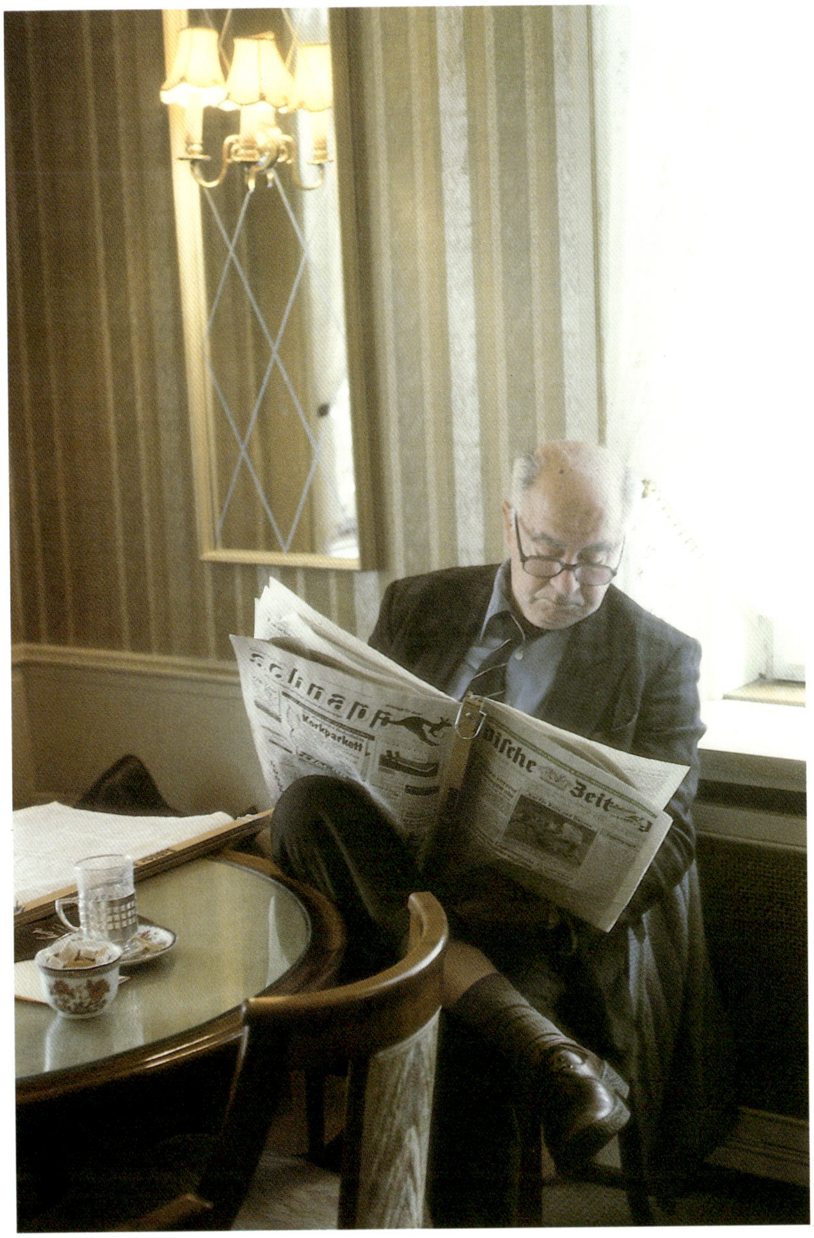

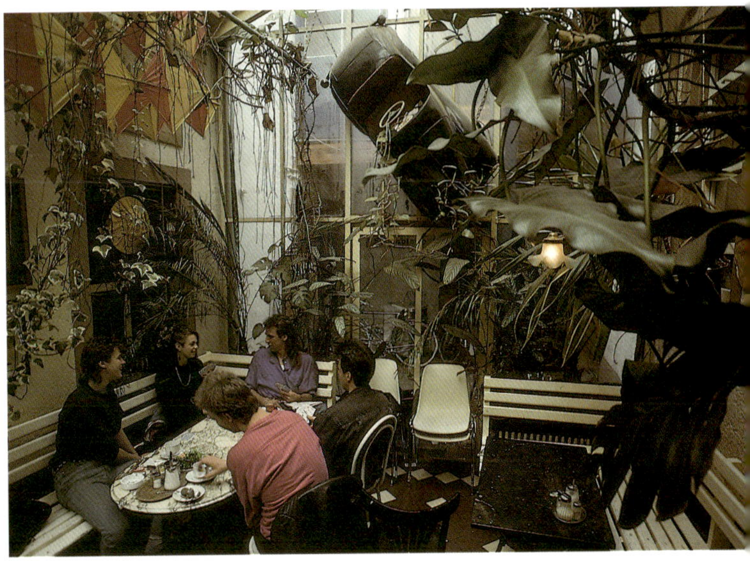

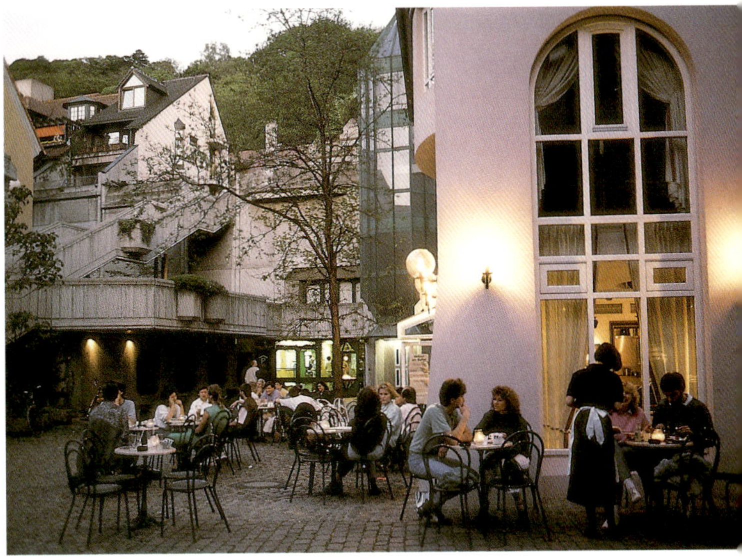

Oberlindenhock ● Public entertainment in Oberlinden ● Fêtes de quartier à Oberlinden

FOTO BERTHOLD
Kodak
FOTO BERTHOLD
FENINGER
Einbahnstraße

Kunstmarkt in der oberen Altstadt

Artists' market in the upper part of the old town

Marché aux arts dans la vieille ville haute

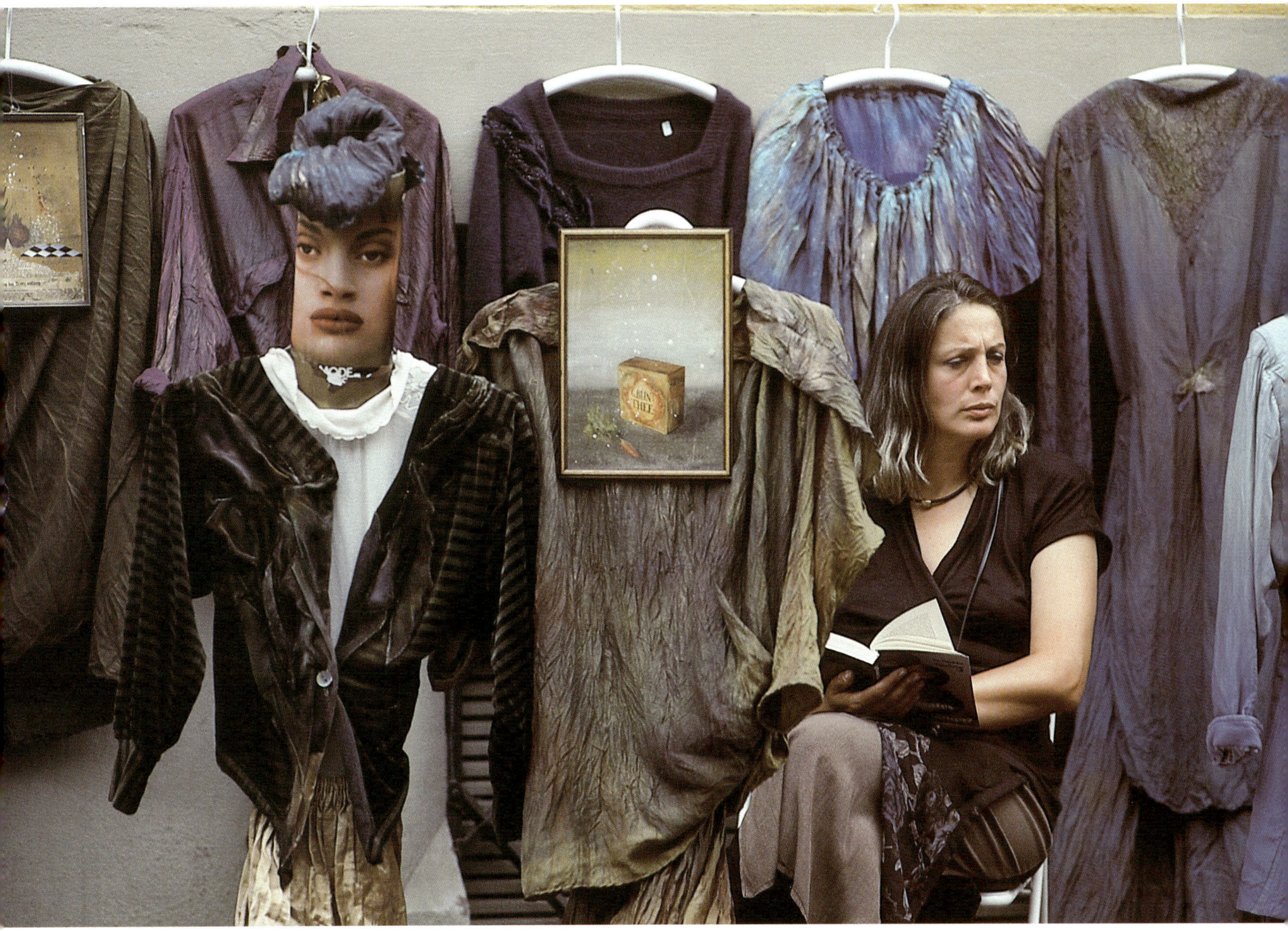

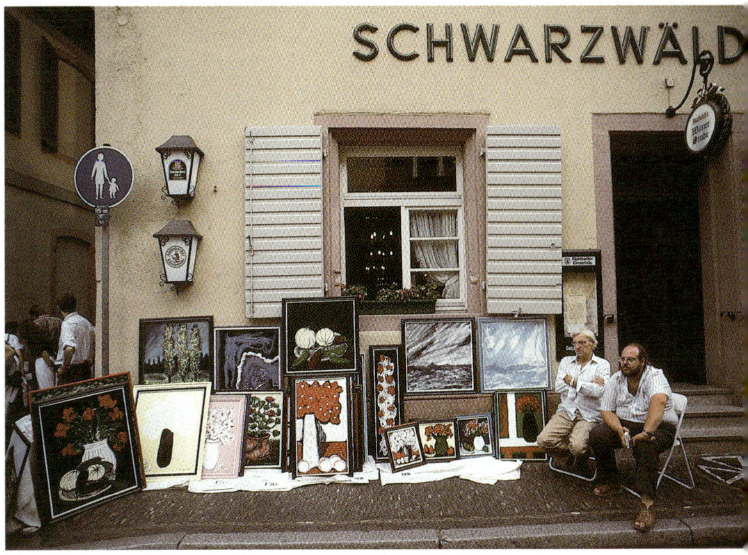
SCHWARZWÄLD

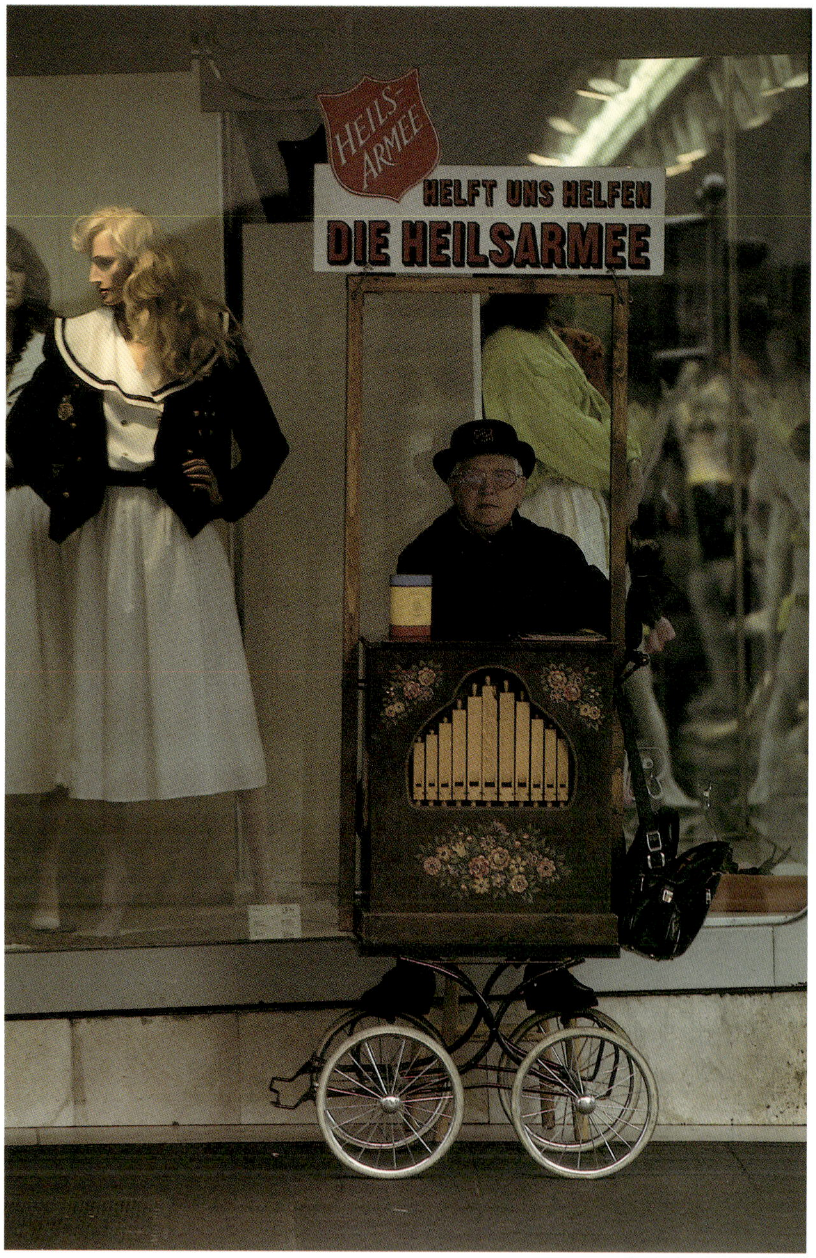
HEILS-ARMEE
HELFT UNS HELFEN
DIE HEILSARMEE

Präsentationen in der Kaiser-Joseph-Straße

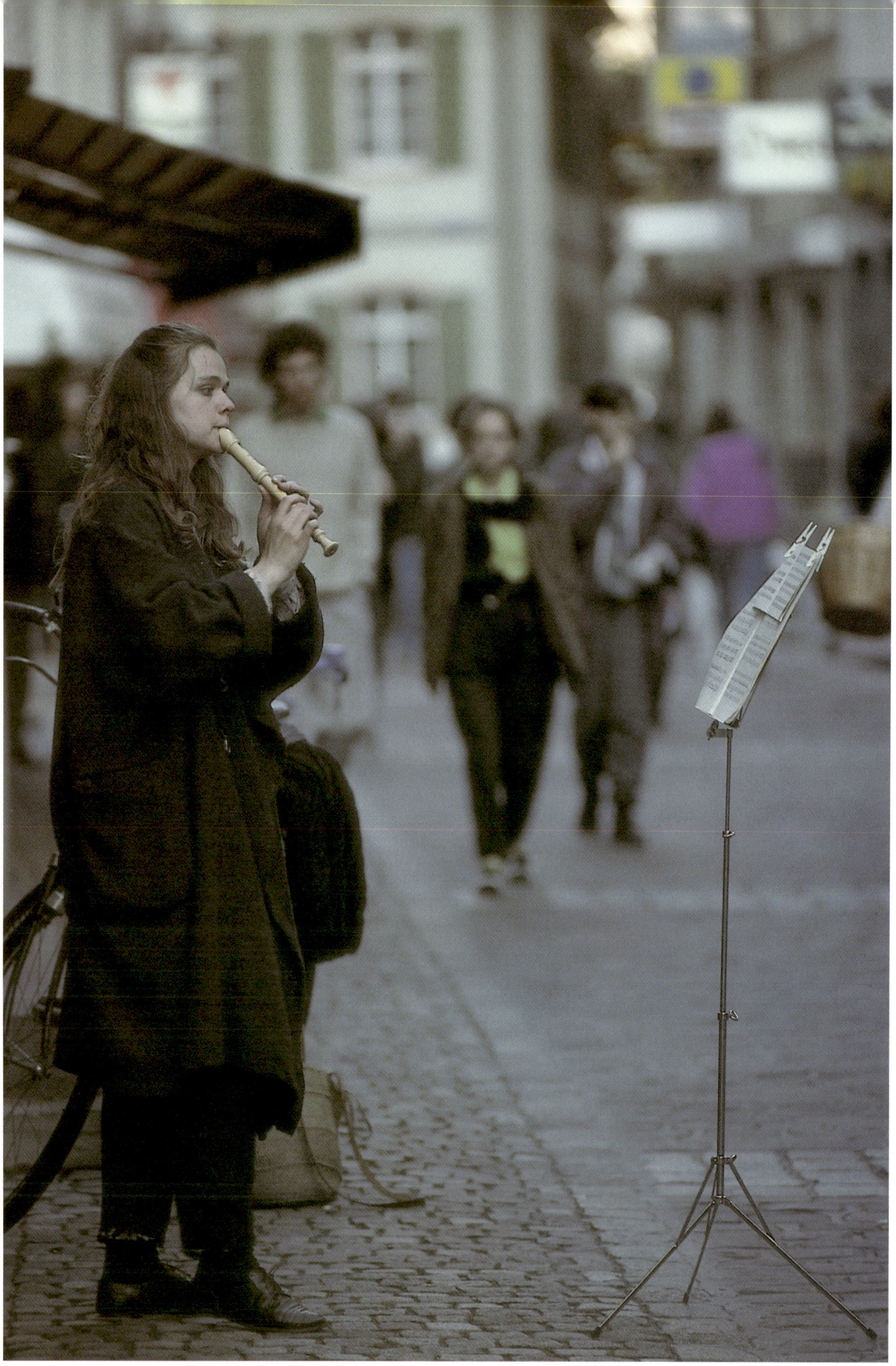

Kleinkunst im Stadtzentrum

Cabaret in the town centre

»Petits« Arts dans le centre ville

In der Markthalle

In the covered market

△ Dans le marché couvert

Freiburger »Lädele«
Little shops in Freiburg
Petits commerces fribourgeois

Präsenzgäßle

Rheinkiesel-Mosaiken auf Freiburger Straßen ● Artistical street mosaics ● Mosaïques artistiques dans les rues

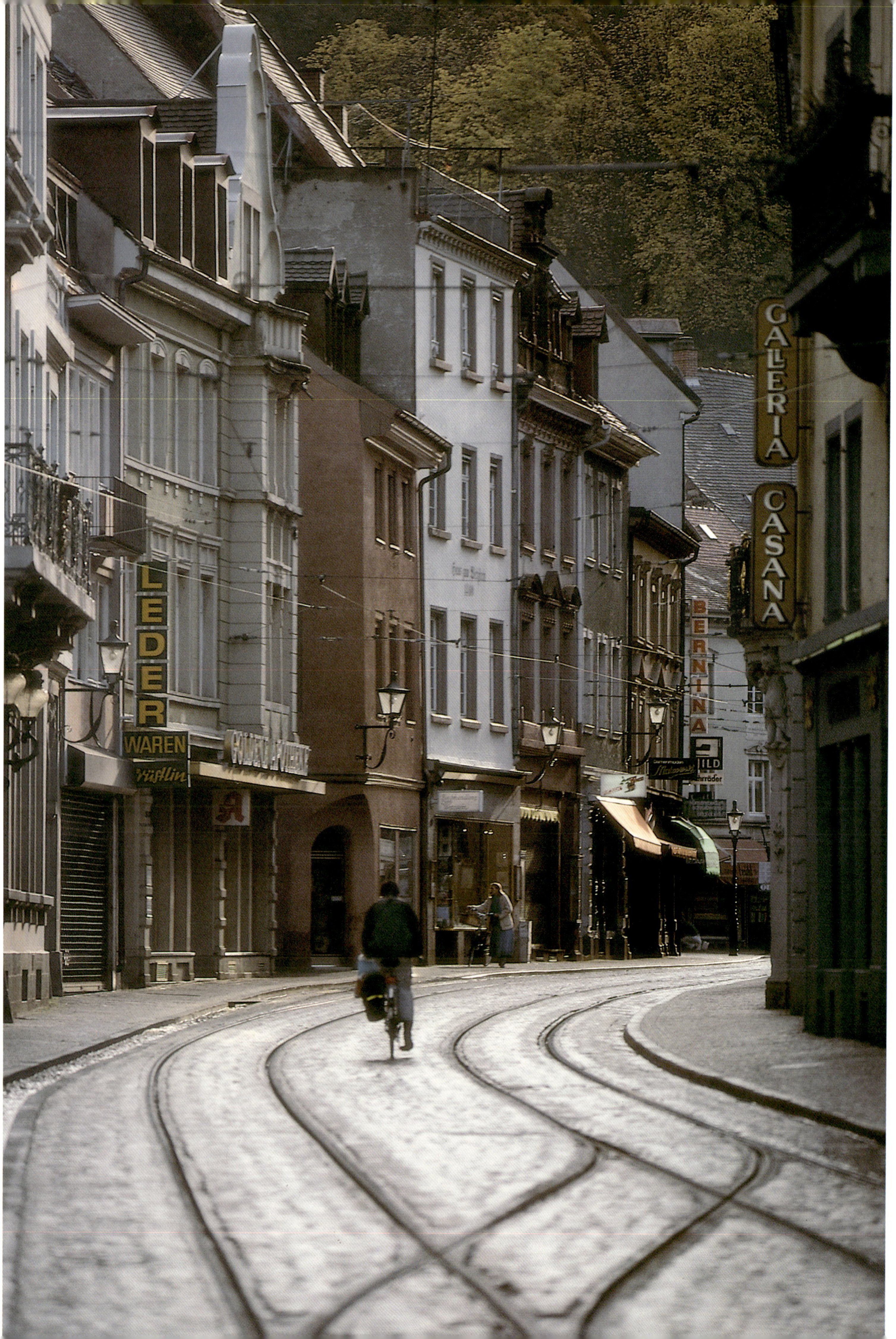
LEDER
WAREN
GALLERIA
CASANA
BERNINA

◁ Salzstraße

Kaiser-Joseph-Straße mit Friedrichsbau

Postgebäude und Stadttheater ● Post office and Municipal Theatre ● Bâtiments de la Poste et Théâtre Municipal

Spiegelungen in der Gerberau ● Reflection after the rain ● Reflets dans la Gerberau

Türme. Konviktskirche und Erzbischöfliches Ordinariat

Altes Lehrerseminar und Maria-Hilf-Kirche

Neu und alt in der Konviktstraße

New and old architecture

Nouveau et ancien dans la Konviktstraße

Altstadtidylle ● Idyllic old town ● Vieille ville idyllique

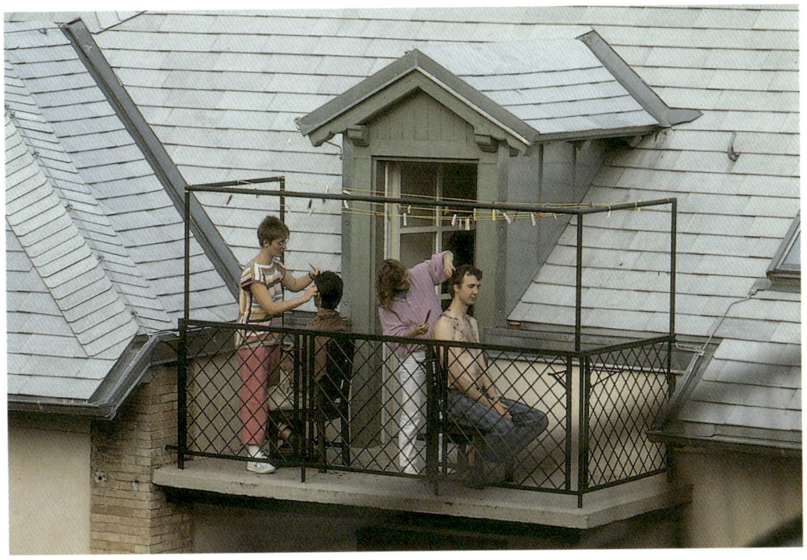

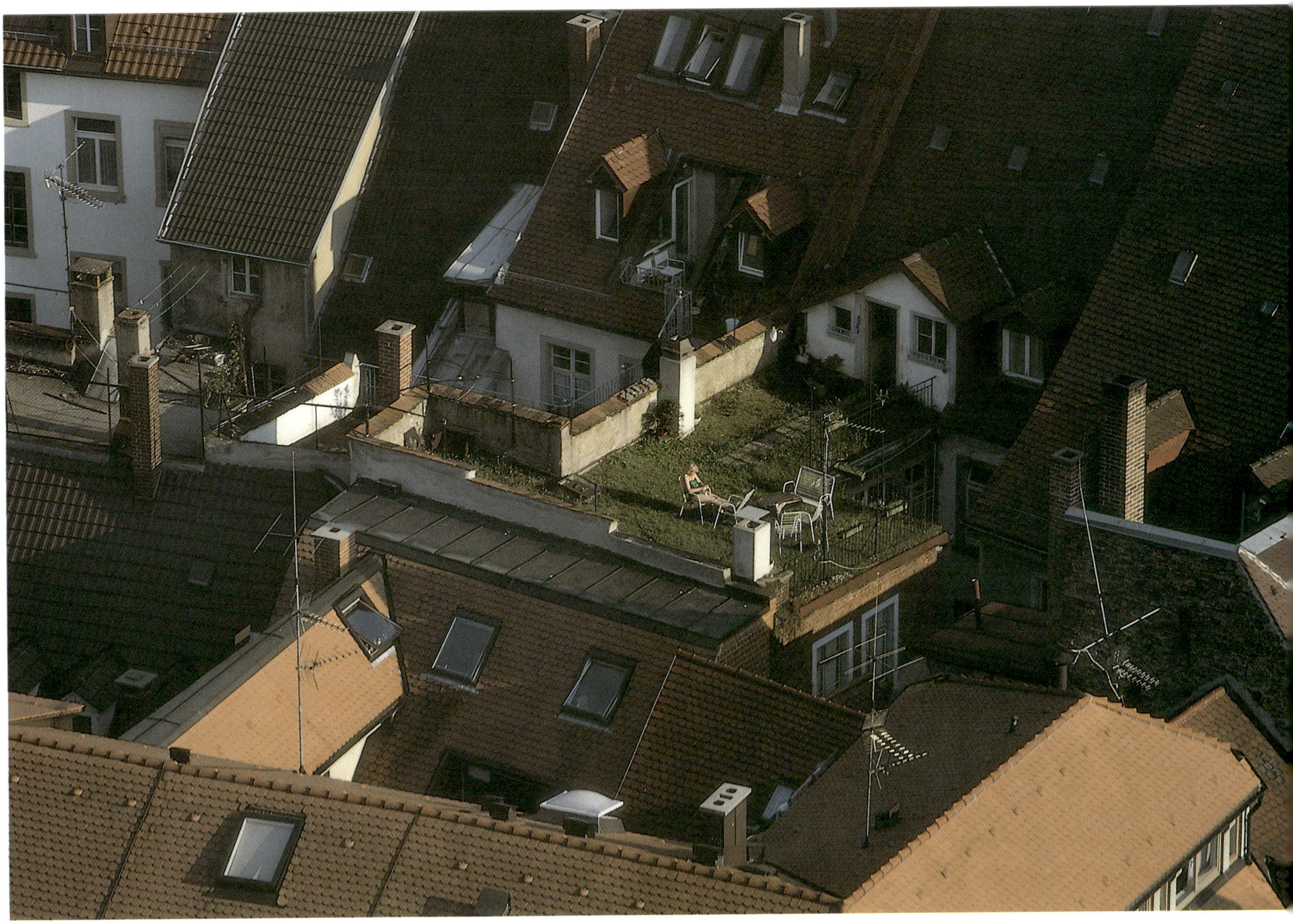

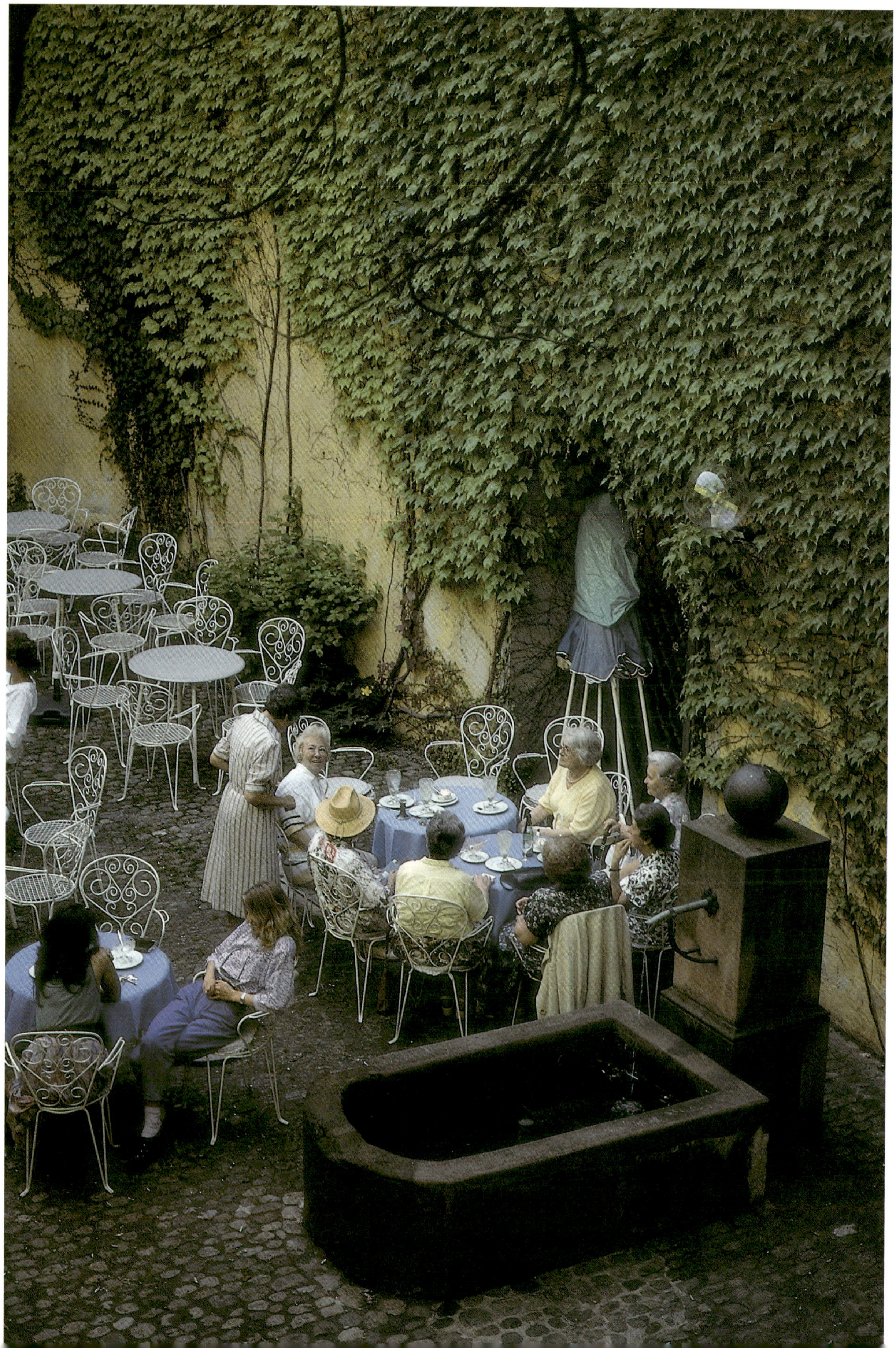

Gastronomische Varianten. »Schwarzes Kloster«, »Litfaß«, »Deutsches Haus«

Freiburg – eine Hauptstadt des Jazz

Freiburg – a new capital of Jazz

Fribourg capitale du Jazz

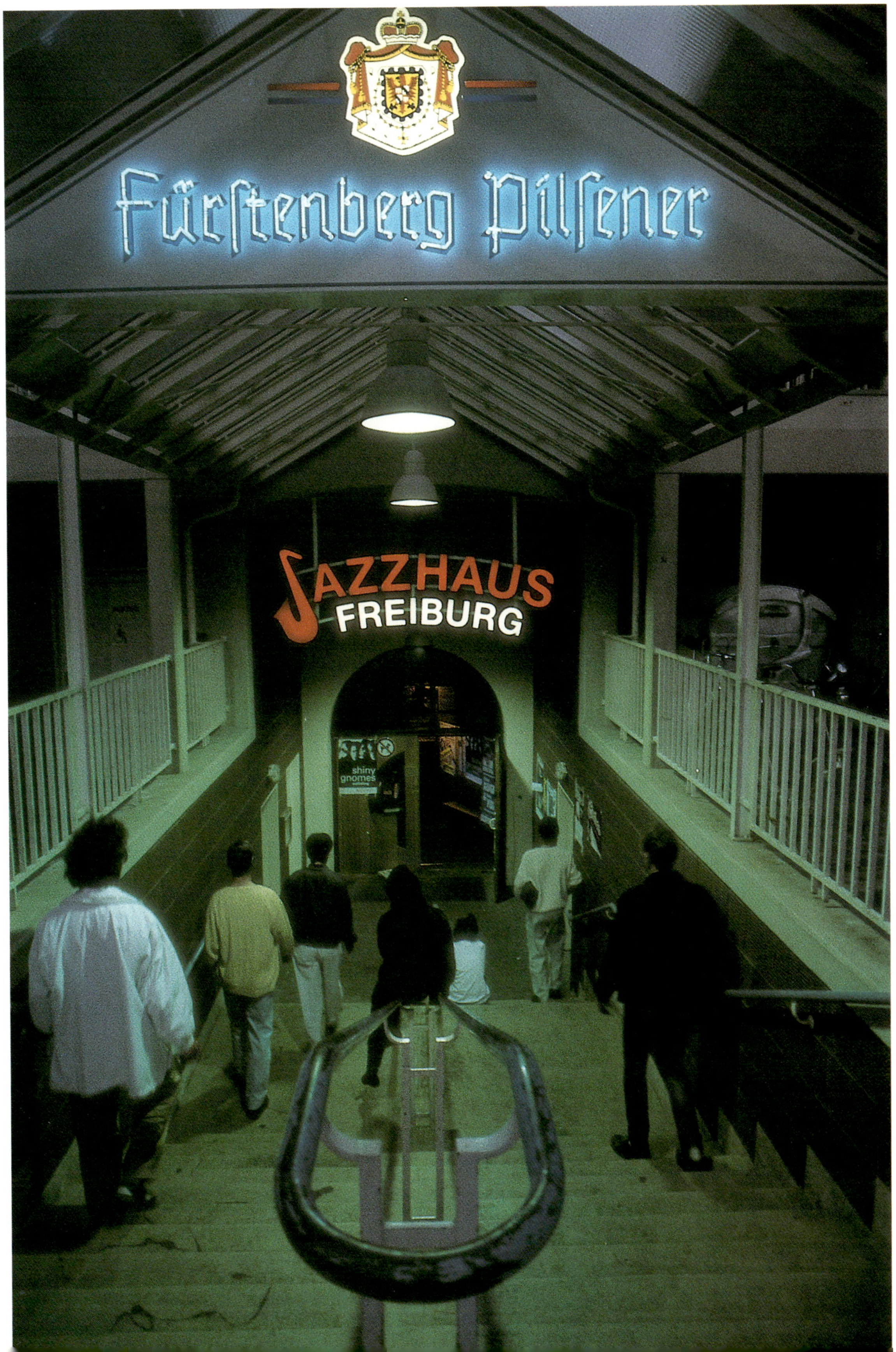
Fürstenberg Pilsener
JAZZHAUS
FREIBURG
shiny
gnomes

Kulissenmaler ● Scene-painter ● Peintres de coulisses

◁ Städtische Bühnen ● Municipal theatres ● Théâtre municipal

Wallgrabentheater. Sommerfestspiele im Innenhof ● Wallgraben-Theatre. Summer festival in the inner court ● Wallgrabentheater. Festival estival dans la cour intérieure △

Im Augustinermuseum. Sammlungen mittelalterlicher Kunst ● Augustinermuseum. Collections of medieval art ● Collections d'art moyenâgeux dans l'Augustinermuseum

Museum für Völkerkunde. Magazin ● Museum of Ethnology. Stockroom ● Musée d'ethnologie. Magazins

85

Pyramide aus alten Münster-Bausteinen ● Pyramid built of the Minster's old sandstone blocks ● Pyramide en vieille pierre de la cathédrale

Berthold-Schwarz-Denkmal auf dem Rathausplatz, er gilt als Erfinder des Schießpulvers.

Berthold Schwarz Memorial on Rathausplatz (town hall square), he is supposed to have invented gun-powder

Monument de Berthold Schwarz sur la place de la mairie, il passe pour être l'inventeur de la poudre à canon

Carl von Rotteck, der große Liberale des 19. Jh.

Carl von Rotteck, great liberal of the 19th century

Carl von Rotteck, le grand libéral du 19ème siécle

Im Stadtgarten

△ Unter der Stadtbahnbrücke

△ Dreisam mit Mariensteg

90

Im Strandbad an der Schwarzwaldstraße ● In the swimming-pool »Strandbad« ● À la piscine

Eugen-Keidel-Thermal-Mineral-Bad △

◁ Faulerbad

Schwabentorbrücke ▷

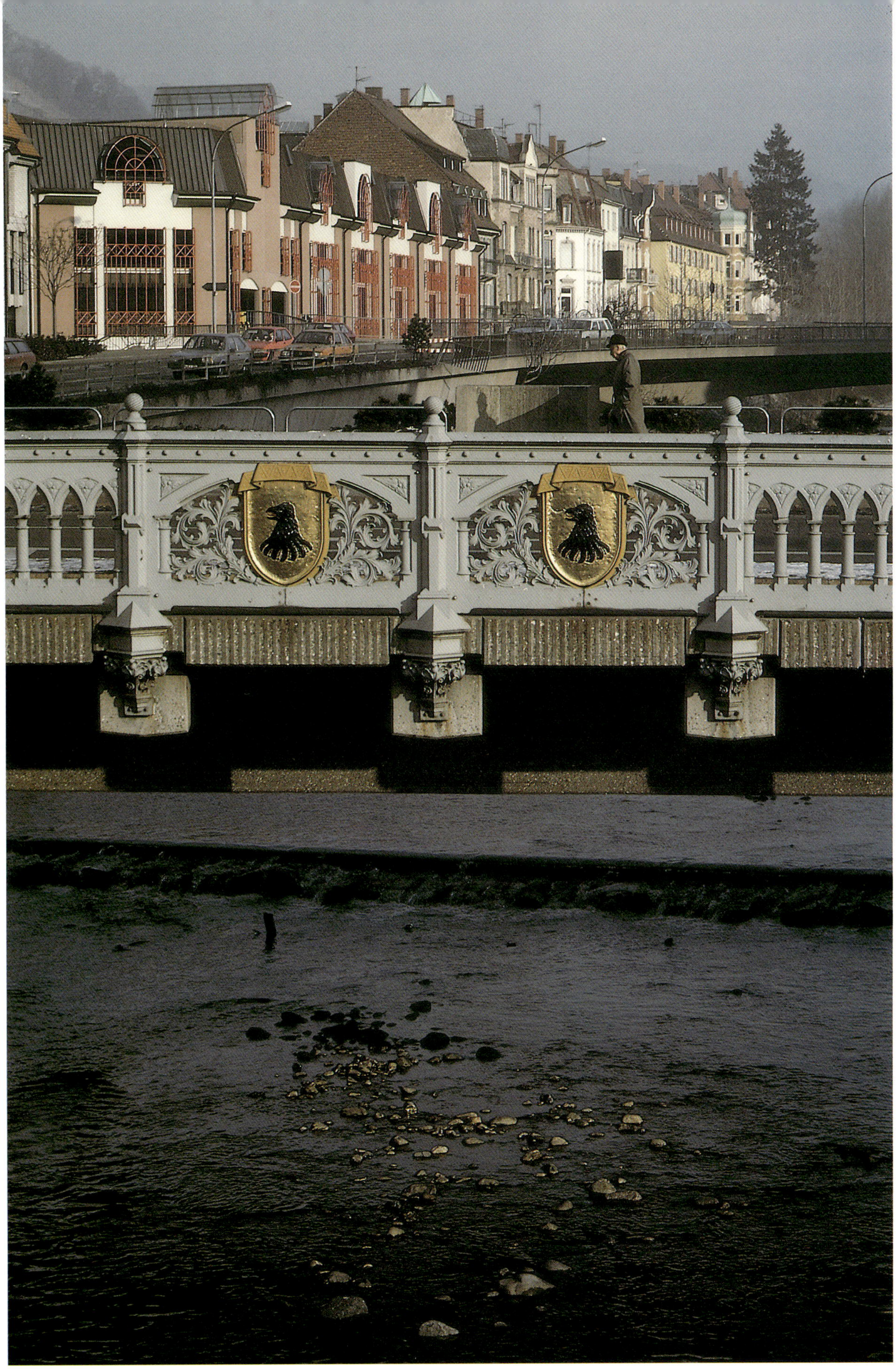

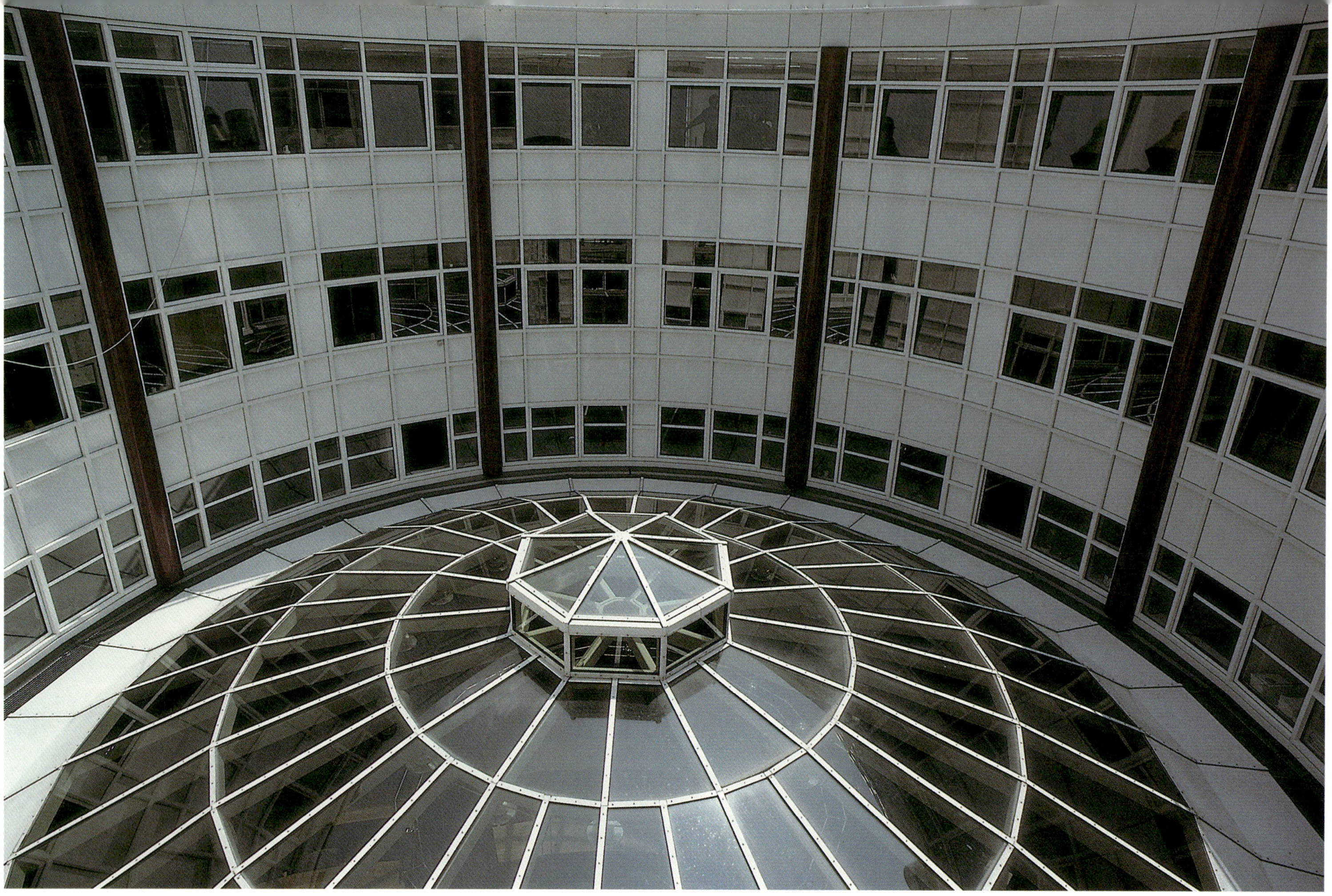

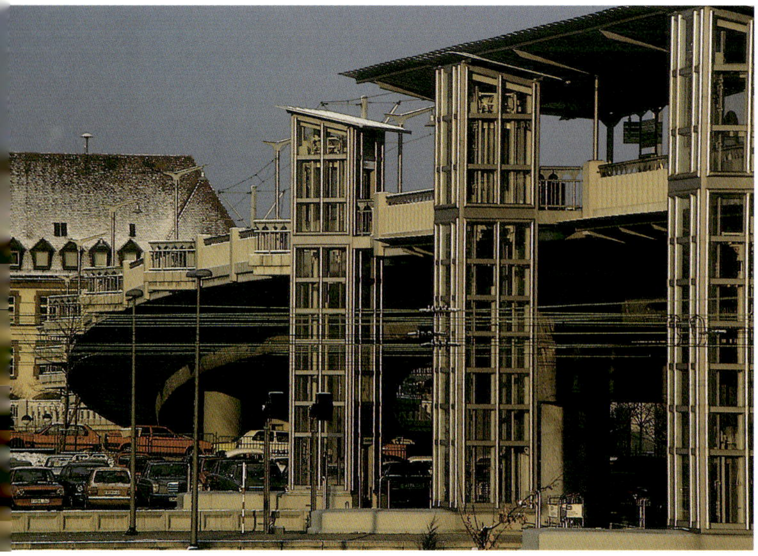

Moderne Architektur

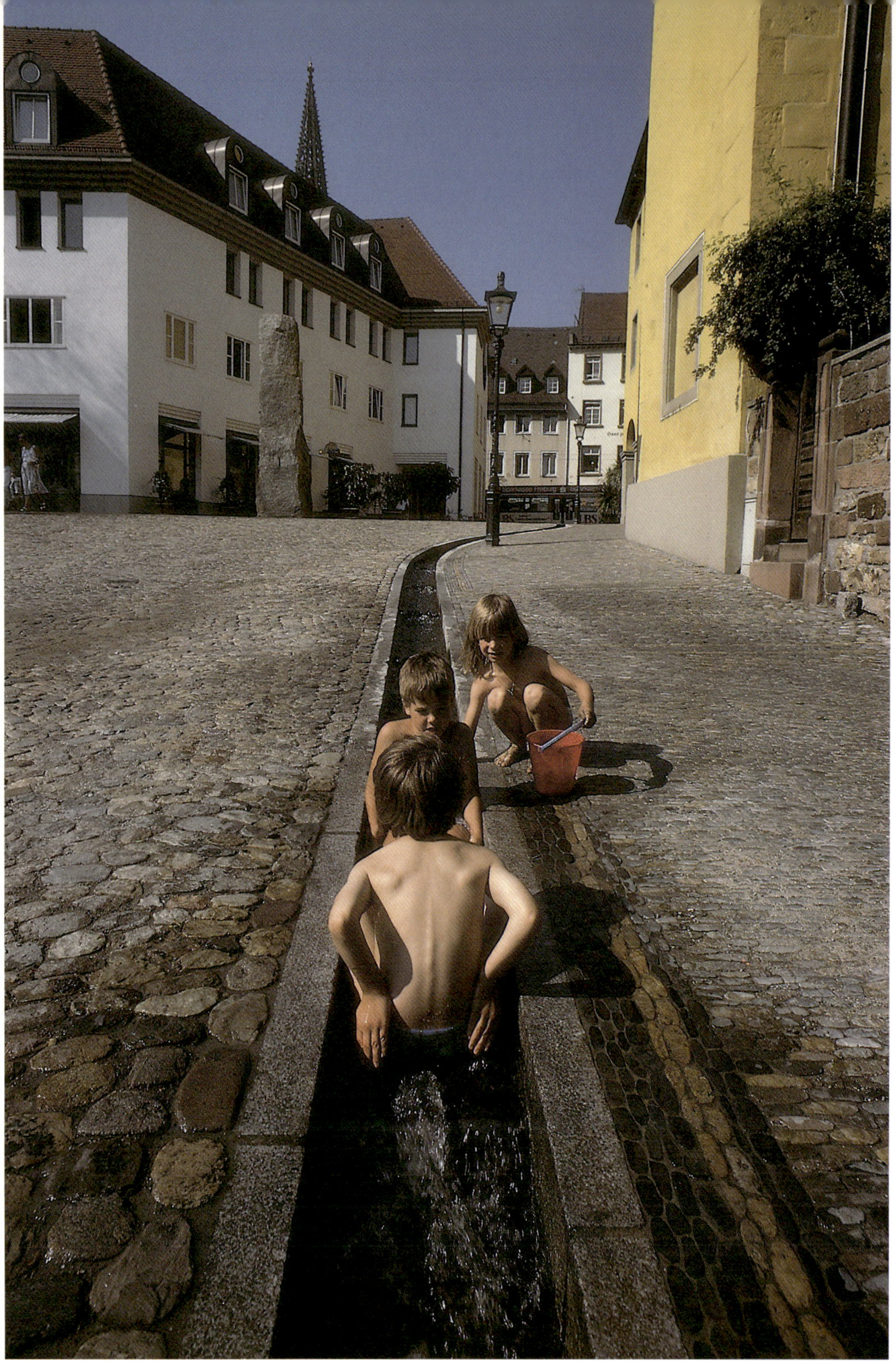

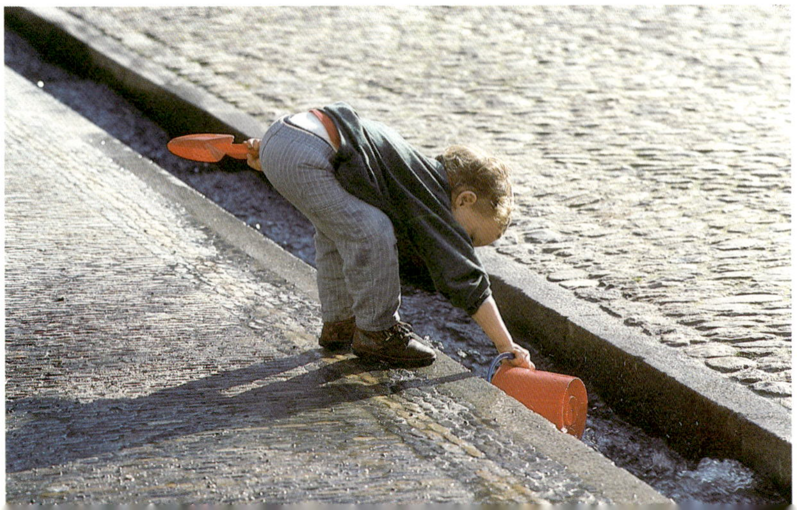

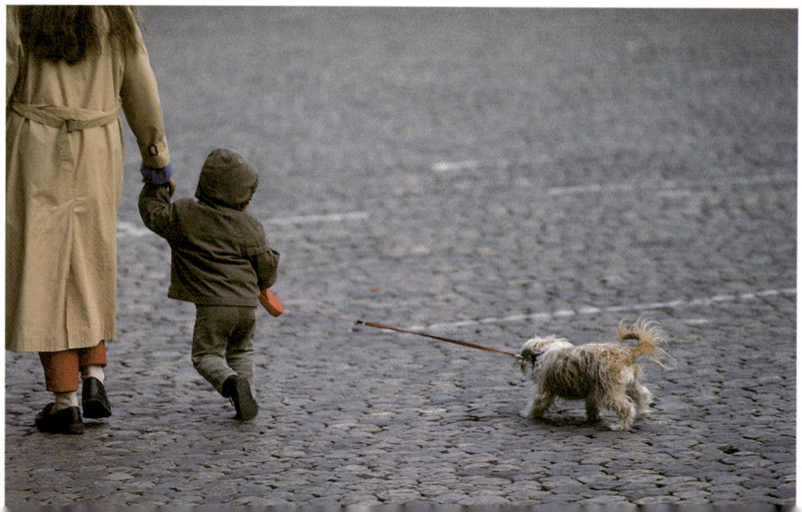

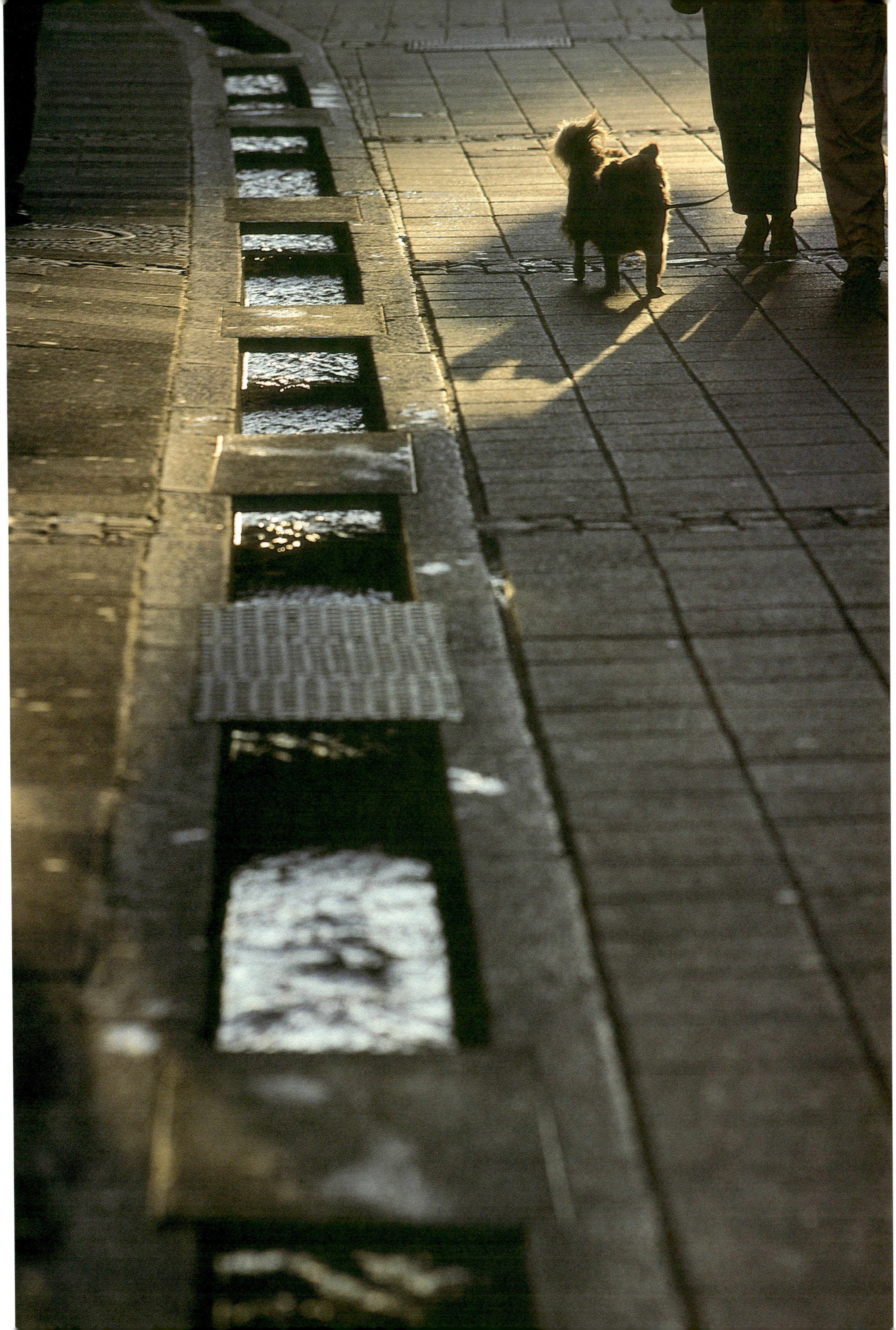

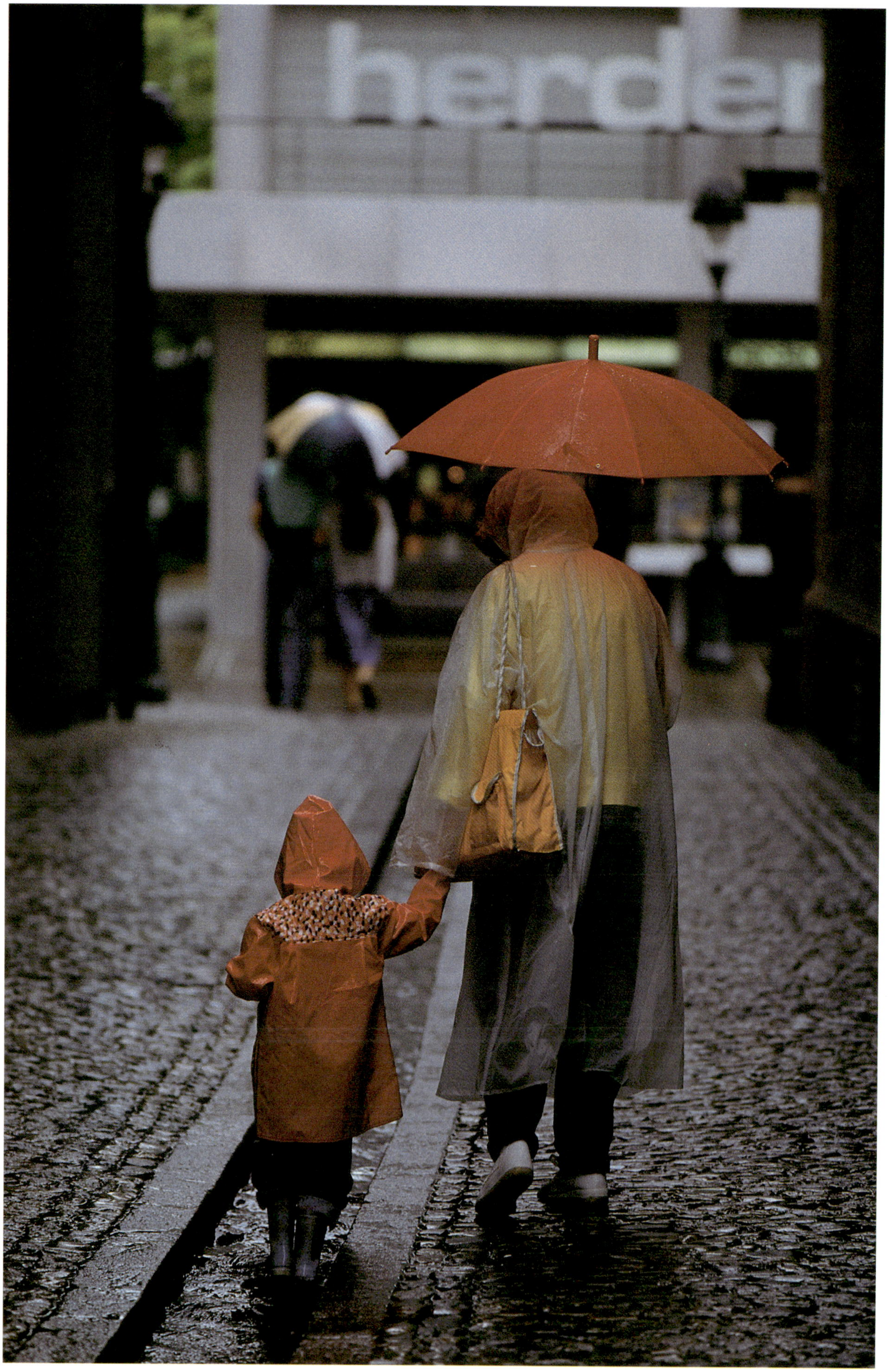
herder

99

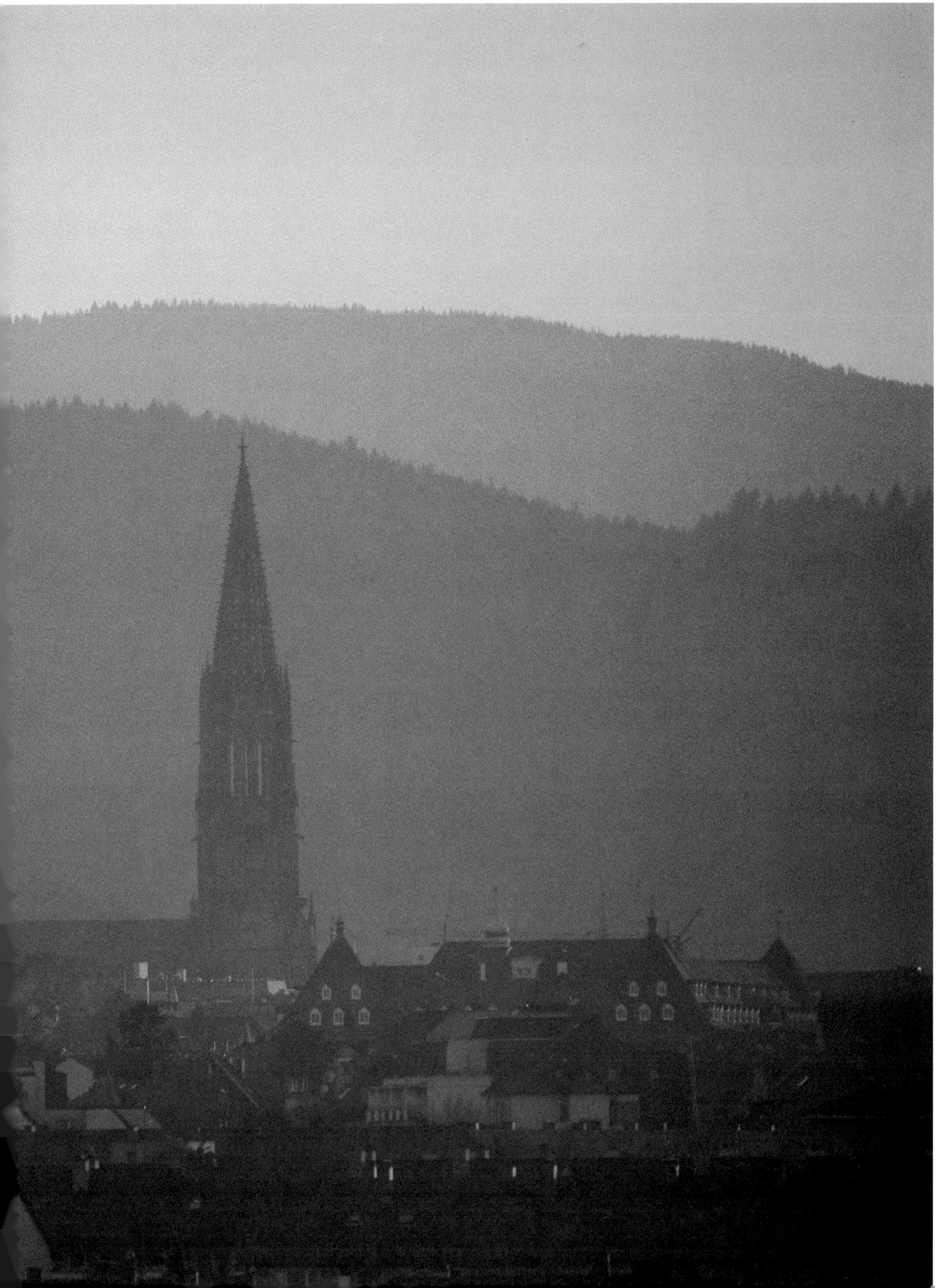

Winterabend über der Altstadt ● Snow-covered proofs in the old town ● Soirée hivernale sur les toits de la vieille ville

Stadtteil Oberwiehre

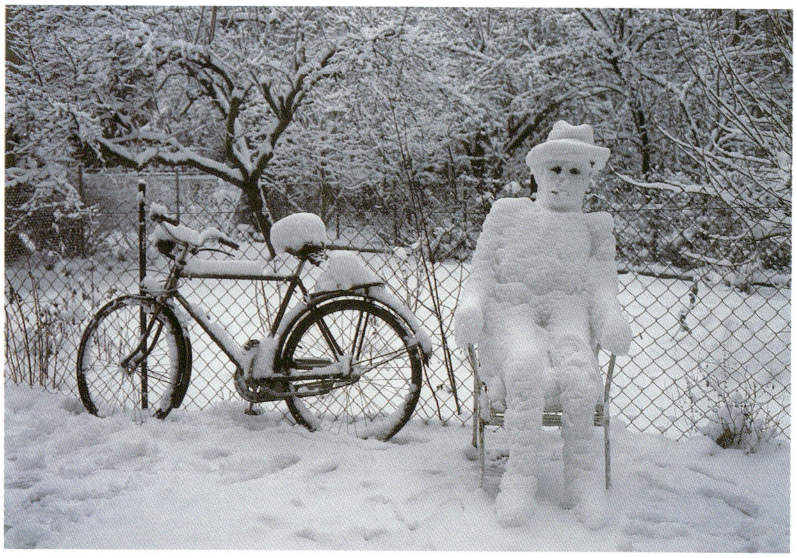

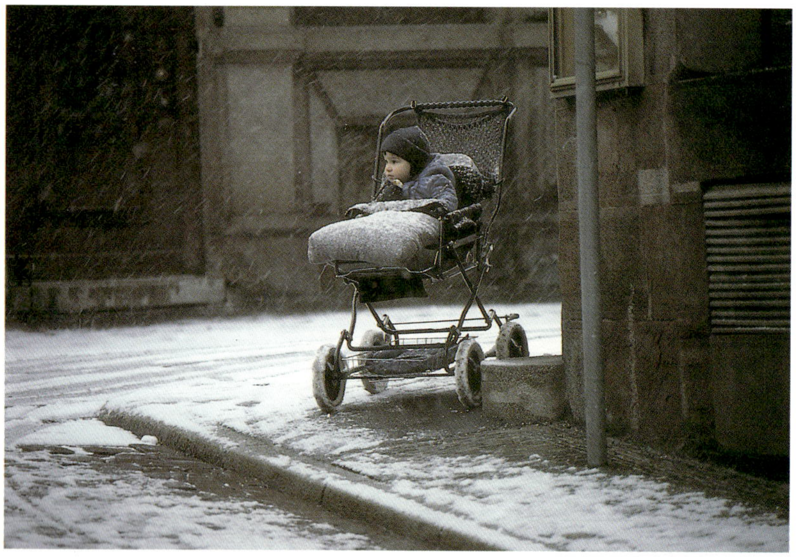

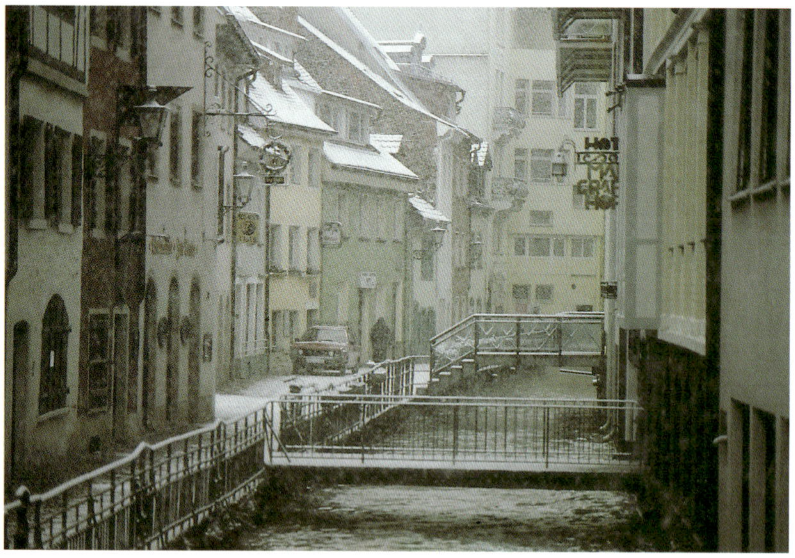

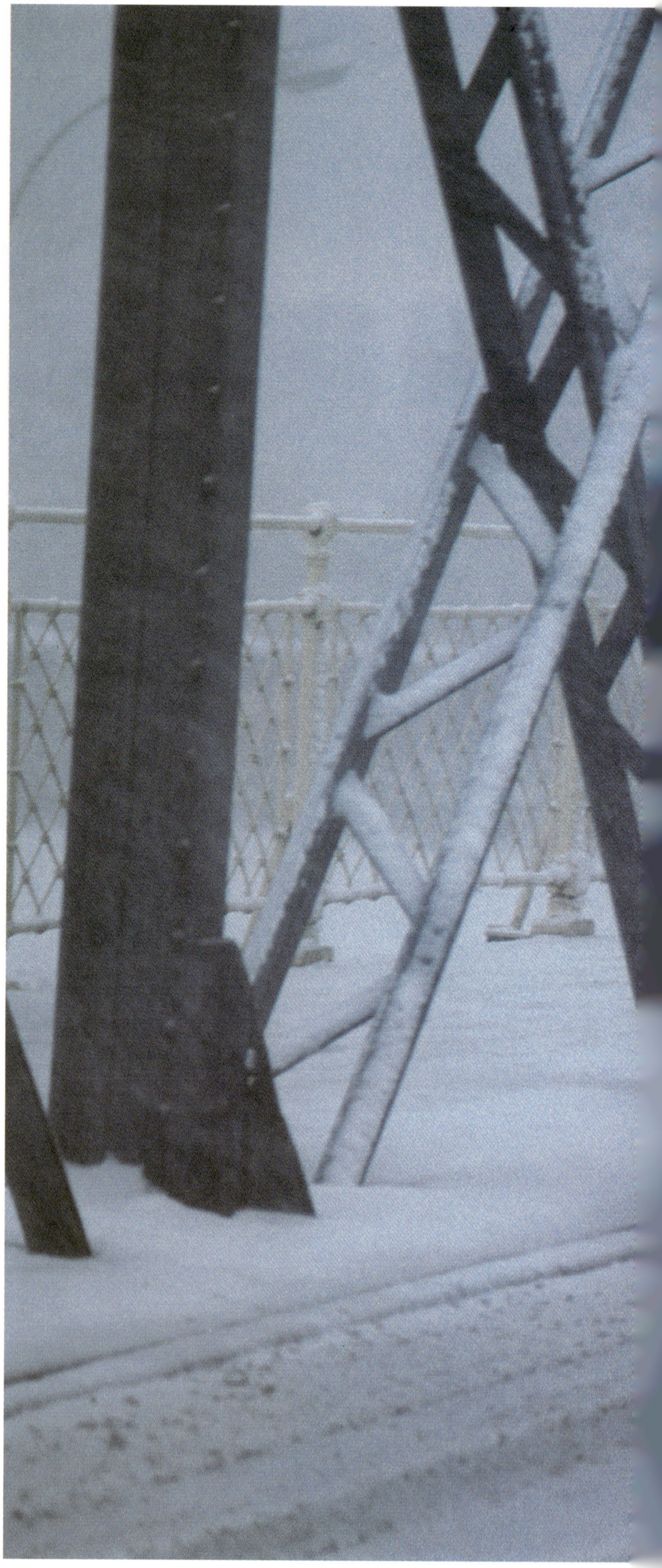

Ein Wintertag ● Winter day ● Journée d'hiver

Aristoteles und Homer am Eingang zum Kollegiengebäude I

Aristoteles and Homer in front of Faculty Building I

Aristoteles et Homère à l'entrée du Kollegiengebäude I

Das Kollegiengebäude I spiegelt sich in der Universitätsbibliothek
Faculty Building I reflected in the University Library
Le bâtiment Kollegiengebäude I se reflète dans la bibliothèque de l'université

△ Mensa I   Universitätsbibliothek ▷

Auf Zimmersuche ● Looking for lodgings ● A la recherche d'un logement

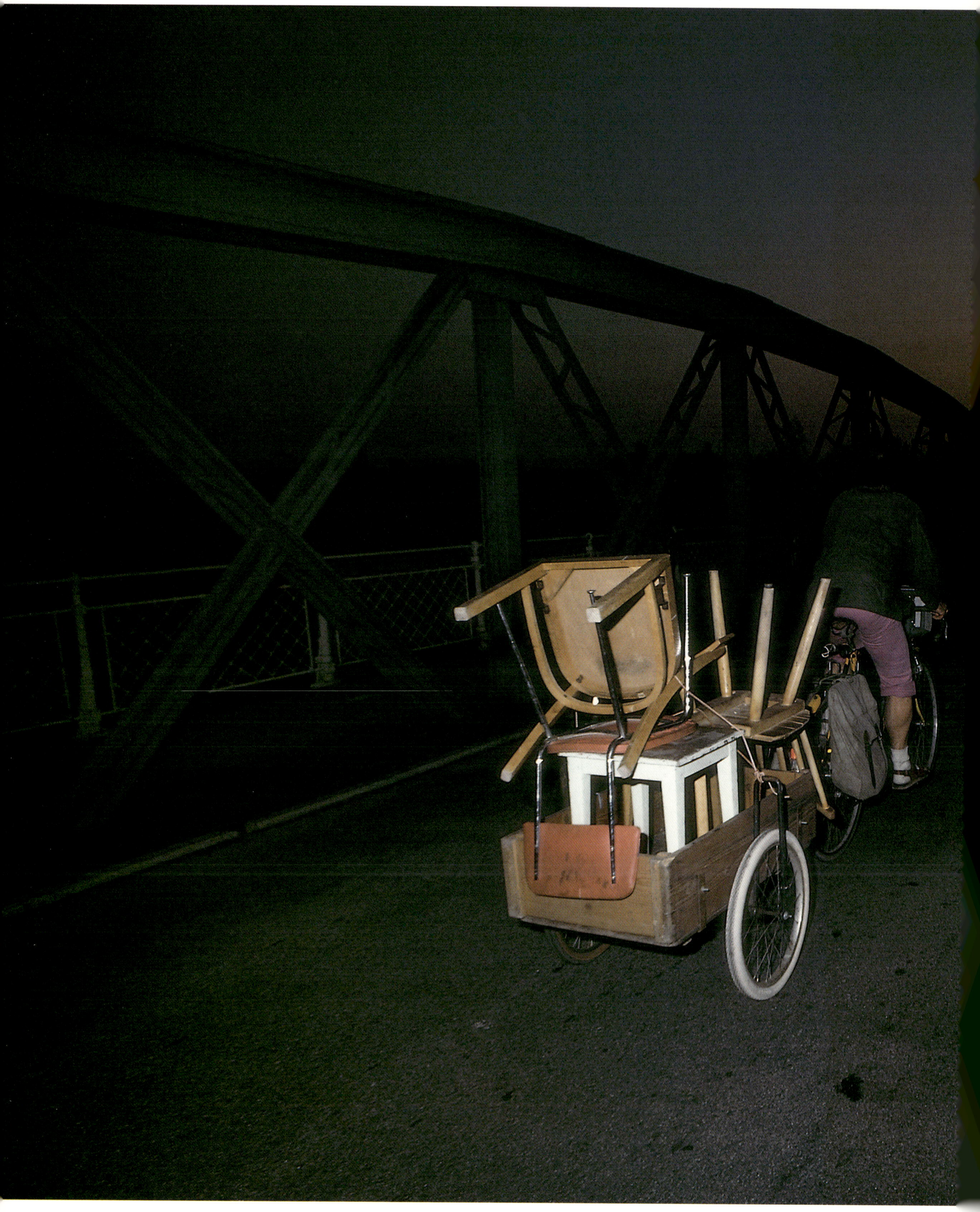

Umzug in den Stadtteil Stühlinger
Move to the Stühlinger district
Déménagement dans le quartier Stühlinger

Bauepochen im Westen der Stadt ● Architectural periods in West Freiburg ● Périodes architecturales dans l'ouest de la ville △

Stadtteil Landwasser. Stadtbahnendstation ▷
District of Landwasser. Terminus of No 1 tram
Quartier Landwasser. Station terminale du tramway n° 1

△ Wohnanlage Alban-Stolz im Stadtteil Zähringen

◁ Skulptur »Roter Otto«

Industrie

Handwerk ● Craft ● Artisanat

115

Künstlerateliers. Im alten E-Werk ● Studios. In the old electric power station ● Ateliers d'artistes. L'ancienne centrale électrique ▷

△ Am Bahngelände ● Near the railway grounds ● Environs ferroviaires

117

Bücher   books   livres …

BURGER
RFESTIVAL
MAI
SPIEL
IKFURT
WOLOKOLAMSKER CHAUSSEE I – V
CAMILLE CLAUDEL 1864 – 1943
S. FISCHER
CAMILLE CLAUDEL – AUGUSTE RODIN
Die Regie hat das Wort
DAS THEATER DER RUTH BERGHAUS
ANNO 1989

Freiburger Köstlichkeiten: Spargel und Wein ● Delicacies in Freiburg: asparagus and wine ● Délicatesses fribourgeoises: Asperges et vin

Weinkeller im Alten Peterhof
Wine-cellar in the »Alter Peterhof«
Cellier dans la »Alter Peterhof«

Stadtteil Mittelwiehre mit Lorettoberg und Schönberg

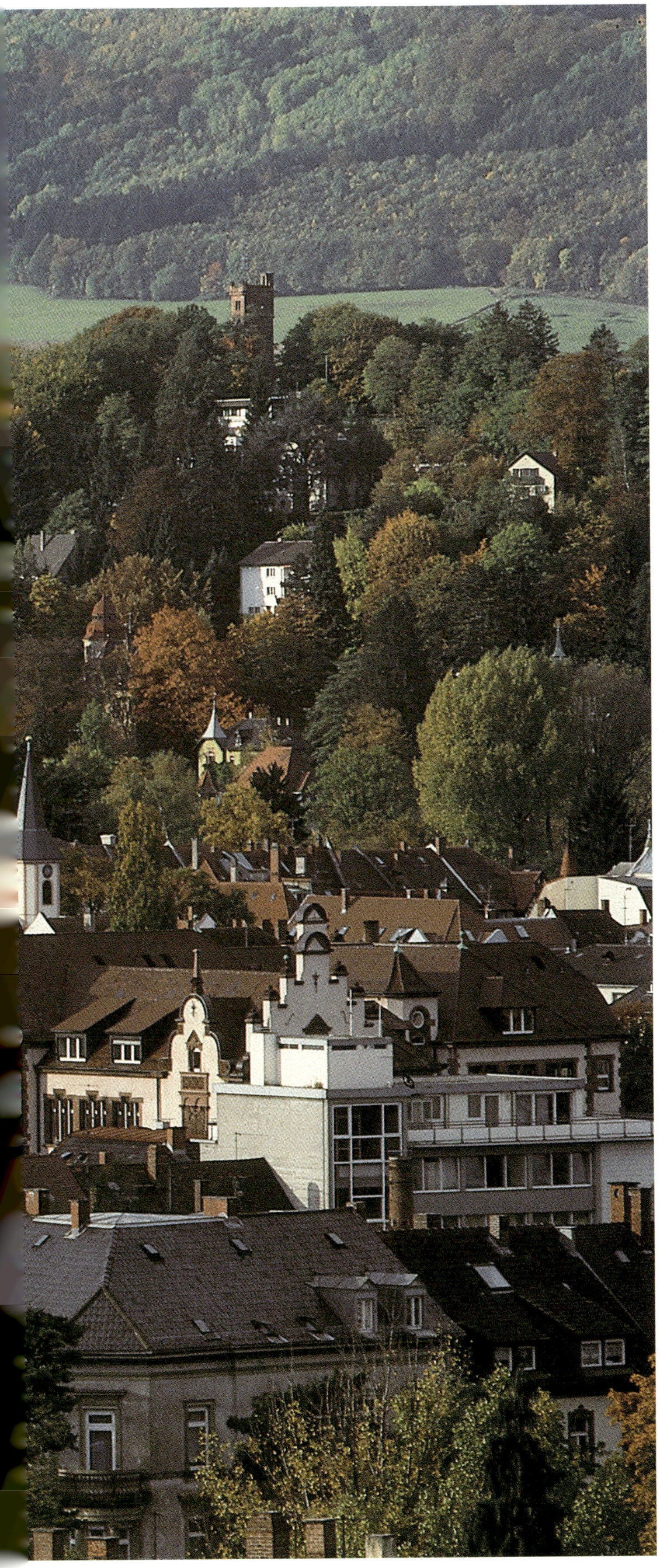

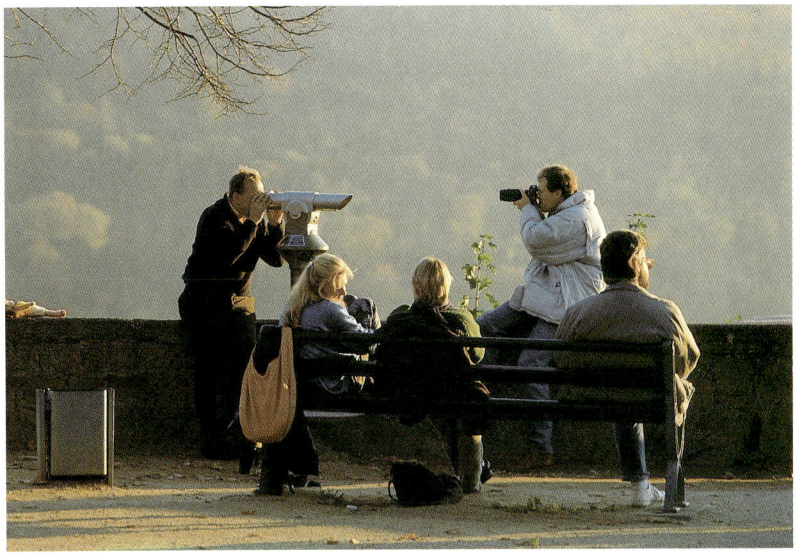

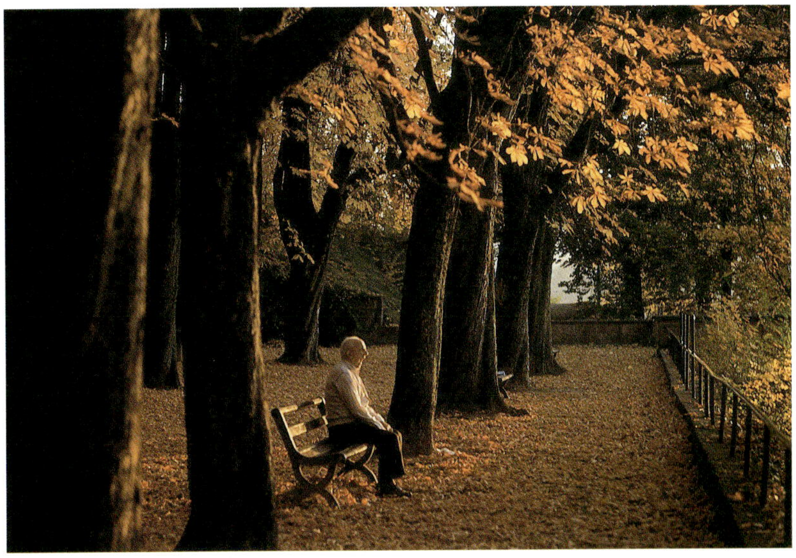

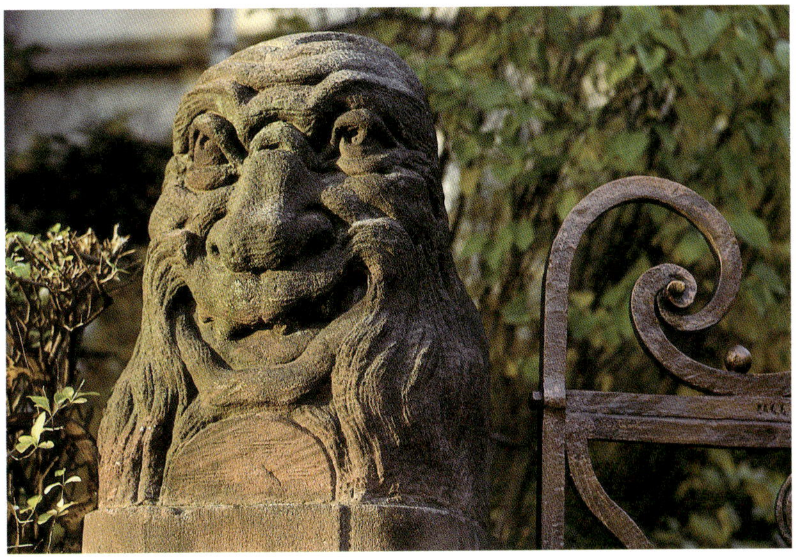

△ Herbstnebel ● Foggy autumn day ● Brouillard d'automne

Luisensteg mit Christuskirche ▷

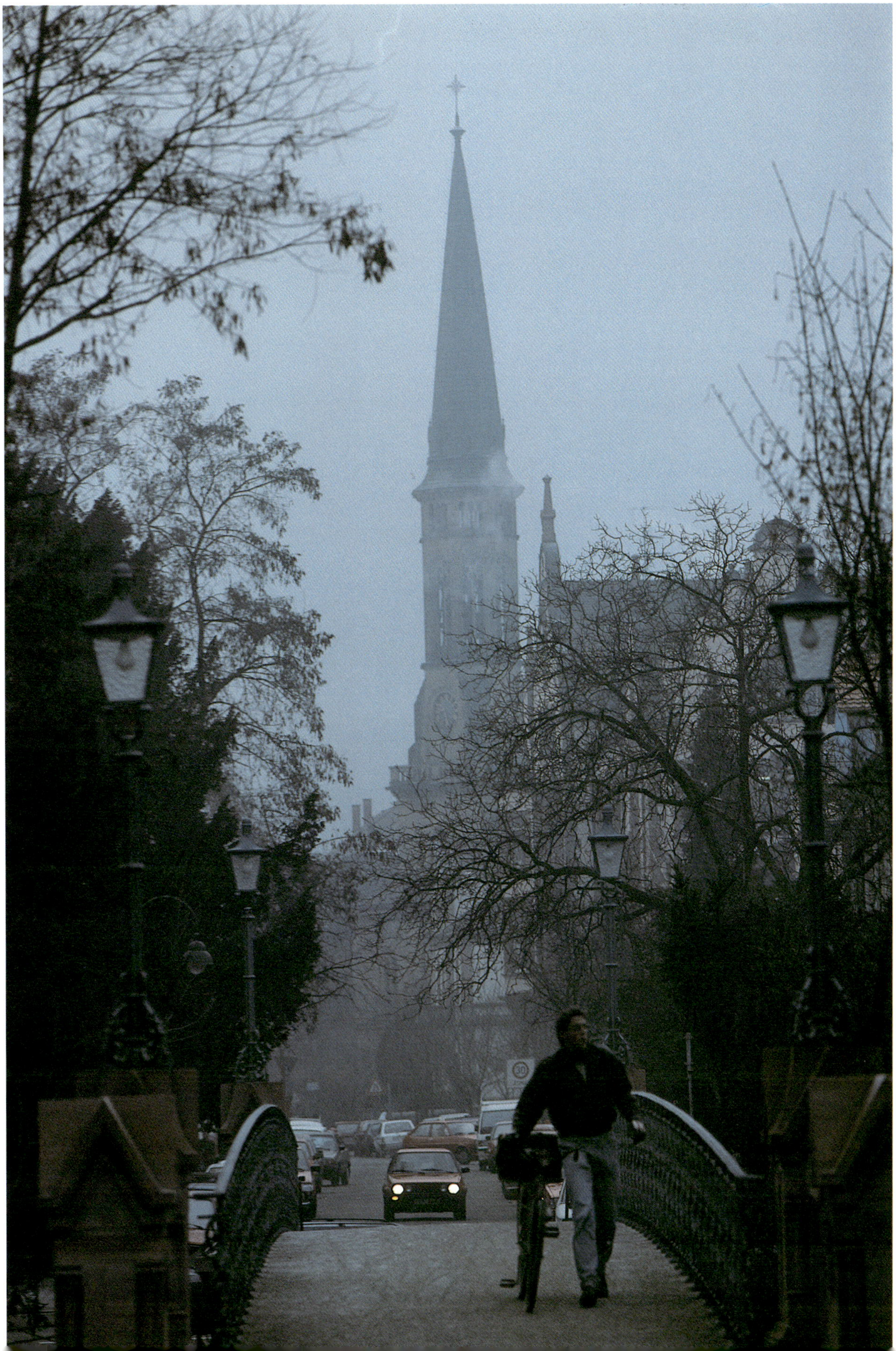

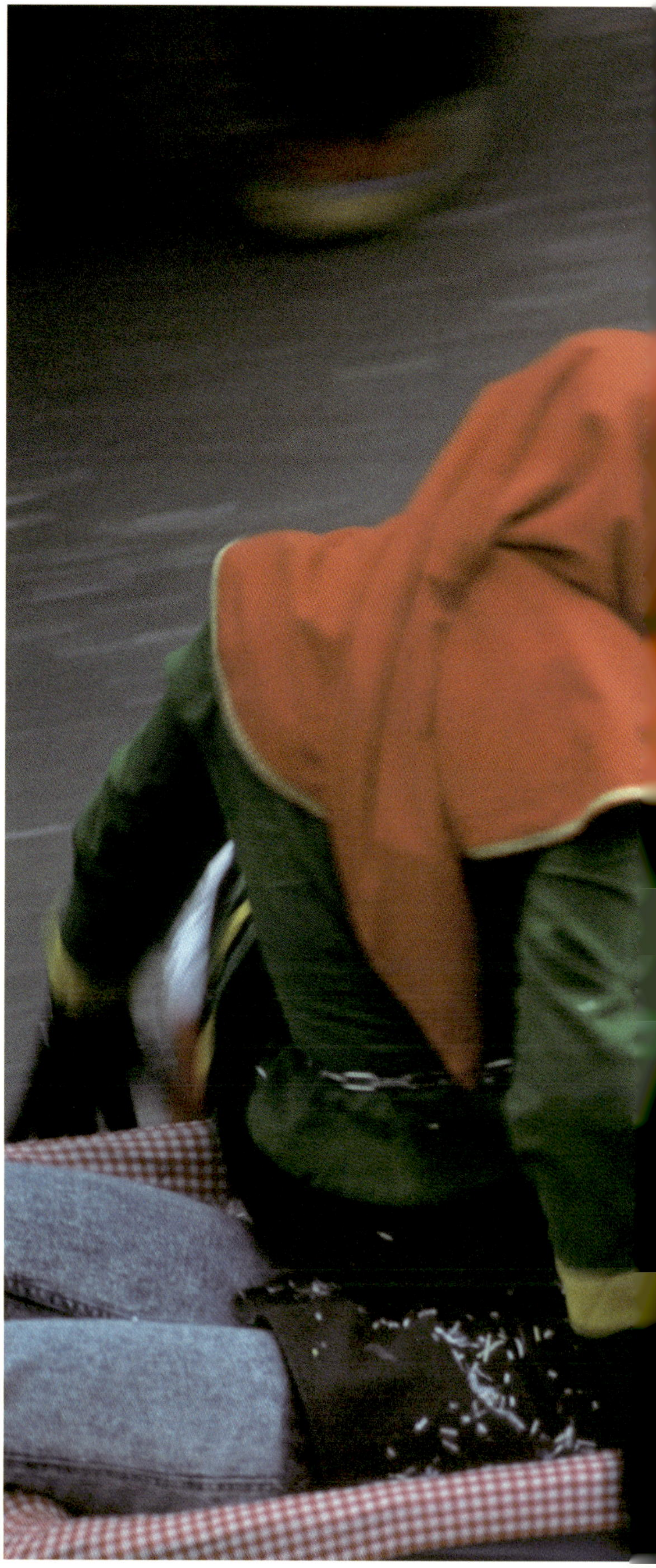

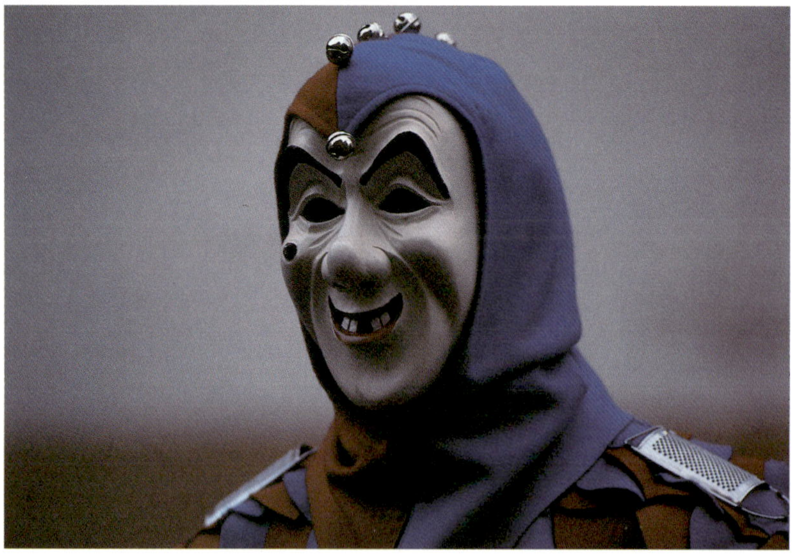

◁ Alemannische Fasnacht in Freiburgs Straßen ● Alemannic Carnival ● Carnaval aleman ▷

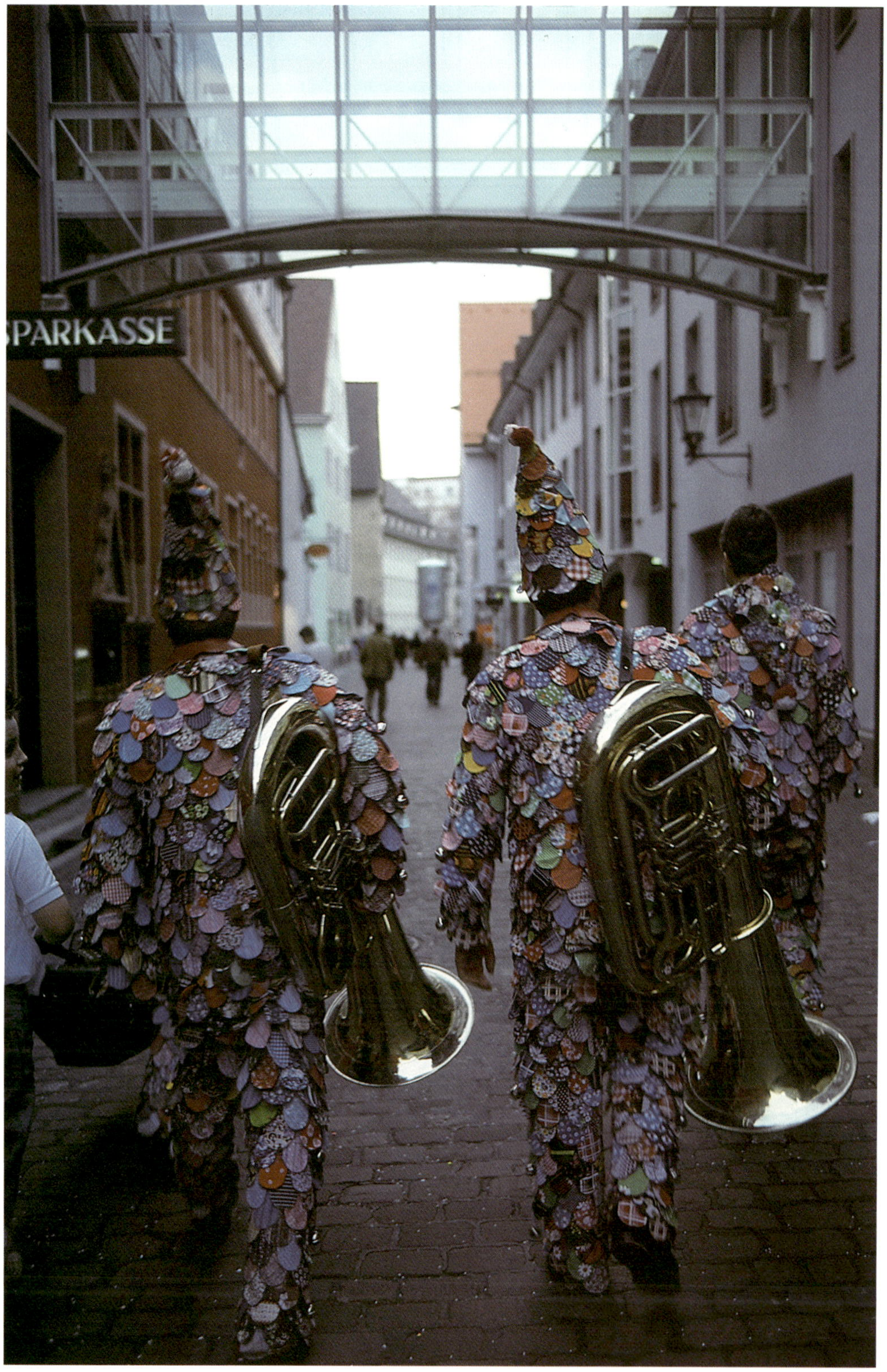
SPARKASSE

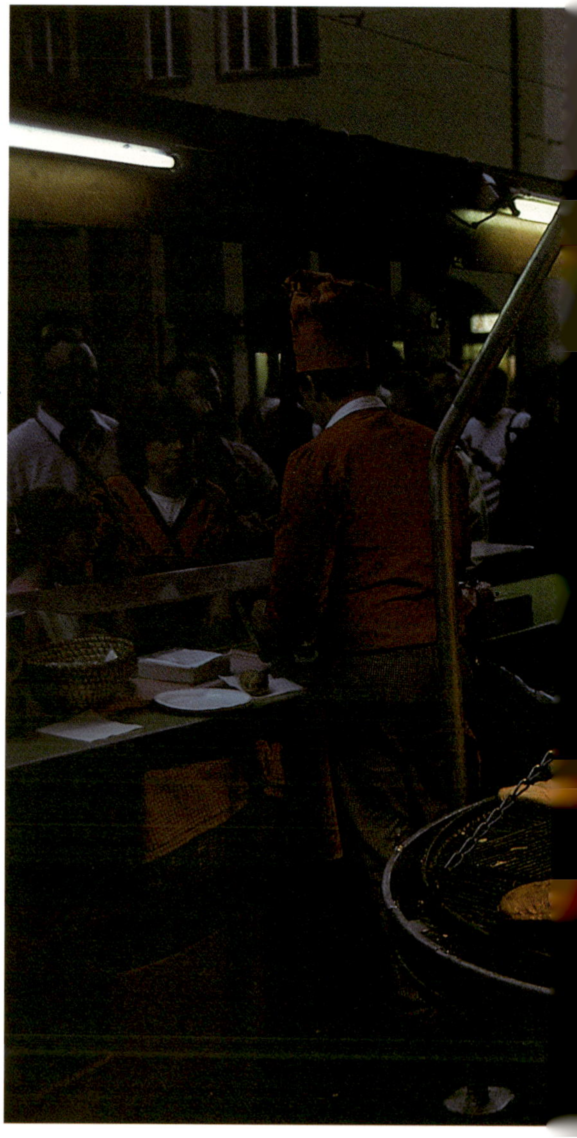

129

Internationales Zeltmusikfestival

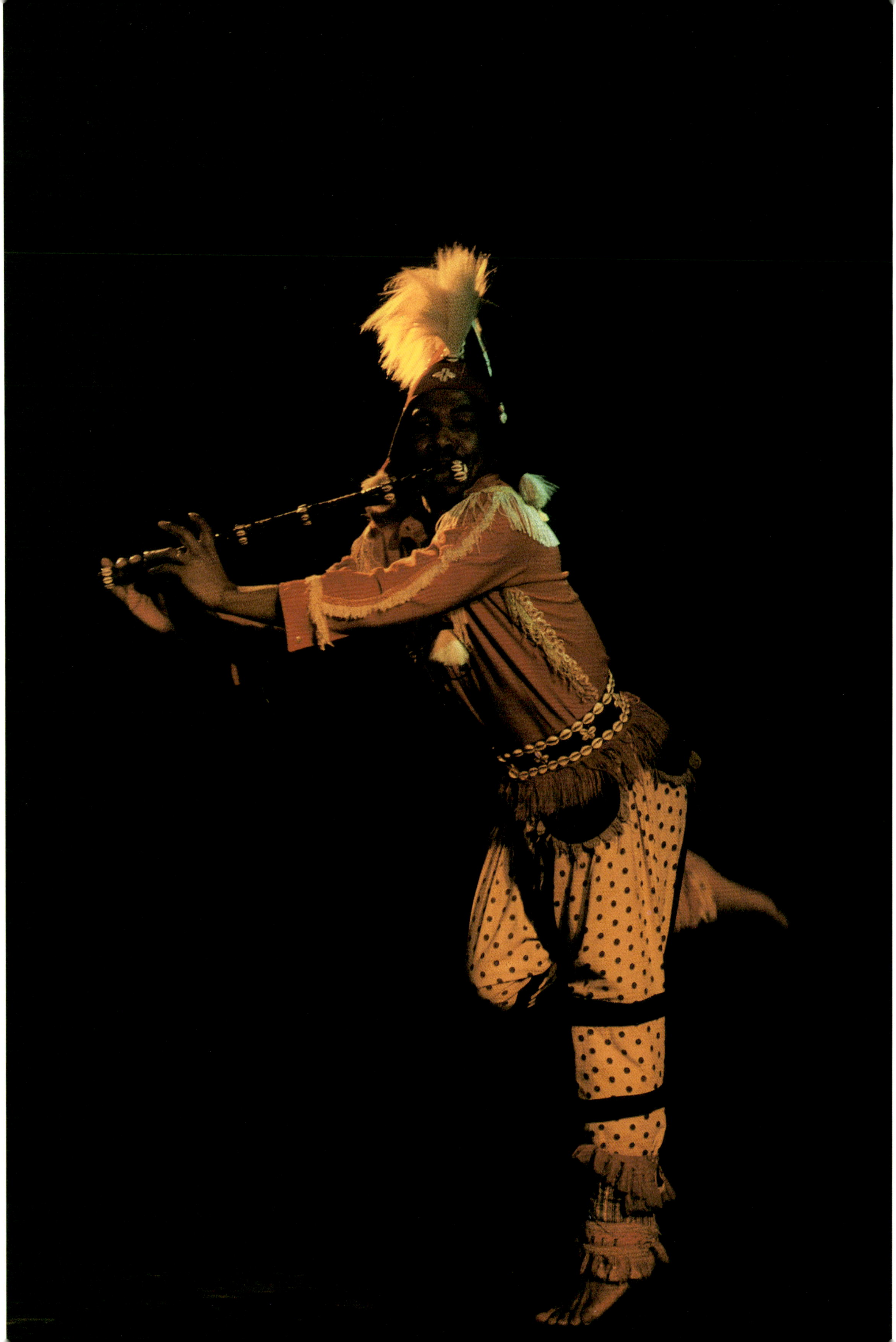

Royal Philharmonic Orchestra London

Dizzie Gillespie

Herbstmesse und Zirkustreiben auf dem Meßplatz ● Autumn fair and circus on the Meßplatz ● Foire d'automne et cirque sur la Meßplatz

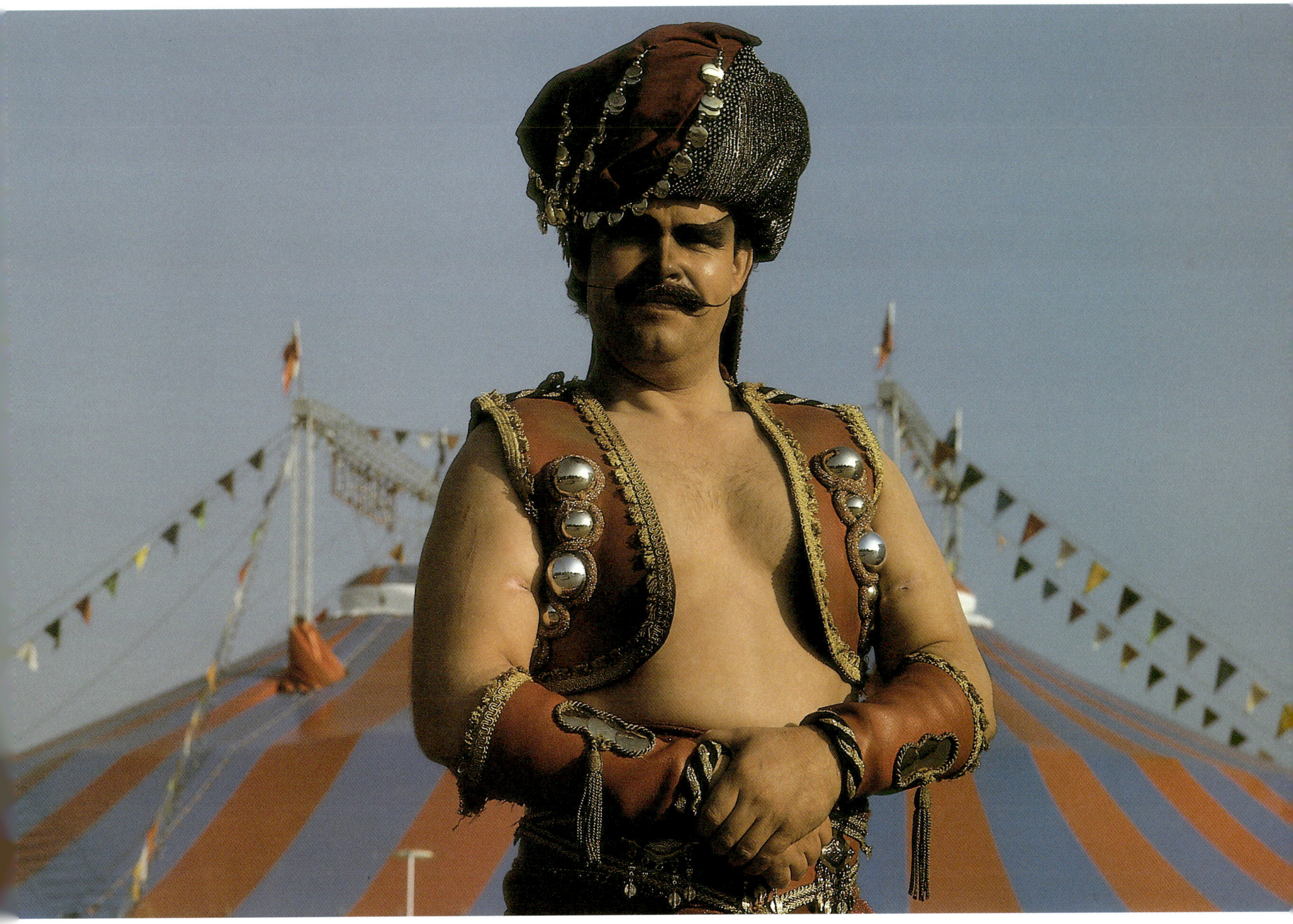

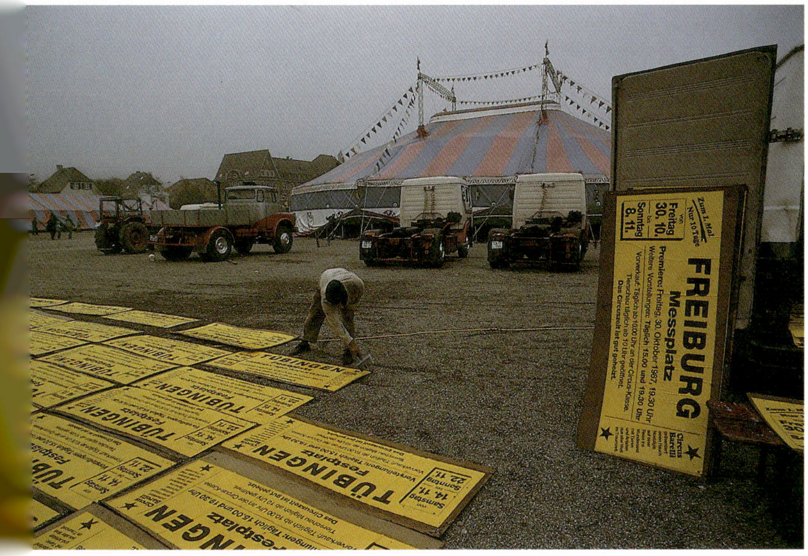

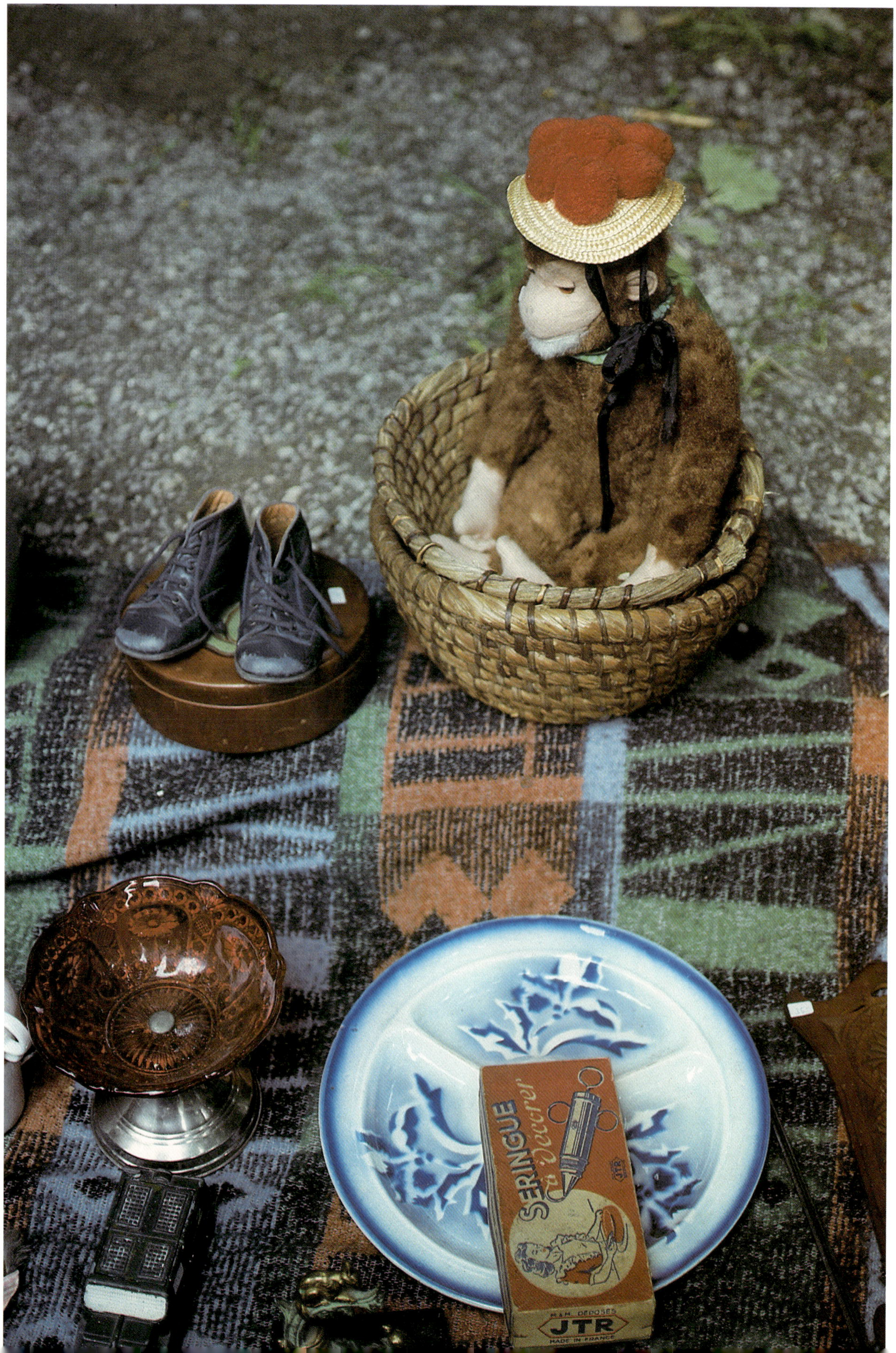
SERINGUE
JTR
MADE IN FRANCE

Flohmarkt im Möslepark ● Flea market ● Marché aux puces

Straßentheater und »Sport« am Alten Wiehrebahnhof ● Cabaret and »sports« near the Old Wiehre Station ● Théâtre de rue et »sport« devant la vieille gare de Wiehre

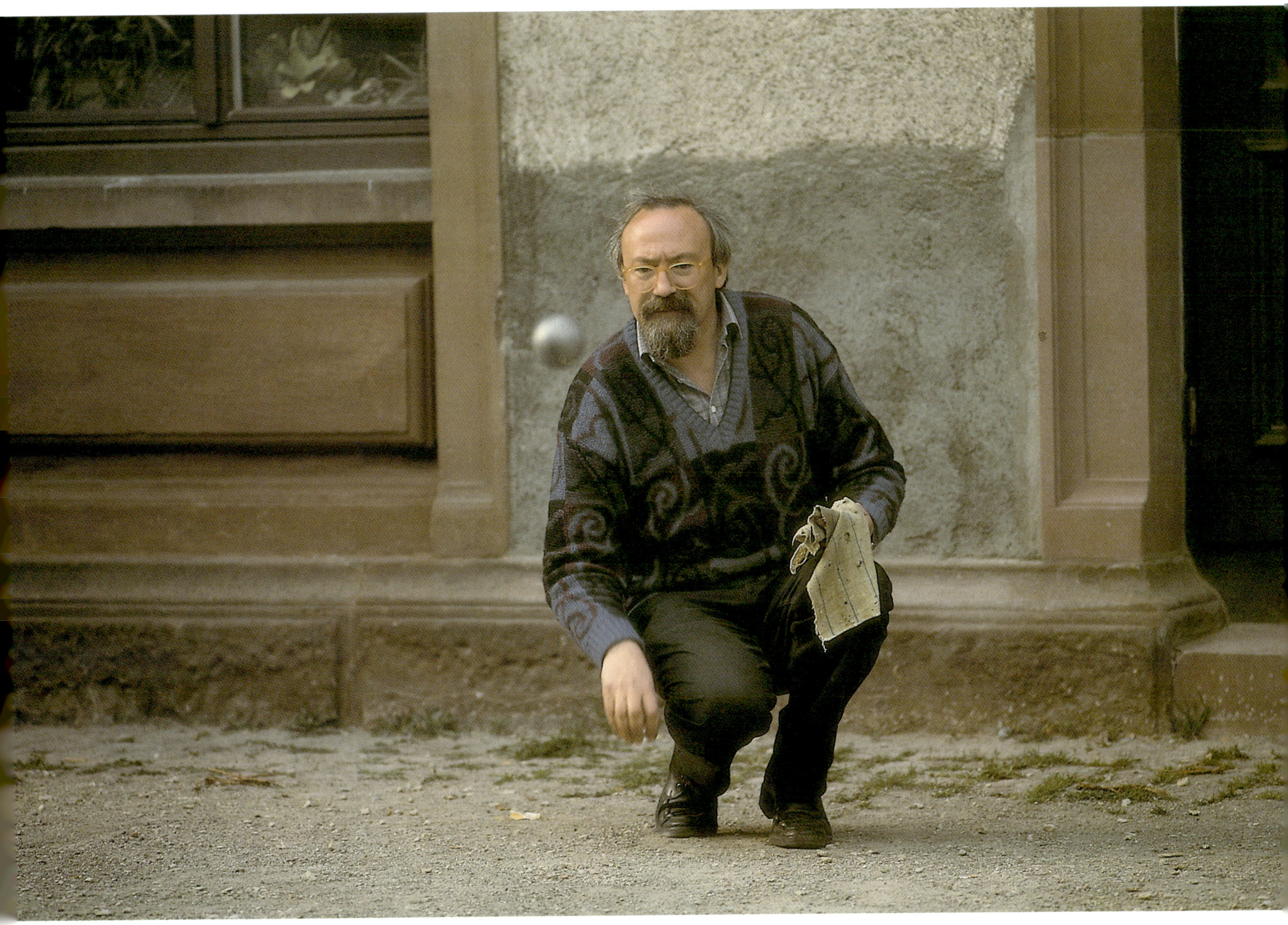

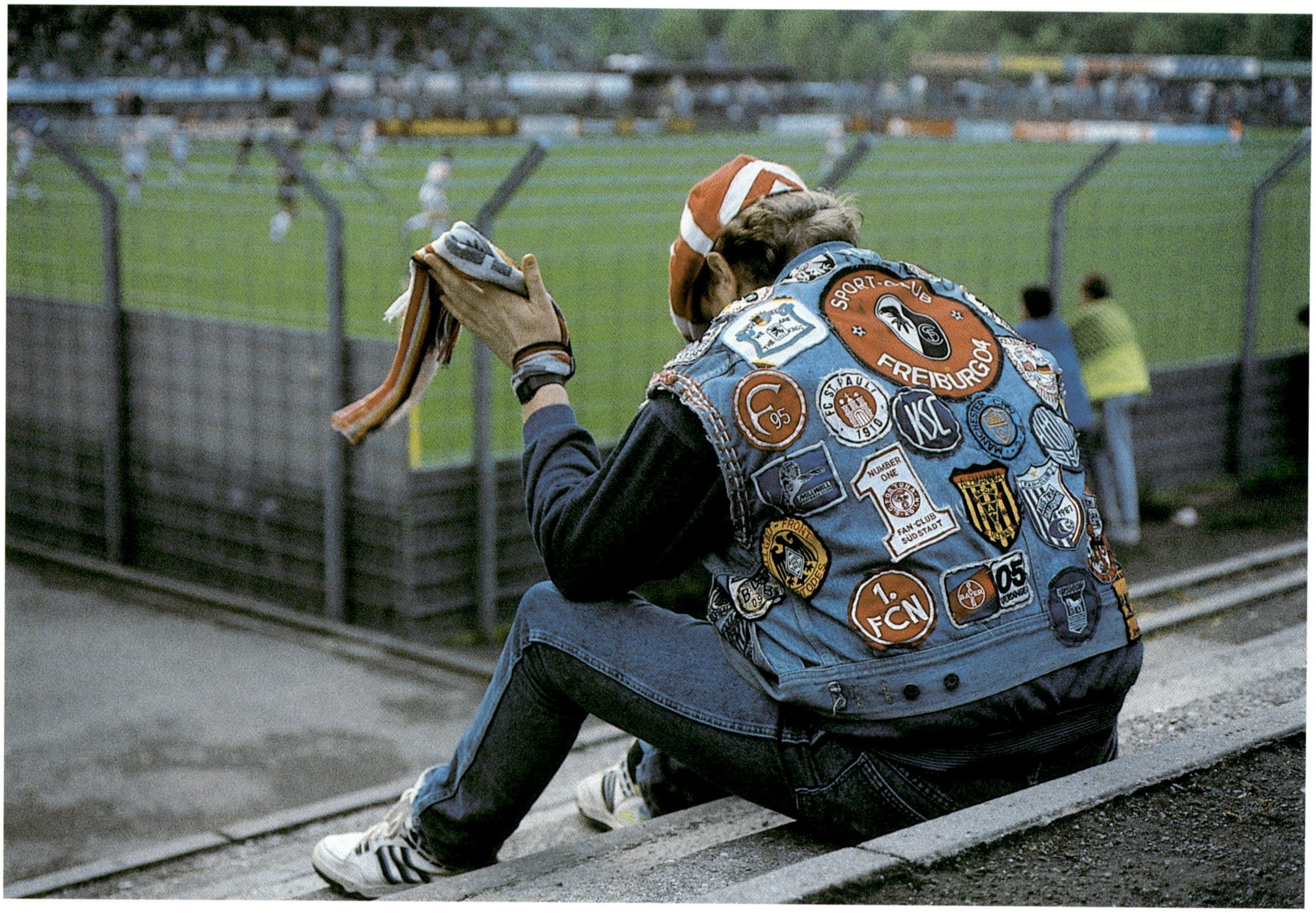

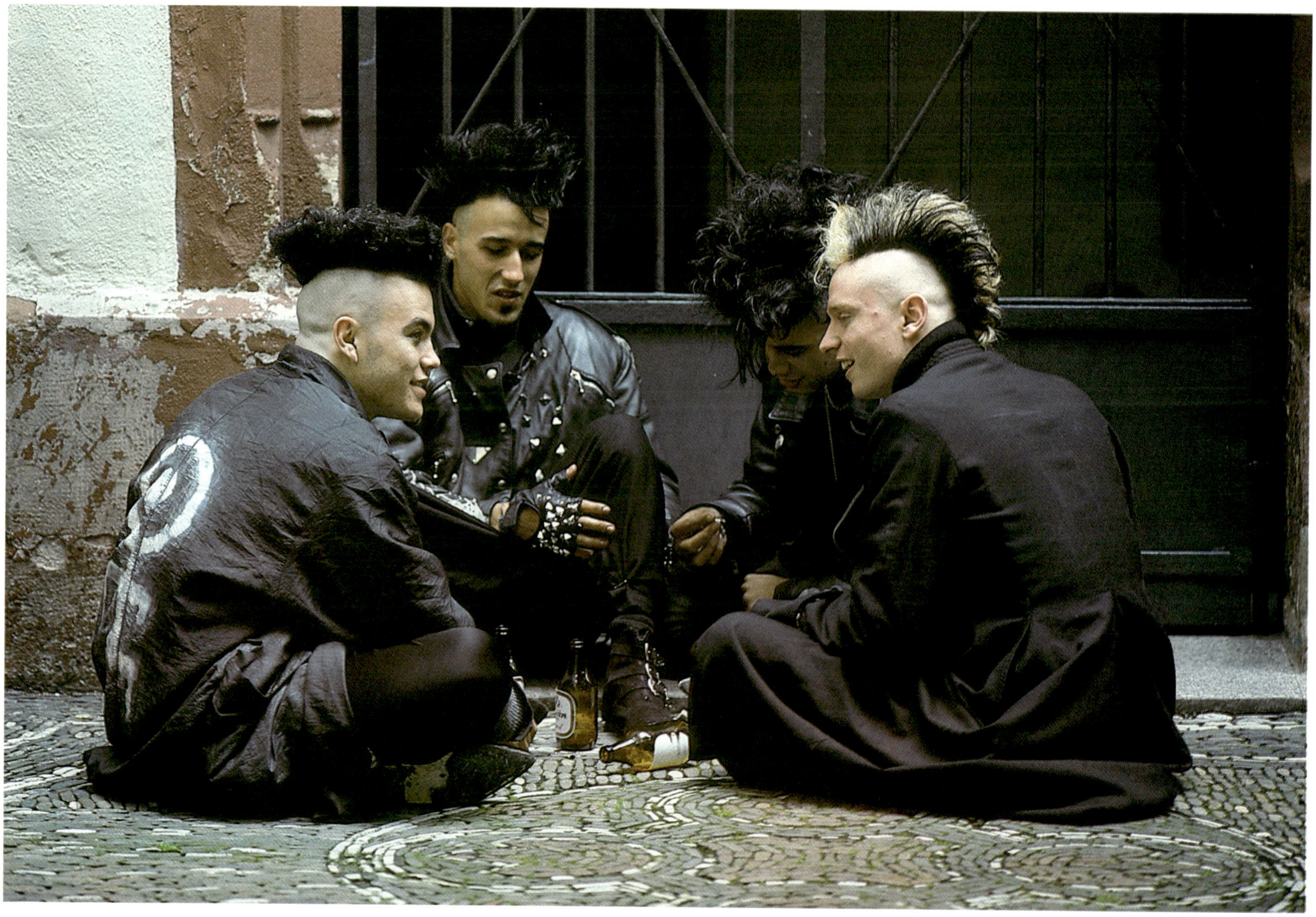

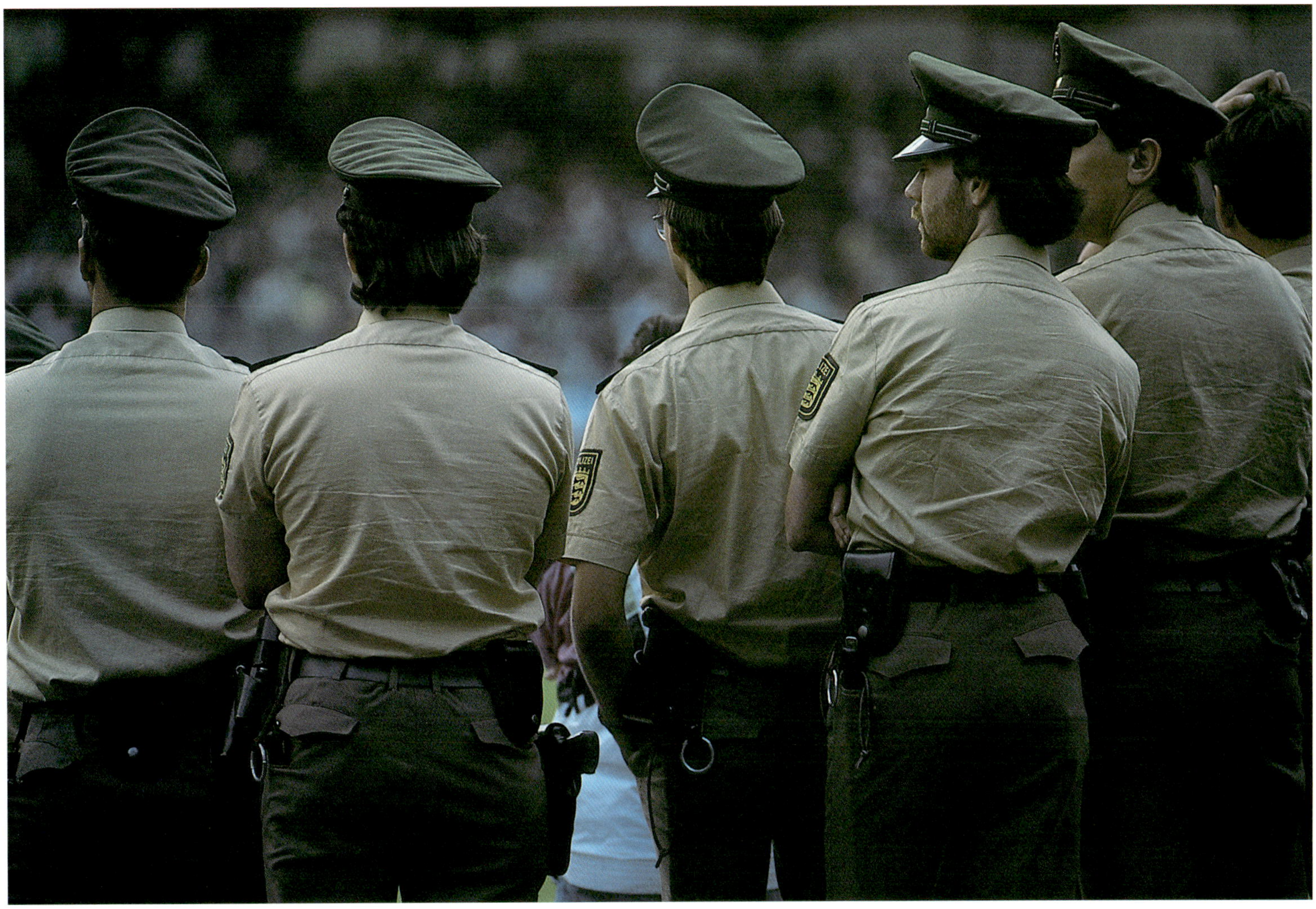

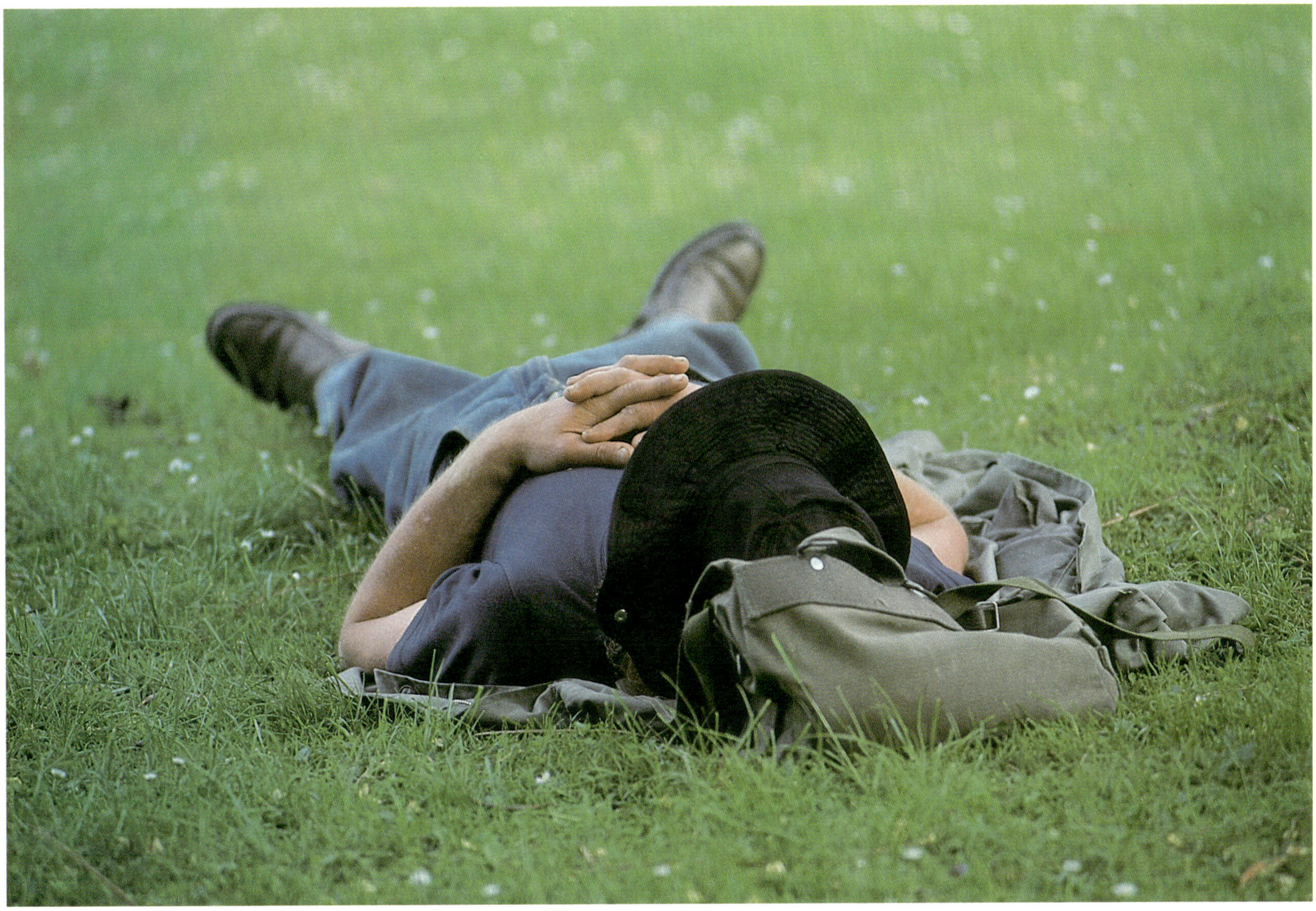

Skateboarder hinter dem Stadttheater

Fahrradakrobatik im Dietenbachgelände

△ Am Seepark

Kirche St. Georg im Stadtteil St. Georgen ▷

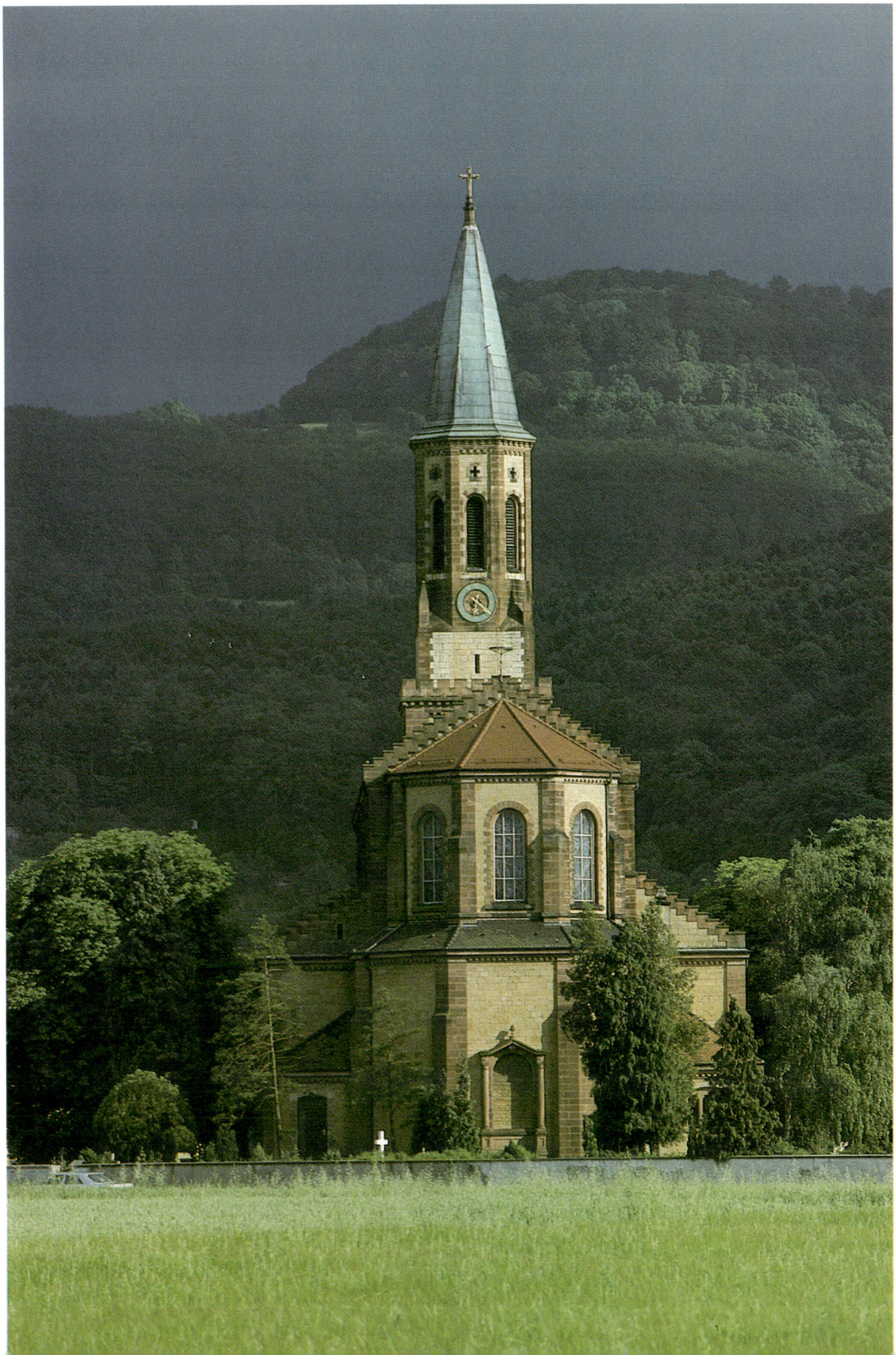

Alter Friedhof, Stadtteil Herdern ● The old cemetery, district of Herdern ● L'ancien cimetière, quartier de Herdern

Am Schloßberg

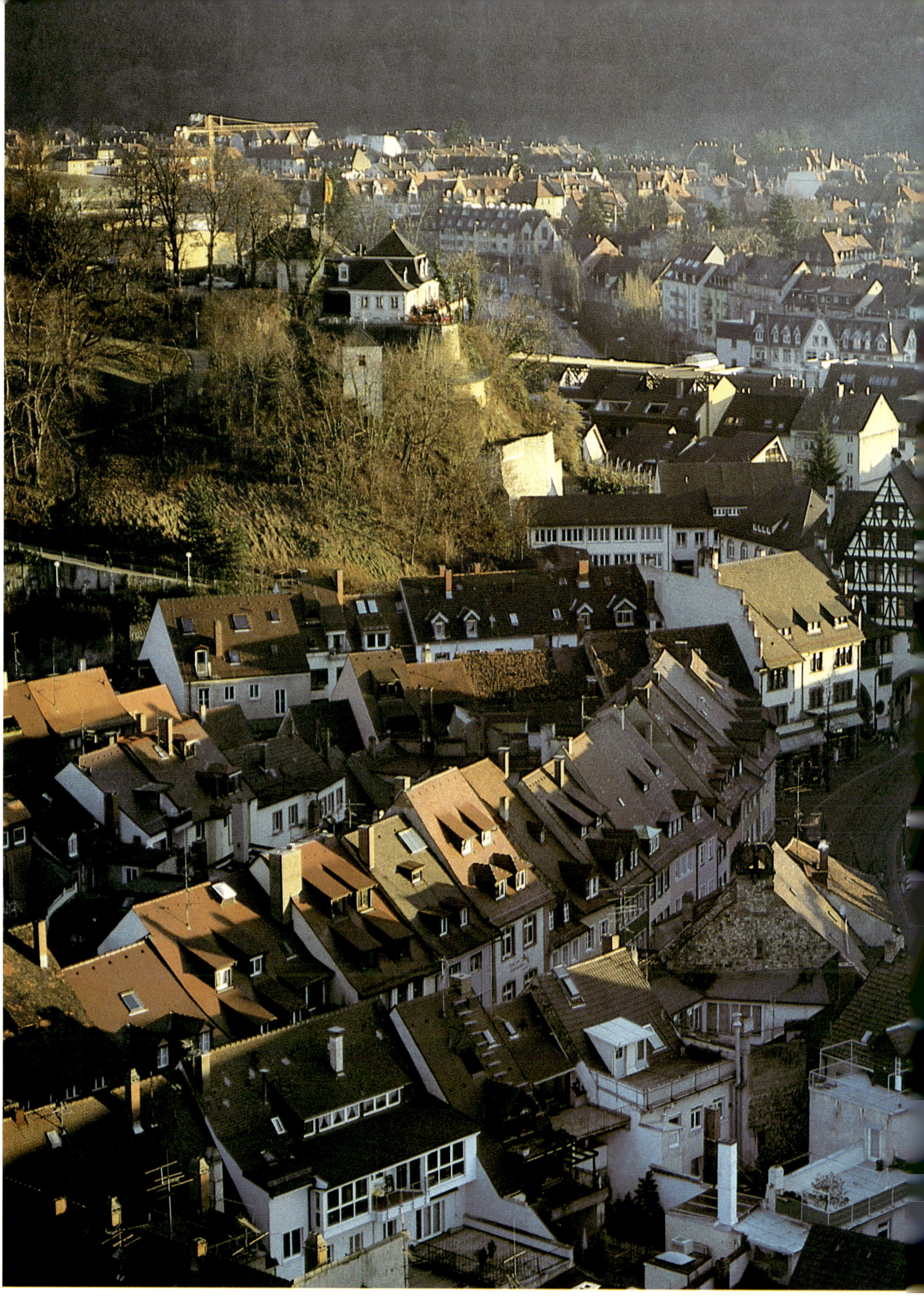

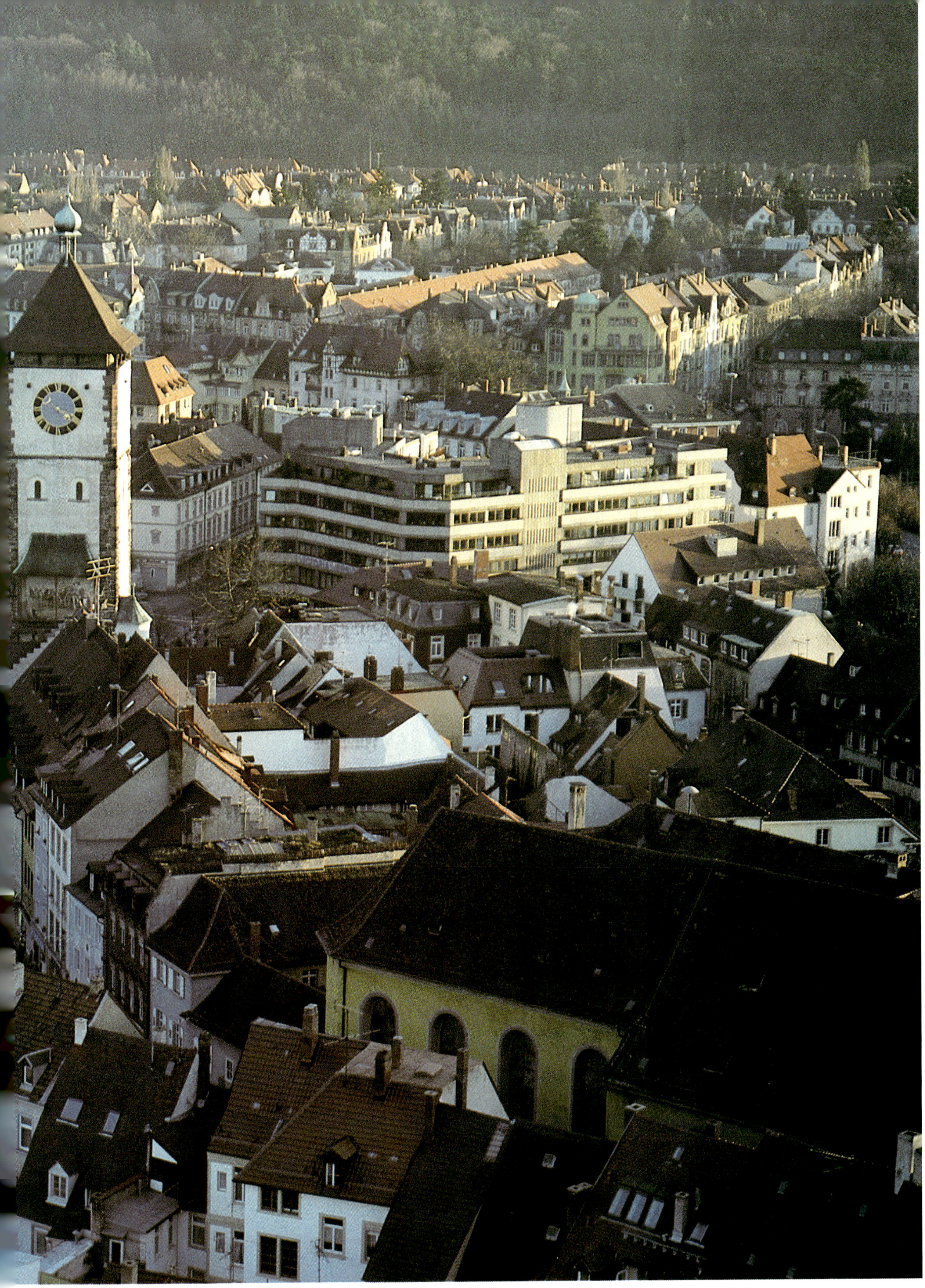

Lupinenwiese am Schauinsland ● Lupines on the Schauinsland ● Champs de lupins sur le Schauinsland

Radfahrer am Tuniberg ● Cyclists on the Tuniberg ● Cyclistes sur le Tuniberg

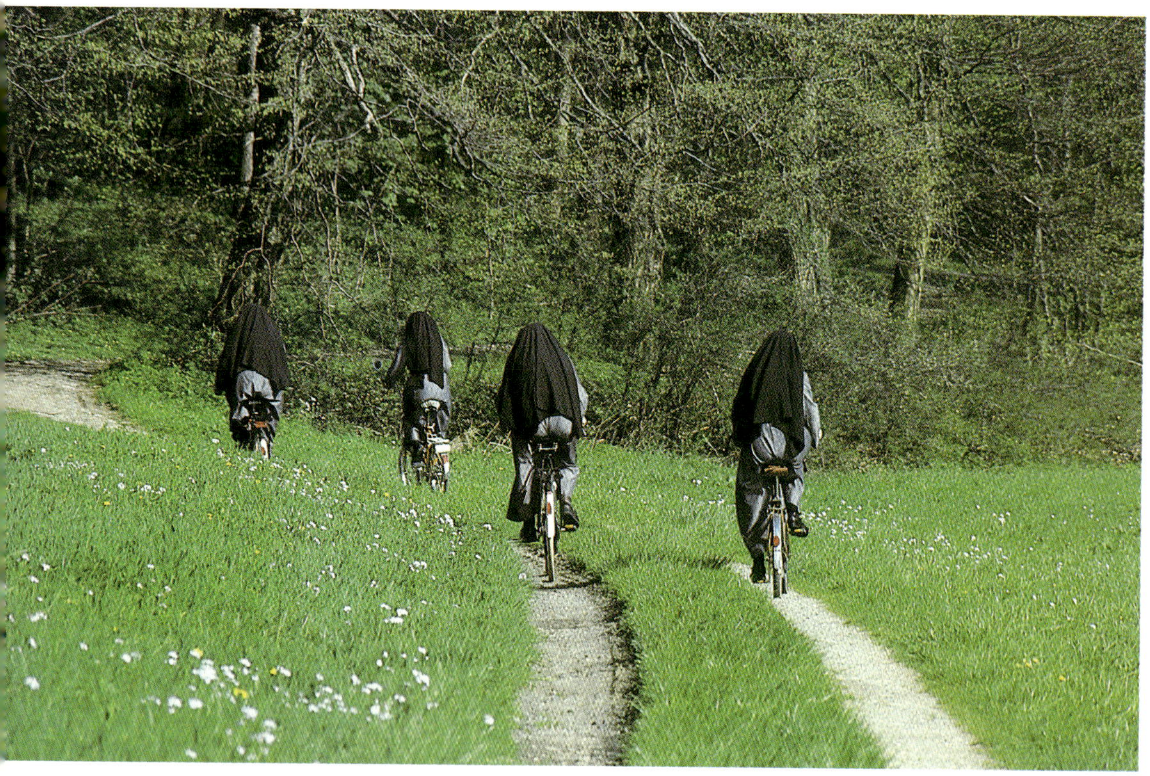

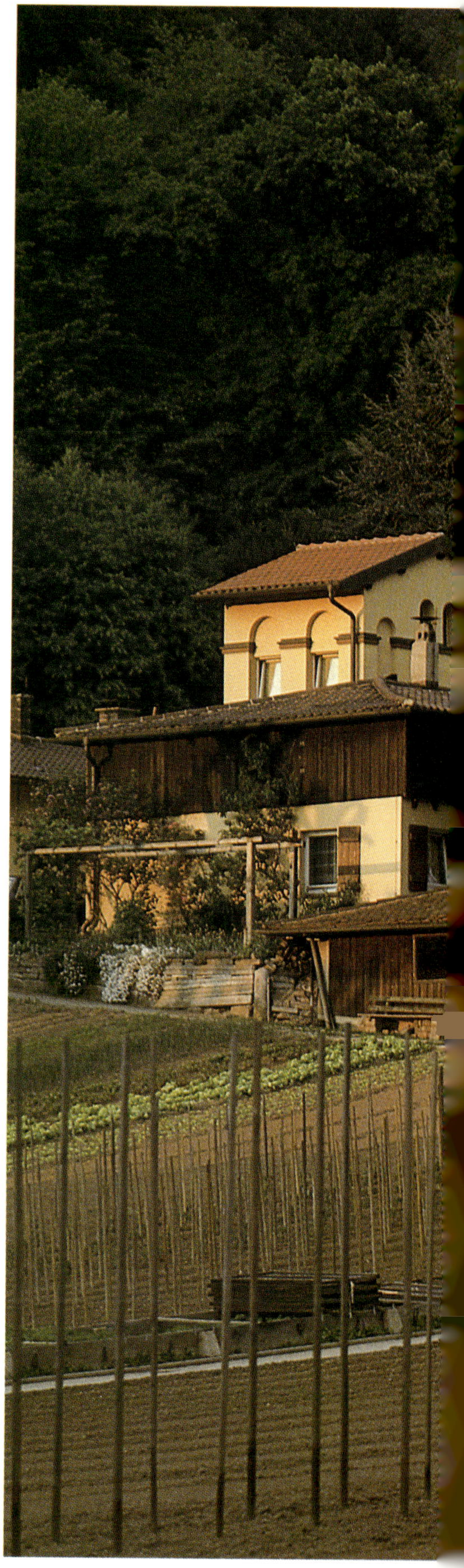

Liobakloster in Günterstal ● The Lioba convent in Günterstal ● Le cloître Lioba à Günterstal

Auf dem Schauinsland

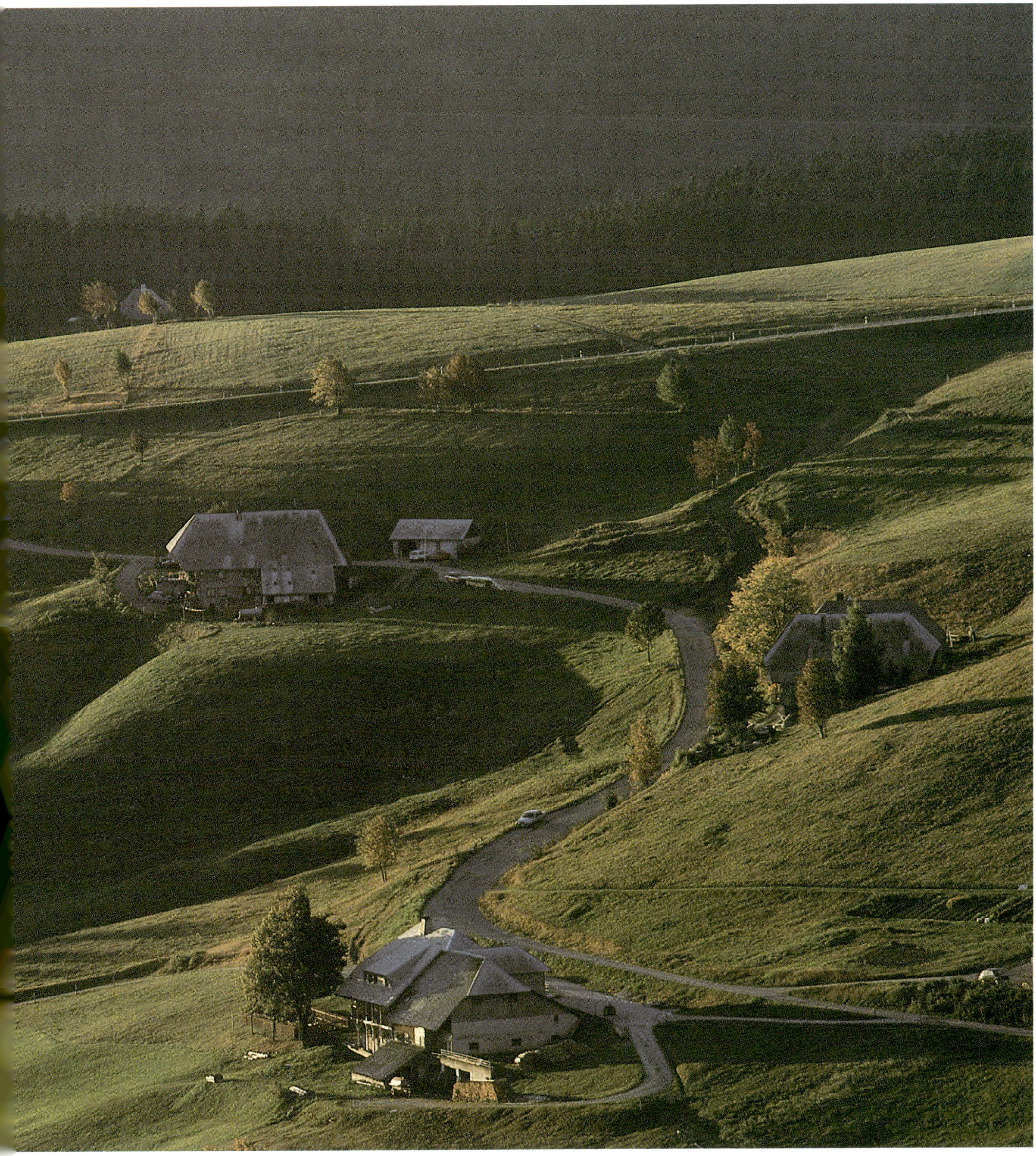

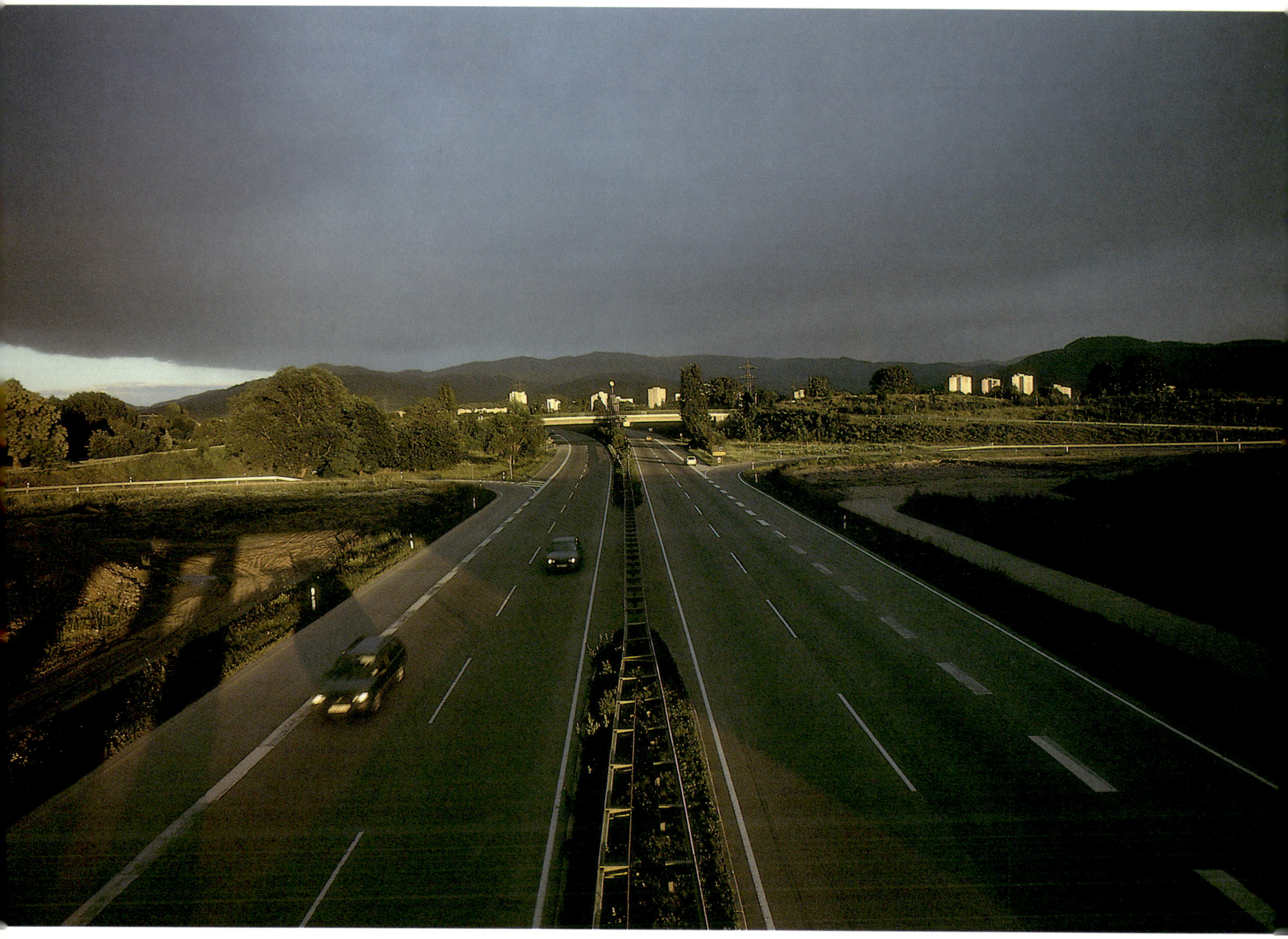

Freiburger Stadtgeschichte in Jahreszahlen

Stadtgeschichte

Herrschaft der Herzöge von Zähringen

1120   Stadtgründung
Herzog Konrad siegelt die Gründungsurkunde der Stadt Freiburg noch während der Regierungszeit seines Bruders, Herzog Bertolds III. Die zur Stadt erhobene Siedlung unterhalb des Burghaldenschlosses soll eine Markt- und Handelsstadt werden, da sie an besonders verkehrsgünstiger Stelle liegt, am Handelsweg von Schwaben nach dem Elsaß und nach Burgund, nur noch eine Tagesfahrt entfernt vom Rheinübergang bei Breisach, das an der nordsüdlichen Handelsstraße von Straßburg nach Basel gelegen ist. Den hervorragendsten Stand der freien Bürger bilden angesehene Kaufleute (mercatores personati), denen der Herzog gegen einen geringfügigen Zins 50 Fuß breite und 100 Fuß tiefe Bauplätze (Hofstätten) überläßt. Allen Marktbesuchern wird innerhalb des zähringischen Hoheitsgebietes »Friede und Sicherheit des Weges« garantiert. Jeder, der sich »haushäblich« in der Stadt niederläßt, erhält ebenfalls eine Hofstätte und die gleichen Rechte und Freiheiten wie die eingesessenen Bürger.
Die in den achtzig Artikeln der Gründungsurkunde festgelegten Rechte und Pflichten der Freiburger Bürger stellen gleichzeitig die erste Stadtverfassung dar und enthalten schon den Gedanken der städtischen Selbstverwaltung in dem Zugeständnis der Wahl des freien Schultheißen (= Vorsitzender des Gerichts) und des Pfarrers. Der Schultheiß und die 24 Marktgeschworenen vereinigen in ihrer Hand das gesamte Gemeinwesen, Justiz, Verwaltung und Polizei.

1122   Tod Herzog Bertolds III. Er wird im Hauskloster der Zähringer, St. Peter auf dem Schwarzwald, beigesetzt.

Herzog Konrad 1122–1152

1122   Erste Erwähnung Freiburger Bürger.

1146   Der hl. Bernhard von Clairvaux predigt in Freiburg den Kreuzzug. Erste Erwähnung einer Kirche (an der Stelle des späteren Münsters).

1152   Tod Herzog Konrads. Beisetzung in St. Peter.

Herzog Bertold IV. 1152–1186

1152   König Konrad III. (1138–1152) weilt nach den Beisetzungsfeierlichkeiten für Herzog Konrad mit Herzog Friedrich von Schwaben (Rotbart) in der Stadt.

1178   Papst Alexander III. bestätigt die Besitzungen des Klosters Tennenbach in der Stadt.

1186   Tod Herzog Bertolds IV., beigesetzt in St. Peter.

Herzog Bertold V. 1186–1218

1191   Rudolf von Zähringen, Bruder Herzog Bertolds IV., Bischof von Lüttich, stirbt in seinem Dorf Herdern bei Freiburg nach Rückkehr von einem Kreuzzug. Er wird ebenfalls in St. Peter, der Grablege der Zähringer, beigesetzt.

um 1200   Beginn des romanischen Münsterbaues.

1218   Herzog Bertold V., der letzte Zähringer, stirbt kinderlos. Er wird im romanischen Münster zu Freiburg, von dem das Querschiff und die beiden Hahnentürme erhalten sind, in einem Hochgrab beigesetzt.

Die Grafen von Freiburg, Egino I. 1218–1236

1218   Herzog Bertolds V. Neffe (Schwestersohn), Graf Egino von Urach, erbt die Herrschaft Freiburg und die Besitzungen auf der Baar. Er nennt sich fortan Egino I., Graf von Freiburg. Neue Aufzeichnung der Stadtrechte im sog. Stadtrodel. Die Erbfolge in der Herrschaft wird jeweils dem Erstgeborenen aus der Familie des Stadtherrn zugesprochen. Der Erwerb des Bürgerrechts ist an das Vorhandensein von Grundbesitz innerhalb der Stadt gebunden. Die Ratsmitglieder sind vom Herrschaftsrecht (= Hofstättenzins) befreit.

1220   Das Kloster Tennenbach erwirbt einen Hof mit Mühle nördlich der ummauerten Stadt (Tennenbacher Hof). Erste Erwähnung von Runsen zur künstlichen Wiesenbewässerung dieses Hofes.

1223   Die 24 Ratsherren (consules) werden erstmals genannt.

1224   Das Kloster Günterstal wird erstmals genannt.

| 1226 | Das Franziskanerkloster (heute St. Martin) wird inmitten der Stadt gegründet. |

| 1234 | Das Frauenkloster Adelhausen wird vom Predigerorden südlich der Stadt gegründet (etwa bei der heutigen Kirche St. Cyriak). |

| 1235–38 | Das Predigerkloster (Dominikaner) wird gegründet. Albertus Magnus hält sich in dem neugegründeten Predigerkloster auf. |

Graf Konrad I. von Freiburg 1236–1271

| 1240 | Eine Niederlassung des Johanniterordens in Freiburg – in der Vorstadt Neuburg – wird erstmals genannt. |

| um 1245 | Graf Konrad I. teilt mit seinem Bruder, Graf Heinrich, die Herrschaft. Konrad behält Freiburg mit dem Breisgau; Heinrich erhält die Gebiete auf dem Schwarzwald und in der Baar. Er nennt sich seit 1250 Graf von Fürstenberg. |

| 1246 | Die Freiburger Bächle (rivulus) sind erstmals bezeugt. |

| 1248 | Neue Stadtverfassung: Der beständige, d. h. auf Lebenszeit gewählte Rat wird um die alljährlich wechselnden »Nachgehenden Vierundzwanzig« erweitert. Die »Alten Vierundzwanzig« aus den Geschlechtern (= Adel) und den Kaufleuten, denen das Gericht unter dem Vorsitz des Schultheißen überlassen wird, dürfen ohne Mitwissen und Mitwirken der gesamten Ratsmannschaft keine Beschlüsse fassen. |

| 1250 | Beginn des gotischen Münsterbaues. |

| 1251 | An der Straße nach dem alten Dorf Haslach (786 erwähnt!) wird das Haus »der Siechen an dem Felde« (= Leprosenhaus) genannt. |

| 1254 | Die Stadt Freiburg tritt dem Rheinischen Städtebund bei. |

| 1258 | In der erstmals in deutscher Sprache abgefaßten Freiburger Urkunde wird der Verkauf des Silbers aus den Bergwerken am Schauinsland und im Münstertal an die Freiburger Münze geregelt. Die älteste noch erhaltene Münsterglocke, die »Hosanna« mit der Jahreszahl 1258, wird in den bis zur Höhe des Glockenstuhls gediehenen Bau des Münsterturms eingebracht. |

| 1260 | Früheste Erwähnung der städtischen Lateinschule mit Bruder Heinrich, dem Schulmeister. |

| 1264 | Das Frauenkloster St. Agnes entsteht in der Lehener Vorstadt. |

| 1265 | Die Hochblüte des Silberbergbaues am Schauinsland, im Suggen- und Münstertal bringt Reichtum und Wohlstand in die Stadt. Der spiegelt sich vor allem in der monumentalen Anlage der im Bau befindlichen Pfarrkirche, des gotischen Münsters, wider. |

| 1266 | Die Wilhelmiten aus Oberried gründen eine Niederlassung in der südlichen Vorstadt. |

| 1270 | Die gräfliche Burg auf dem Schloßberg, die schon 1245 eine Lambertus- und später eine Michaelskapelle erhielt, wird erweitert. |

| 1272 | Die Klarissinnen, eine Gründung des Franziskanerordens, lassen sich in der Lehener Vorstadt nieder. |

Graf Egino II. 1272–1316

| 1272 | Graf Egino II. teilt die Herrschaft Freiburg. Er behält das Gebiet zwischen Freiburg und Heitersheim, sein jüngerer Bruder Heinrich erhält das Gebiet südlich des Bachs von Heitersheim mit Badenweiler, ferner das aufständische Neuenburg sowie Hausach im Kinzigtal. |

| 1275 | Die neue Stadtverfassung schränkt zwar die frühere Selbstverwaltung ein, doch die Geschlechter, auf dem Höhepunkt ihrer Macht, erhalten das Recht, den Schultheißen zu präsentieren, Maß und Gewicht selbst zu verwalten sowie Marktordnungen selbständig zu erlassen.
Ein Heer des deutschen Königs Rudolf von Habsburg belagert die Stadt, da Graf Egino II. zur Gegenpartei Ottokars von Böhmen hält. |

| 1278 | An der Salzstraße entsteht das Kloster der Augustiner-Eremiten.
Die Reichsburg Zähringen wird von den Freiburgern zerstört. |

| 1279 | Die Freiburger widerstehen auch der zweiten Belagerung durch König Rudolfs Sohn. |

| 1280 | Erste urkundliche Erwähnung der Gerichtslaube. |

| 1281 | Dritte Belagerung durch König Rudolf von Habsburg. Das Kloster Adelhausen wird zerstört. Im Friedensschluß gibt Graf Egino II. das beschlagnahmte Reichsgut wieder heraus. Die Freiburger geloben den Wiederaufbau der Burg Zähringen und des Klosters Adelhausen. |

| 1282 | König Rudolf von Habsburg verleiht von Worms aus der Stadt Freiburg die Rechte, Gnaden und Freiheiten einer Reichsstadt. |

| 1288 | Stadtgrenzen: die lange brugge (Schwabentorbrücke), der niedere Werd (Dreisaminsel zwischen Breisacher Tor und Friedrichsbrücke), St. Peters Tor (beim ehemaligen Zähringer Hof), Buggenreuter Hof (beim ehemaligen Hotel zum Pfauen), Spitalshof (westlich Albertstraße), der Münchhof (Herder-Verlag), Fuß des Schloßbergs. Diese große räumliche Ausdehnung der befestigten Stadt wird erst nach 1850 wieder erreicht und überschritten. |

| 1289 | Gründung des Reuerinnenklosters zu St. Maria Magdalena in der Lehener Vorstadt. |

| 1290 | Gründung des St.-Katharinen-Klosters in Adelhausen-Wiehre. |

| 1293 | Graf Egino muß eine neue Stadtverfassung anerkennen: Die unter einem Obristmeister und den Zunftmeistern militärisch organisierten Zünfte erhalten acht Sitze im Rat und zwei Sitze im Gericht. Die Verwaltung von Maß und Gewicht und der Erlaß von Marktordnungen wird den Alten Vierundzwanzig entzogen. Die Zunftordnungen werden von den Zunftmeistern mit Zustimmung des Stadtherrn und des Rats erlassen. An der Spitze des Gemeinwesens steht der jährlich an Johanni zu wählende Bürgermeister (bis ins 17. Jahrhundert meist ein Adliger); der Schultheiß, bis ins 16. Jahrhundert ebenfalls ein Adliger, bleibt Vorsitzender des Gerichts. Bürgermeister und Rat bilden die oberste Repräsentation der Stadt. Gründung der Freiburger Schützengesellschaft. |

| 1298 | Niederlassung der Antoniter in Oberlinden. |

| 1299 | Die Bürger Freiburgs kämpfen gegen ihren Herrn Graf Egino II., der die Stadt belagert. Eginos Schwager, der Straßburger Bischof Konrad von Lichtenberg, wird an der Spitze seiner Hilfstruppen auf freiem Feld zwischen Freiburg und dem Dorf Lehen von einem Metzger tödlich verwundet, wodurch der Streit zugunsten der Freiburger entschieden ist. Die Freiburger Metzgerzunft führt noch heute bei der Fronleichnamsprozession den Zug der Zünfte an. |

| 1300 | In der Neuburg-Vorstadt entsteht das Augustiner-Chorherrenstift Allerheiligen. |

| 1301 | Durch Erlaß des Königs Albrecht brauchen Freiburger Bürger keiner auswärtigen Gerichtsvorladung mehr Folge zu leisten. Sie müssen sich nur noch vor ihrem eigenen Gericht verantworten. |

| 1303 | Erste urkundliche Erwähnung des Rathauses. Die südliche, sogenannte Schneckenvorstadt beim Schneckentor erhält die Rechte der Altstadt. |

| 1307 | Friede mit dem Stadtherrn: Die Wahl des Bürgermeisters fällt ausschließlich in die Zuständigkeit des Rats, die Wahl der Zunftmeister nehmen allein die Zünfte vor. Nur das Schultheißenamt wird noch vom Grafen verliehen. |

| 1309 | Erste Nennung eines Arztes in Freiburg (Meister Walther Arzat). |

| 1310 | Graf Egino II. verkauft das Dorf Lehen an die Herren von Tüselingen. |

| 1314/15 | Zerstörung der »Wilden Schneeburg« im St. Wilhelmer Tal bei Oberried durch die Freiburger. |

| 1316 | Nach langem Streit mit seinem Sohn Konrad übergibt Graf Egino diesem die Herrschaft über Freiburg und über die Burgen Zähringen und Nimburg. |

Graf Konrad II. 1316–1350

| 1316 | Einigung zwischen Graf Konrad und den Bürgern: Die Wahl des Sigristen und des Schulmeisters fällt in die Zuständigkeit des Rats. Übereinkunft wegen Pfründstiftungen im Münster. Gründung des Turnerin-Regelhauses für fromme Frauen. |

| 1318–24 | Krieg der Herren von Üsenberg mit den Herren von Falkenstein und deren Verwandten, den Herren von Endingen, um das Dorf Bickensohl. Die Koliburg der Herren von Endingen wird von den Üsenbergern zerstört, der Breisgau verwüstet. Graf Konrad und die Freiburger Bürger mischen sich ein. König Friedrich der Schöne belegt die Herren von Üsenberg mit hohen Geldbußen. Sie stiften eine Sühnekapelle im nördlichen Querschiff des Freiburger Münsters. |

| 1318 | Der Sohn Graf Konrads, Graf Friedrich von Freiburg, erhält von seinem Schwiegervater, Markgraf Rudolf von Hachberg (= Hochburg), die Landgrafschaft im Breisgau. Älteste Statuten der (heute noch bestehenden) Heiliggeistspitalstiftung. Getrennte Altersheime für Bürger und arme Nichtbürger. Das Pfründnerhaus der Bürger (= Mehreren-Spital) lag zwischen Münsterplatz und Großer Gaß, das Armenspital in der Neuburg-Vorstadt. |

| 1319 | Der Kornhandel und andere Abgaben werden neu geregelt. Die Kornlaube schon 1291 erwähnt. |

| 1326 | Zur Aufrechterhaltung des Landfriedens schließen die Freiburger Bürger ein Städtebündnis mit Basel, dem bald noch weitere Städte (Zürich, Bern, Mainz, Worms, Konstanz, Lindau und Straßburg) beitreten. |

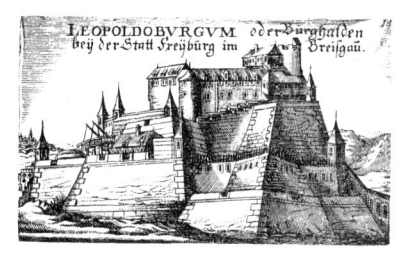

1327 Die Stadt erwirbt mit der Münze das herrschaftliche (Silber) Münzregal. Die Freiburger Rappenpfennige werden schon 1326 erwähnt.

1330 Hohe Blüte des Freiburger Kunstgewerbes. In den Klöstern entstehen kostbare Miniaturhandschriften und Webarbeiten (Maltererteppich), die zum Teil heute in den städtischen Museen zu sehen sind.

1333 Ein städtischer Brunnenmeister, dem die Obhut über die (geheimgehaltenen) Brunnenstuben und die Trinkwasserversorgung mittels Deuchelleitungen anvertraut ist, wird erstmals genannt.

1334 Ein städtisches Schulhaus (in der Herrenstraße) wird erstmals genannt.

1347 Der Ritter Johannes Snewli, genannt der Gresser, Bürgermeister der Stadt, vermacht testamentarisch Anteile seiner Silbergruben am »Schouweslant« (= früheste Erwähnung des Bergnamens) für die Gründung des Kartäuserklosters am Johannisberg. Der Rat verbietet den Vogelfang an diesem Berg (= älteste Naturschutzverordnung Freiburgs).
Die ritterliche Trinkstube »zum Hirzen« am Münsterplatz (heute Erzbischöfliches Palais) wird erstmals genannt.

1349 Die Pest, auch schwarzer Tod genannt, fordert viele Opfer in der Stadt. Angst und Ohnmacht vor der Seuche lösen eine große Judenverfolgung aus.

Rappen um 1350

Graf Friedrich von Freiburg 1350–1356

1353 Der Franziskanermönch Berthold Schwarz betreibt im Barfüßerkloster alchimistische Experimente (angeblich Erfindung des Schießpulvers).

1354 Beginn des letzten Bauabschnitts am Münster. Der Grundstein zum gotischen Hochchor wird gelegt.

1356–58 Gräfin Klara, älteste Tochter des ohne Söhne verstorbenen Grafen Friedrich, Gemahlin des Pfalzgrafen Götz von Tübingen, wird auf Betreiben ihres Oheims, Graf Egino, vom kaiserlichen Hofgericht geächtet. Sie verzichtet darauf zugunsten von Egino auf die Herrschaft von Freiburg und wird mit der Herrschaft Lichteneck und Zahlung von 3820 Mark Silber abgefunden.

Graf Egino III. von Freiburg 1358–1368

1361 Älteste Satzungen der bürgerlichen Gesellschaft »zum Gauch«.

1366–67 Die wirtschaftliche Blüte der Stadt, die damit verbundene politische Unabhängigkeit der Bürger und ihre wehrhafte, selbstbewußte Gesinnung führen bald zu offenem Zerwürfnis mit dem tiefverschuldeten Stadtherrn. Die Bürger kommen einem Anschlag des Grafen Egino zuvor, zerstören die Grafenburg auf dem Schloßberg, erliegen aber trotz Kriegshilfe der Städte Basel, Breisach, Neuenburg und Kenzingen dem Ritterheer des Grafen und seiner Verbündeten bei Endingen a. K.

1368 Mit der Summe von 15 000 Mark Silber und der Verpflichtung, Graf Egino III. die Herrschaft Badenweiler zu kaufen, sagt sich die Stadt von ihrem Herrn los und begibt sich freiwillig unter den Schutz des Hauses Habsburg.

Freiburg unter der Herrschaft der Habsburger 1368–1803

Herzog Albrecht III. und Herzog Leopold III. 1368–1379

1368 Mit der Übergabeurkunde bestätigen die beiden Herzöge zugleich eine neue Stadtverfassung mit weitgehender bürgerlicher Selbstverwaltung. Die bisher herrschaftliche Burg auf dem Schloßberg fällt an die Stadt, ebenso das alte Dorf Wiehre (erste Erwähnung 1008). Älteste Nachricht über die Freiburger Edelsteinschleiferei, die mit den Silbererzbergwerken und dem Safrananbau den Reichtum der Stadt bewirkt.

1369 Die Zünfte beginnen zugunsten des einheimischen Gewerbes und Handels eine ausgedehnte Schutzzollpolitik zu betreiben.

1378 Das Kaufhaus, Sitz des gesamten Markt-, Zoll- und Finanzwesens, wird erstmals erwähnt.

1379 Die handelspolitisch so wichtige Verleihung von zwei gefreiten Jahrmärkten durch König Wenzel wird am Haupteingang zum Münster, wo auch das Marktgericht tagt, in Stein eingehauen. Dort steht noch heute zu lesen: »Ein iarmerkt wirdet uf den nechsten mentag und zinstag nach Sanct Niclaus kilwi und der ander uf den nechsten zinstag und mitwochen nach allerheiligen tag und bed iarmerkt ein tag vor und ein nach gevriet.«

161

Herzog Albrecht III. scheidet nach Länderteilung aus der Herrschaft aus. Herzog Leopold III. behält die Vorlande, später auch als Vorderösterreich bezeichnet: Aargau, Thurgau, Schwaben, auf dem Schwarzwald, Breisgau mit Freiburg, Elsaß und Sundgau.

Herzog Leopold III.
1379–1386

1380–1415 Wegen ihrer Parteinahme für die Päpste von Avignon wird die Stadt Freiburg während des großen Papstschismas mit dem Interdikt belegt.

1381 Die Stadt Freiburg erwirbt durch Kauf das Dorf Betzenhausen.

1386 Schlacht bei Sempach gegen die Eidgenossen. Herzog Leopold III. und die Blüte des Freiburger Stadtadels bleiben auf dem Schlachtfeld, darunter auch der Bannerträger Freiburgs, der Ritter Martin Malterer.

Herzog Leopold IV.
1386–1411

1388 Gegen die bei Sempach geschwächten adeligen Geschlechter revoltieren die Zünfte. An die Spitze des Gemeinwesens stellen sie einen »Ammeister«, nehmen von den 30 Sitzen im Rat selbst 18 ein und überlassen dem Adel nur noch 12 Sitze.

1389 Die Freiburger zerstören die Raubritterburg Falkenstein im Höllental und stellen die gefangenen Ritter vor ihr Gericht.
Der Bau des Münsterchores gerät ins Stocken.

1390 Die Einwohnerzahl der Stadt Freiburg wird durch eine Volkszählung ermittelt: Danach zählte die Stadt 57 Herren (Adlige), 42 Kaufleute, 77 Weltgeistliche, 20 Klöster und Klosterhöfe, 13 Juden, 109 Schmiede, 73 Küfer, 95 Schneider, 103 Tucher, 40 Kürschner, 90 Krämer, 130 Schuhmacher, 84 Metzger, 72 Bäcker, 78 Gerber, 112 Gremper oder Merzler (Kleinhändler), 44 Maler, 19 Fischer, 271 Rebleute, 45 Wirte, 115 Maurer und Zimmerleute, 20 Müller, 61 Karrer, zusammen 1561 zünftige Bürger, die mit ihren Familienangehörigen, Knechten und Mägden und sonstigem Dienstpersonal eine etwa 9000 Seelen zählende Einwohnerschaft ausmachen.
Die Dörfer Uffhausen und Wendlingen werden von den Freiburger Johannitern erworben.

1392 Durch ihre Niederlagen bei Döffingen und Worms ist das Ansehen und die Macht des rheinischen und schwäbischen Städtebundes geschwunden. Herzog Leopold hebt das Zunftregiment in Freiburg auf und schränkt die Selbstverwaltung der Stadt ein. Statt des Ammeisters muß wieder der Bürgermeister jährlich an Johanni gewählt werden, die Wahl darf aber nur in Anwesenheit von Regierungsvertretern vorgenommen werden. Alter und Neuer Rat werden zusammengefaßt: 12 Adlige, 12 Kaufleute, 18 Zunftmeister, 6 Zünftige. Eine neue Gerichtsordnung verzeichnet 31 Orte, die das Freiburger Gericht als Oberhof (= freiwillige Berufungsinstanz) anerkennen.

1404 Zur Einführung einer einheitlichen, normierten Genossenschaftsmünze der oberrheinischen Städte und Landschaften tritt Freiburg dem Rappenmünzbund bei.

Herzog Friedrich IV.
mit der leeren Tasche
1411–1415, 1427–1439

1412 Das Dorf Adelhausen wird von Herzog Friedrich an die Stadt verpfändet.

1415 Herzog Friedrich IV. begünstigt als Generalkapitän der römischen Kirche die Flucht des von den Konstanzer Konzilsvätern abgesetzten Papstes Johannes XXIII. Der Papst findet in Freiburg ehrenvolle Aufnahme und nimmt Aufenthalt im Predigerkloster. Auf der Weiterreise nach Avignon wird er bei Breisach vom Nürnberger Burggrafen Friedrich gefangengenommen, nach Konstanz zurückgebracht und zu lebenslänglicher Haft verurteilt, die er bis zu seiner Begnadigung im Schloß zu Mannheim verbringt. Herzog Friedrich wird wegen Beihilfe zur Flucht von König Sigismund in Acht und Bann getan und verliert alle seine Besitzungen. Die nunmehr herrenlose Stadt Freiburg wird Reichsstadt und muß dem König in die Hand des Burggrafen Friedrich von Zollern den Huldigungseid leisten. Markgraf Bernhard von Baden wird zum Reichsvogt im Breisgau bestellt.

Rappen um 1425

1422–24 Die Städte im Breisgau und ihre Verbündeten führen Krieg mit Markgraf Bernhard von Baden. Er wird bei Mühlburg besiegt.

1424 Große Judenverfolgung mit Ausweisung aller Juden aus der Stadt.

1427 Herzog Friedrich IV. wird von Acht und Bann gelöst und erhält den größten Teil seiner ehemaligen Gebiete wieder zurück, darunter auch die Stadt Freiburg mit dem Breisgau.

Herzog Siegmund
1439–1450

1440 Herzog Friedrich von der Steiermark, der die Vormundschaft für seinen erst 14jährigen Vetter Siegmund führte, wird zum König gewählt. Herzog Albrecht VI. übernimmt die Vormundschaft. Um diese Zeit erhalten Adel, Städte und später auch die Geistlichkeit das Recht, als Landstände auf dem Landtag an der Gesetzgebung mitzuwirken und teilweise auch Einfluß auf die Verwaltung zu nehmen.

1450 In einem Erbvertrag mit Siegmund sichert sich Herzog Albrecht die vorläufige Regierung über die Vorlande.

Herzog Albrecht VI.
1450–1458

1450 Einwohnerzahl etwa 6500.

1454 Herzog Albrecht VI., der als einziger Landesfürst in Freiburg residiert, hebt die Zunftverfassung auf. Der Rat der Stadt wird auf 24 Mitglieder reduziert: Adel und Kaufherren 12 Sitze, 6 Zunftmeister und 6 Handwerker.
An dem »großen Fest zu Freiburg«, das durch die Anwesenheit Herzog Philipps des Guten von Burgund in der Stadt (1.–8. Juli) diesem zugleich als machtpolitische Demonstration dient und auf die Bedeutung der Stadt Freiburg hinweist, nehmen unter anderen auch die Bayernherzöge Otto und Ludwig, die Markgrafen Karl und Bernhard von Baden sowie zahlreiches Gefolge teil.

1457 Das alte Dorf Herdern (1008 erwähnt) und der Dinghof werden von den Deutschherren an die Stadt verkauft. Herdern erhält Freiburger Bürgerrecht. Herzog Albrecht VI. und seine Gemahlin Mechtild stiften die Freiburger Universität (21. September). In dem Stiftungsbrief wird den Universitätsangehörigen Steuerfreiheit und eigener Gerichtsstand zugesichert. Als finanzielle Grundlage werden eine Reihe von Pfarrkirchen mit ihren Einnahmen, so auch das Freiburger Münster, der Universität inkorporiert, ausgenommen davon sind die Münsterbauhütte, die im städtischen Besitz verbleibt, und die Münzpräsenz (= Gemeinschaftskasse der Münster-Kapläne).

Herzog Siegmund
1458–1461

1460 Bei der feierlichen Eröffnung der Universität im Münster hält der Rektor, Doktor Matthäus Hummel aus Villingen, die Einweihungsrede. Die sieben ersten Professoren bezeichnet er als die sieben Säulen der Weisheit, auf denen die Universität ruhe. Für die 214 immatrikulierten Studenten, die aus einem von den Vogesen bis Tirol reichenden Einzugsgebiet kommen, lehren in der Artistenfakultät vier Professoren; je ein Professor lehrt Theologie, Kirchenrecht und Medizin. Die Freiburger Hochschule ist die erste im deutschen Südwesten, die zweite (nach Wien) im Habsburger Raum.

Herzog Albrecht VI.
1461–1463

1461 Wegen seiner beständigen Fehden mit dem Bischof von Brixen belegt der Papst Herzog Siegmund mit dem Bann. Herzog Albrecht VI. übernimmt wieder die Vorlande.

1462 Die reich gewordene Stadt schafft sich ein eigenes Territorium: von dem abgewirtschafteten Kloster St. Märgen die Obervogtei zu St. Märgen, den Dinghof zu Zarten, Bickenreute, Burg und Attental.

1463 Die Stadt rundet ihr Territorium ab und kauft von dem Ritter Hans Schnewlin von Landeck zu Wiesneck die Vogtei zu St. Märgen, das Dorf Zarten, das Gericht zu Geristal, die Vogtrechte zu Wittental und die Täler Wagensteig und Schweigbrunnen. Durch den Talvogt zu Kirchzarten beherrscht sie somit das ganze Zartener Becken und die handelspolitisch wie militärisch gleichermaßen wichtige, weil einzige Straße auf den Schwarzwald, die Wagensteige.

Herzog Siegmund
1463–1490

1463 Herzog Albrecht VI. stirbt kinderlos, Herzog Siegmund übernimmt wiederum die Vorlande.

1464 Die schon 1459 wieder zur Geltung gekommene Zunftverfassung wird von Herzog Siegmund bestätigt. Die Zahl der Zünfte wird auf zwölf beschränkt. Der Rat der Stadt soll aus den zwölf Zunftmeistern, sechs Adligen und Kaufherren sowie aus je einem weiteren Vertreter der Zünfte bestehen. Aber Adel und Kaufherren zeigen immer weniger Interesse an den städtischen Angelegenheiten und sind nie mehr vollzählig im Rat.

1469 Der unruhige und in ständige Händel und Geldnöte verstrickte Herzog Siegmund verbündet sich mit Karl dem Kühnen von Burgund, muß diesem dafür die Landgrafschaft Elsaß, die vier Waldstädte und Breisach verpfänden. Karl der Kühne setzt als Landvogt den herrischen und grausamen Peter von Hagenbach ein.

| 1471 | Die Bautätigkeit am Münsterchor wird nach Berufung der Baumeister Hans von Gmünd (Kärnten) und Hans Niesenberger aus Graz wieder aufgenommen. |

| 1473 | Kaiser Friedrich III. und sein vierzehnjähriger Sohn, der spätere Kaiser Maximilian I., besuchen Freiburg. Bei der Besichtigung einer Edelsteinschleiferei stößt der Königssohn mit seinem modischen Schnabelschuh an ein Polierrad, wobei ihm die Schuhspitze abgerissen wird. |

| 1474 | Die Breisacher Bürger unternehmen einen Aufstand, nehmen den verhaßten Landvogt Peter von Hagenbach gefangen. Nach dem Urteil der verbündeten Städte des Breisgaus und des Elsaß wird Peter von Hagenbach in Breisach hingerichtet. |

| 1474–76 | Herzog Siegmund versöhnt sich mit den Eidgenossen. Die Freiburger Hilfstruppen, deren Taten der Troubadour Veit Weber schildert, kämpfen mit in der Schlacht bei Murten, wo Karl der Kühne von den Eidgenossen besiegt wird. |

| 1478 | Herzog Siegmund hält einen Landtag zu Freiburg ab. |

| 1487–91 | König Maximilian fordert den Adel, die Prälaten und die Städte des Breisgaus auf, sich der Verpfändung der gesamten Vorlande durch Herzog Siegmund an Bayern zu widersetzen. Infolge der großen Erregung über die wiederholte Verpfändung der Vorlande an die Herzöge Georg von Landshut und Albrecht VI. von München muß Siegmund die Regierung der Vorlande an König Maximilian I. abtreten. |

Maximilian I.
(ab 1485 König, ab 1508 Kaiser)
1490–1519

| 1490 | Am 31. Mai nimmt König Maximilian I. als erblich regierender Landesfürst die Huldigung der Stadt Freiburg persönlich entgegen und erteilt der Stadt die übliche Bestätigung ihrer Rechte, Freiheiten und Gnaden. |

| 1491 | Maximilian setzt zur Neuordnung der städtischen Finanzen eine Dreierkommission ein und schafft den parteiischen Bürgerausschuß ab. Eisen- und Salzhandel kommen in städtische Regie. |

| 1491–96 | Mit der Erwerbung von Dorf und Schloß Kirchzarten durch die Stadt Freiburg ist der Sitz für die Talvogtei geschaffen. |

| 1495 | Auf der Ebringer Kirchweih werden einige Freiburger erstochen. Mit 700 Mann überfallen die Freiburger das Dorf, um sich zu rächen. Zur Erinnerung und Sühne für die Gefallenen werden die heute noch erhaltenen drei Steinkreuze am Ebringer Ortseingang erstellt. |

| 1496 | Maximilians Sohn, Erzherzog Philipp der Schöne, wird in der Stadt feierlich empfangen und ihm zu Ehren ein Tanz mit den Bürgerinnen Freiburgs veranstaltet. |

| 1497 | An der Stelle des alten Zunfthauses, der Krämerzunft »zum Falkenstein«, wird für den Reichstag ein »nüwes Tanzhus«, das spätere Kornhaus, als Mehrzweckbau errichtet. |

| 1498 | Am Abend des 18. Juni zieht Maximilian I. unter Glockengeläute in Freiburg ein. Ein Fackelzug geleitet ihn zum Kaiserbau im Predigerkloster, wo seine Gemahlin Maria Bianka Sforza ihn erwartet. |

| 1498–99 | Am 23. Juni wird im großen Saal des Rathauses (Saal über der sog. Gerichtslaube) der Reichstag in Anwesenheit vieler Reichsfürsten eröffnet. Freiburg stellt für die französischen, schweizerischen und italienischen Feldzüge Maximilians mehrfach Truppen und Kriegsmaterial. |

| 1500–10 | Dr. Konrad Stürtzel von Buchheim, Herr in der March, Universitätsprofessor und Kanzler Maximilians, baut in der Stadt sein Herrenhaus, später Basler Hof genannt. Der Dreikönigsaltar der ehemaligen Hauskapelle von Bildhauer Hans Wydyz befindet sich heute im Münster. |

| 1504 | Der Freiburger Kartäuserprior und Universitätsprofessor Gregor Reisch veröffentlicht erstmals seine berühmt gewordene Enzyklopädie »Margarita Philosophica«, die, später in vielen Auflagen gedruckt, jahrhundertelang ein Standardwerk und Lehrbuch an den Universitäten war. |

| 1507 | Der Freiburger Cosmograph Martin Waldseemüller und der Elsässer Humanist Mathias Ringmann widmen ihr in St. Dié gedrucktes aufsehenerregendes Kartenwerk, Weltkarte, Globus und Begleitschrift dem Kaiser Maximilian. In der Begleitschrift hat Ringmann die neuentdeckten Erdteile erstmals mit AMERICA benannt, und Waldseemüller hat diesen Namen auf seiner Karte und auf dem Globus verwendet. Die Stadt erhält von Maximilian das Recht, Goldmünzen zu prägen mit dem Wappen Österreichs auf der einen und dem Wappen Freiburgs auf der anderen Seite. |

| 1508 | Maximilian I., regierender Fürst der Vorlande und zugleich Stadtherr, nimmt den Titel »erwählter römischer Kaiser« an. |

| 1510–16 | Der Meister Hans Baldung, genannt Grien, fertigt die berühmten Gemälde für den Hochaltar im Münster und entwirft zahlreiche Glasgemälde für die Fenster des Chorumgangs, die der Glasmaler Meister Hans Gitschmann aus Rapoldstein ausführt. |

| 1512–16 | Jakob Villinger, kaiserlicher Rat, erbaut das Haus »zum Walfisch« (heute Städtische Sparkasse), eines der schönsten spätgotischen Bürgerhäuser der Stadt. |

| 1513 | Die Stadt kommt einem bewaffneten Anschlag der unzufriedenen Bauern, die sich im Bundschuh zu Lehen verschworen haben, zuvor. Dem Anführer Jos Fritz gelingt es, nach der Schweiz zu entkommen.
Der Münsterbau ist vollendet, der gotische Chor wird eingeweiht. Mit seinem unvergleichlich erhabenen Turm, dem Wahrzeichen der Stadt, ist das Freiburger Münster der einzige noch in der gotischen Epoche vollendete Sakralbau am Oberrhein.
Der Obristzunftmeister Peter Sprung stiftet die Bruderschaft der Freiburger Meistersinger, die alljährlich im Predigerkloster zwei Wettsingen veranstaltet. |

| 1515 | Die Brüder von der strengen Observanz ziehen in das Franziskanerkloster ein. |

| 1519 | Gregor Reisch wird an das Sterbelager Maximilians I. nach Wels gerufen, wo der Kaiser am 12. Januar stirbt. |

Kaiser Karl V. 1519–1522
(als Kaiser 1519–1556)

| 1520 | Der Stadtschreiber und Universitätsprofessor Ulrich Zasius, beider Rechte Doktor und kaiserlicher Rat, vollendet die von Maximilian angeregte Neufassung des Freiburger Stadtrechts. |

Die Stadt entscheidet sich gegen die Reformation und bleibt Sammelpunkt des Katholizismus am Oberrhein.

Erzherzog Ferdinand I. 1522–1564
(ab 1540 König, ab 1556 Kaiser)

| 1522 | Der Bildhauer Meister Sixt von Staufen schnitzt den Altar für die Locherer-Kapelle im Münsterchor.
Nach den Bestimmungen des Wormser Edikts läßt der Stadtrat alle reformatorischen Schriften und Bücher sammeln und ca. 2000 durch den Scharfrichter auf dem Münsterplatz verbrennen. |

| 1525 | Im großen Bauernkrieg rücken Bauernhaufen unter Hans Müller von Bulgenbach vom Schwarzwald her gegen die Stadt, zerstören die Burg Wiesneck, brennen das Kartäuserkloster ab, überrumpeln das Blockhaus auf dem Schloßberg und beschießen von dort aus die Stadt. Im Süden bei St. Georgen vom Haufen der oberen Markgrafschaft und an der Ost- und Westseite von den Haufen des Breisgaus, der unteren Markgrafschaft und von Lahr eingeschlossen, muß sich die Stadt unter allerdings milden Bedingungen der Bewegung anschließen. Die blutige Unterwerfung der Aufständischen im Elsaß macht alle weiteren Aktionen im Breisgau hinfällig. |

| 1529 | Das Basler Domkapitel flüchtet vor der reformatorischen Bewegung nach Freiburg und erhält Asyl im Stürtzelschen Haus, seitdem »Basler Hof« genannt. |

| 1529–35 | Der Humanist Erasmus von Rotterdam, der sich vor der Reformation aus Basel nach Freiburg zurückzieht, nimmt Wohnung im Haus »zum Walfisch«. |

| 1532 | Das neue städtische Kaufhaus am Münsterplatz ist vollendet. Es ist noch heute der schönste spätgotische Profanbau in der Stadt. Meister Sixt von Staufen fertigt die vier Standbilder an der Frontseite: Kaiser Maximilian I., König Philipp I. von Spanien, Herzog von Burgund, Kaiser Karl V., König Ferdinand I. Sie bilden mit dem reichen Wappenschmuck an den Erkern eine eindrucksvolle Huldigung der Stadt vor der weltweiten Machtfülle und dem Glanz des Hauses Habsburg. |

| 1546 | Der Hexenwahn fordert in Freiburg sein erstes Opfer. |

1548–54 Der Rat wird neu organisiert und besteht nunmehr aus 6 Adeligen und 12 bürgerlichen auf Lebenszeit gewählten, den sogenannten Beständigen Räten, während die 12 Zunftmeister jährlich wechseln. Nach wie vor stellen die Adeligen den Bürgermeister und den Schultheißen. Aus den Beständigen Räten werden ihre Statthalter (Vertreter) gewählt. Sie bilden mit dem Zunftobristmeister die sogenannten »Häupter« und tauschen jährlich im Turnus ihre Ämter.

1562 Kaiser Ferdinand I. weilt in der Stadt und nimmt Quartier im Haus »zum Walfisch«, dem Wohnhaus des Magdeburger Dompropstes Wilhelm Böcklin von Böcklinsau.

1563 Die Stadt erwirbt pfandweise das sogenannte Herrschaftsrecht (= und an den Stadtherrn zu zahlender Liegenschaftszins für bebaute Grundstücke).
Kaiser Ferdinand I. feiert das Christfest in Freiburg und hält am 29. Dezember in der Stadt einen Landtag ab.

Erzherzog Ferdinand II. 1564–1595

1564 Heimsuchung der Stadt durch die Pest: Etwa 2000 Menschen werden dahingerafft.

1567 Erzherzog Ferdinand II. läßt sich auf dem Landtag zu Freiburg huldigen.

1579 Münsterbaumeister Hans Beringer beginnt mit dem Lettnerbau im Münster, dessen 1790 zur Seite gestellten Teile erhalten sind.

1582 Das Bettelunwesen in der Stadt nimmt überhand, der Rat erläßt eine strenge Bettelordnung.

1583 Am 13. Oktober wird der Gregorianische Kalender in Freiburg eingeführt.

1587 Die Stadt erwirbt von den Stadionschen Erben das Dorf Lehen.

1589 Der Kupferstecher Gregorius Sickinger aus Solothurn fertigt mit seiner »Abkontrafehtung« der Stadt Freiburg ein eindrucksvolles und topographisch ziemlich genaues Bild der mittelalterlichen Stadt.

Kaiser Rudolf II. 1595–1612
Erzherzog Maximilian 1612–1618

1599 Höhepunkt der Hexenverfolgung in der Stadt. Einrichtung des Kapuzinerklosters.

Kaiser Matthias 1618–1619

1618 Ausbruch des Dreißigjährigen Krieges, von dem Freiburg zunächst verschont bleibt.

Kaiser Ferdinand II. 1619–1626

1620 Die Renaissancevorhalle an der Südseite des Münsters wird vollendet.
Die Jesuiten lassen sich in Freiburg nieder und übernehmen die Universität.

Erzherzog Leopold V. 1626–1632, seine Witwe Claudia Felicitas 1632–1646

1632 Die Schweden unter General Graf Horn besetzen den Breisgau. Freiburg muß sich am 29. Dezember ergeben. Die Klöster Adelhausen und St. Katharina werden zerstört und verbrannt.

1633 Am 14. Juni huldigen die Freiburger der Königin Christine von Schweden und dem Markgrafen Friedrich V. von Baden. Oberst Kanoffski von Langendorff ist Stadtkommandant. Er räumt am 21. Oktober die Stadt vor den heranziehenden kaiserlichen Truppen.
Die Stadt zählt nur noch zweitausend Einwohner.

1634 Am 10. und 11. April erstürmen die mit den Schweden verbündeten Truppen des Rheingrafen Otto Ludwig die Stadt, müssen sie aber am 18. September wieder aufgeben.

1638 Nach Einnahme der Stadt durch Herzog Bernhard von Weimar am 11. April huldigen die Bürger erneut der Königin Christine von Schweden. Kanoffski wird abermals Kommandant.

1642 Frankreich, das die weimarischen Truppen in Sold nimmt, versucht nach dem Tode Herzog Bernhards von Weimar, dessen besetzt gehaltene Gebiete zu gewinnen. Freiburg huldigt Ludwig XIII., König von Frankreich.

1644 Vierte Belagerung der Stadt durch den bayerischen Feldherrn Franz Mercy. Der Stadtkommandant Kanoffski ergibt sich am 29. Juli kurz vor dem Eintreffen der Entsetzungstruppen unter dem französischen Marschall Turenne. Dieser wird in der Schlacht am Schönberg (4. und 5. August) trotz seiner Übermacht zurückgewiesen und weicht ins Glottertal aus. Der Umzingelung entzieht sich Mercy durch rechtzeitigen Abzug nach Villingen. Eine bayerische Besatzung bleibt in der Stadt zurück. Mercys Witwe stiftet 1665 das Elfuhrgeläute mit der großen Münsterglocke, im Volksmund als »Knöpfleglocke« bekannt.

Erzherzog Ferdinand Karl
1646–1662

1648 Fünfte, erfolglose Belagerung der Stadt durch weimarische Truppen. Im Westfälischen Frieden verliert Österreich seine Besitzungen im Elsaß an Frankreich. Ferdinand erhält die Ortenau, den Breisgau außer Breisach zurück, ebenso die Gebiete auf dem Schwarzwald und die Waldstädte. Die Regierung der österreichischen Vorlande wird nach Freiburg verlegt (1651).

1651 Die Vorstädte und Randgebiete der Altstadt sind fast völlig zerstört, die Einwohnerzahl ist um zwei Drittel zurückgegangen.

1657 Zunftmeister und Stadtrat Christoph Mang stiftet die Loretto-Kapelle zur Erinnerung an die Schlacht von 1644.

Erzherzog Sigismund Franz
1662–1665

1664 Stadtverwaltung, Zoll- und Finanzwesen werden neu geordnet, wobei der einheimische Handel und das Gewerbe besonders gefördert werden sollen.

Kaiser Leopold I.
1666–1677, 1697–1705
König Ludwig XIV. von Frankreich
1677–1697

1677 Französische Truppen unter Marschall de Créqui belagern die Stadt und nehmen sie ein. Die Universität flüchtet nach Konstanz, die vorderösterreichische Regierung nach Waldshut, das Basler Domkapital zieht nach Arlesheim.

1678 Durch seinen berühmten Festungsbaumeister Vauban läßt König Ludwig XIV. die Stadt zu einer Hauptfestung ausbauen: Freiburgs älteste Vorstadt Neuburg im Norden, die Prediger- und die Lehenervorstadt im Westen und ein Teil der Schneckenvorstadt im Süden werden niedergelegt. 14 Kirchen und Kapellen, 4 Klöster und 4 Spitäler werden abgebrochen. Acht große Bastionen umgeben den Altstadtkern. Die Hauptwerke der Festung ziehen sich am Schloßberg über das untere (Peter-)Schloß, die Sternschanze und das »Salzbüchsle« zum Adlerschloß auf der obersten Höhe hin.

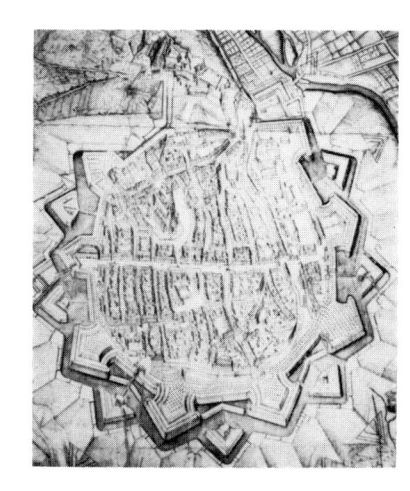

1681 König Ludwig von Frankreich besucht die Stadt und nimmt Quartier im Basler Hof. Er stiftet der Stadt einen vierten Jahrmarkt (Ludwigsmarkt) und führt zu jedem Jahrmarkt einen Roßmarkt ein, der sich später als allgemeiner Viehmarkt erhält.

1682 Freiburg erhält eine neue Universität nach französischem Vorbild.

1695 Ursulinerinnen aus Luzern gründen in der Stadt ein Kloster mit Mädchenschule. Wegen ihrer schwarzen Schwesterntracht erhält das Kloster bald den volkstümlichen Namen »Schwarzes Kloster«.

1697 Freiburg und Breisach kommen im Frieden von Rijswijk wieder an Österreich zurück.

1698 Beim Abzug der französischen und Einzug der kaiserlichen Truppen tragen die Stadträte noch die französischen Roben. Ein neuer Stadtrat wird eingesetzt, und ein ständiger Regierungskommissär führt fortan den Vorsitz im Rat. Spannungen zwischen der Bürgerschaft und der vorderösterreichischen Regierungsstelle.

1699 Das Kloster Neuadelhausen in der Stadt wird eingeweiht.

1701–14 Spanischer Erbfolgekrieg.

1703 Nur unter dem Druck des sich Freiburg nähernden Krieges bestätigt Kaiser Leopold I. der Stadt ihre alten Privilegien und gestattet freie Ratswahl.
Die für unüberwindlich gehaltene Festung Breisach muß sich nach zehntägiger Belagerung den Franzosen ergeben.

1704 Der französische Marschall Tallard marschiert mit seinen Truppen an Freiburg vorbei, doch wird die Umgegend von den durchziehenden Truppen verheert.

Kaiser Josef I. 1705–1711
Kaiser Karl VI. 1711–1740

1708 Der Adel scheidet aus den städtischen Ämtern aus.

1713 Französische Truppen unter Marschall Villars belagern und bestürmen die von dem kaiserlichen Feldmarschall von Harsch verteidigte Stadt. Harsch muß sich auf die Schlösser zurückziehen. Stadtschreiber Dr. Ferdinand Mayer erreicht durch geschicktes Verhandeln eine kampflose Besetzung der Stadt, wofür er später vom Kaiser das Adelsprädikat »von Fahnenberg« erhält.

1714 Im Frieden von Rastatt (6. März) kommen Freiburg und Breisach wieder an das Reich zurück.

1729 In Oberlinden wird ein neuer Lindenbaum gepflanzt.

1733 Die Hauptwache am Münsterplatz wird neu gebaut.

1740 Die Stadt erwirbt das Gut Bickenreute.

Kaiserin Maria Theresia 1740–1780

1740–48 Bayerisch-österreichischer Erbfolgekrieg.

1744 Die mit Bayern verbündeten Franzosen belagern und erobern die Stadt.

1745 Nach dem zwischen Bayern und Österreich geschlossenen Frieden von Füssen müssen die Franzosen wieder abziehen und sprengen vor dem Abzug alle Festungswerke der Stadt und auf dem Schloßberg.

1754 Große Not in der Stadt. Die Bevölkerung ist auf wenig mehr als 3000 Einwohner (1627 Männer, 2028 Frauen) abgesunken. Ein Drittel der Stadtbewohner lebt auf Armenkosten.

1760 Die Breisgauische Feuersozietät wird gegründet.

1761 Der aus Ehrenstetten gebürtige Barockbildhauer, Maler und Architekt Christian Wentzinger, Ehrenbürger der Stadt, erbaut sich am Münsterplatz sein Wohnhaus »zum schönen Eck«.

1768 Einführung der Häusernumerierung. Neubau der Deutschordenskommende in der Salzstraße.

1770 Alle Häuser müssen auf Befehl der vorderösterreichischen Regierungsstelle wegen des bevorstehenden Besuches der Kaisertochter Antoinette in Freiburg weiß getüncht werden. Alle alten Hausnamen und Hauszeichen sowie die Hausbemalungen verschwinden. Die letzten Reste der Friedhofsmauer (»Esel«) am Münster werden beseitigt. Neubau des Palais Sickingen gegenüber der Deutschordenskommende.
Am 4. Mai trifft Maria Antonia, genannt Antoinette, Tochter der Kaiserin Maria Theresia und Braut des französischen Dauphins Ludwig, auf ihrer Brautreise nach Paris in Freiburg ein. Für ihre Reisekolonne wird die Straße durchs Höllental eigens für Wagen befahrbar gemacht und ausgebaut. Die von der Stadt und der Bürgerschaft, der Universität und den Ständen zu Ehren der Prinzessin veranstalteten Festlichkeiten werden mit einem großartigen Feuerwerk mit Münsterturmbeleuchtung abgeschlossen.

1772 Aufhebung des Jesuitenkollegiums und des »Gymnasium Academicum«.

1773 Professor Franz Josef Bob richtet eine städtische Normalschule ein.

1777 Kaiserin Maria Theresia schenkt der Universität die Gebäude des aufgehobenen Jesuitenordens in der Bertoldstraße. Die Jesuitenkirche – 1688 anstelle des ehemaligen Kartäuserhofs erbaut – wird Universitätskirche.
Josef II. steigt auf der Rückreise von Paris im Gasthaus »zum Storchen« (später danach »zum Römischen Kaiser« benannt) ab. Er verbittet sich alle Ehrungen, Empfänge, Paraden, Zeremonien, Feuerwerke und Ehrenwachen als Dinge, die ihm nichts nützten, anderen aber Mühen und Unkosten machten. Akademische Theatervorstellungen lehnt er ab: »Es wäre besser, wenn die Studenten studierten und ... die Bürger ihrer Hausarbeit nachgingen.«

Kaiser Josef II. 1780–1790

1781 Die allgemeine Aufhebung der Leibeigenschaft wird verkündet.

1782 Das Kartäuser- und das Klarissinnenkloster werden aufgehoben.

1783 Die Selbstverwaltung der Stadt wird durch eine neue Rats-(Magistrats-)Verfassung aufgehoben.
Das Schultheißenamt und damit die städtische Gerichtsbarkeit werden abgeschafft. Die Zunftmeister dürfen den Magistrat noch wählen, aber an den

Ratssitzungen selbst nicht mehr teilnehmen. Der Magistrat besteht aus einem beamteten und auf Lebenszeit gewählten Bürgermeister, sechs Räten und zwei Sekretären. Alle Ratsmitglieder müssen akademische Ausbildung (Dr. jur. utr.) haben.

1783–1806 Bürgermeister Dr. Eiter wird nach der neuen Ordnung gewählt.

1784 Aufgrund der Toleranzedikte Josefs II. kann der erste protestantische Professor an die Freiburger Universität berufen werden. Es ist der Dichter Johann Georg Jacobi, der den Lehrstuhl für Ästhetik einnimmt.

1785 Die Kirche des aufgehobenen Barfüßerklosters wird Pfarrkirche der neugegründeten zweiten Stadtpfarrei St. Martin.
Die alte Metzig im Kornhaus wird mit der Metzig »vor dem Martinstor am Bach« vereinigt. Das Kornhaus wird für Theatervorstellungen eingerichtet.

1787 Das Augustinerinnenkloster »zum grünen Wald« wird aufgehoben.

1790 Nach zwanzigjährigem Ringen mit dem Magistrat erzwingen die Bürger (Zünfte) die Gründung der sogenannten Beurbarungsgesellschaft zur Nutzung des Ödlandes, das durch die Schleifung der Festungswerke brachliegt.

Kaiser Leopold II. 1790–1792

1792 Das Predigerkloster wird aufgehoben, die Klostergebäude mit Ausnahme der Kirche werden nach und nach abgebrochen.

Vicomte Boniface Mirabeau, Bruder des berühmten Revolutionsredners und Führer der Schwarzen Legion, flüchtet vor der Französischen Revolution nach Freiburg. Sein Grab befindet sich auf dem Alten Friedhof. Im ganzen Breisgau und in der Ortenau sammeln sich viele französische Emigranten.

Kaiser Franz I. 1792–1801

1793 Breisach wird durch französisches Artilleriefeuer zerstört (14. September).

1794 Angesichts der drohenden Kriegsgefahr bilden freiwillige Bürger zur Verteidigung der Stadt und des Breisgaus das sogenannte Freiwillige Bürgermilitärkorps, dem auch Studenten bei treten.

1796 Am 7. Juli beteiligt sich das Bürgermilitärkorps unter Führung des Majors von Duminique an dem hitzigen Gefecht bei Wagenstadt gegen die Franzosen (Gedenktafel am Martinstor), kann aber nicht verhindern, daß die Stadt am 16. Juli besetzt wird. Durch die siegreichen Kämpfe bei Emmendingen zwingt Erzherzog Karl die Franzosen zum Abzug aus dem Breisgau. Am 21. Oktober zieht er als »Retter Deutschlands« umjubelt in Freiburg ein.

1797 Christian Wentzinger, der vielseitige Barockkünstler, hinterläßt bei seinem Tode sein großes Vermögen dem Heilig-Geist-Spital der Stadt. Sein Grab auf dem Alten Friedhof wird noch heute gepflegt.
In der Nacht zum 29. November steigt Napoleon auf der Reise nach Rastatt (Rastatter Kongreß) im Gasthaus »zum Mohren« (heute steht hier das Hertie-Kaufhaus) ab.

Die Stadt ohne Landesherrn 1798–1803

1798 Im Frieden von Campoformio zwischen Frankreich und Österreich wird Freiburg mit dem Breisgau dem Herzog Herkules III. von Modena als Entschädigung für seine an die Cisalpinische Republik abgetretenen Gebiete zugesprochen. Wegen der geringen Einkünfte des Breisgaus weigert sich der modenesische Fürst, den Breisgau anzunehmen.

1799 Die Franzosen besetzen Breisach im April.

1800 Der französische General Tarreau besetzt im April und im Juni die Stadt, erhebt Kontributionen und nimmt Geiseln mit.

1801 Nach dem Frieden von Lunéville (9. Februar) weigert sich der Herzog von Modena immer noch, Freiburg und den Breisgau als Entschädigung für das verlorene Modena anzuerkennen. So bleibt die Stadt weiterhin von Franzosen besetzt, bis sie schließlich am 26. April abziehen.

Erzherzog Ferdinand als modenesischer Landesherr 1803–1805

1803 Durch die Vermittlung Rußlands wird die Entschädigung des Herzogs von Modena um die Ortenau vermehrt, was nunmehr akzeptiert wird. Die seit 1793 in Konstanz befindliche vorderösterreichische Regierungsstelle übergibt den Breisgau und die Ortenau an den

Schwiegersohn des Herzogs von Modena, der als Landesadministrator und nach dem Tode des Herzogs (14. Oktober) als modenesischer Landesherr von Wiener Neustadt aus regiert. Sein Vertreter, der ehemalige vorderösterreichische Regierungsrat Hermann von Greiffenegg, wird »Regierungspräsident« der breisgauisch-ortenauischen Landesregierung, die ihren Sitz in Freiburg hat. Sie besteht aus fünf Regierungsräten und einem Appellationsgericht.

Die großherzoglich-badische Zeit 1806–1918

Großherzog Karl Friedrich 1806–1811

1805   Nach den Bestimmungen des Preßburger Friedens (26. Dezember) kommen der Breisgau und die Ortenau an den Kurfürsten von Baden, einen Nachkommen des alten Zähringerhauses.

1806   Am 14. April findet im Chor des Freiburger Münsters die feierliche Übergabe des Landes im Namen Napoleons durch den französischen General Monard an einen badischen Kommissär statt. Die breisgauischen Landstände sowie die breisgauischen Stifte und Klöster (Tennenbach!) werden aufgehoben.
Gründung einer evangelischen Stadtpfarrei mit Schule.

1806–24   Bürgermeister Johann Joseph Adrians.

1807   Nach der neuen großherzoglich-badischen Gemeindeordnung erhält der Bürgermeister (Adrians) die Amtsbezeichnung Oberbürgermeister, der regierende Großherzog ist stets Rector magnificentissimus der Freiburger Universität.
An der Stelle des Fischbrunnens wird der Bertoldsbrunnen errichtet, zur Erinnerung an die Rückkehr der Stadt unter die Herrschaft eines Nachkommens des Hauses Zähringen.

Die Museumsgesellschaft, eine bürgerliche Vereinigung zur Pflege der Erwachsenenbildung (Lesegesellschaft), aber auch der Unterhaltung und der Geselligkeit, konstituiert sich.
Das akademische Gymnasium, Teil der Universität, wird eine selbständige Schulanstalt.
Am 26. Juli findet in der Kirche des aufgehobenen Allerheiligenklosters in der Herrenstraße (wo heute das Erzbischöfliche Ordinariat steht) der erste protestantische Gottesdienst (seit dem Dreißigjährigen Krieg) in Freiburg statt.

1809–10   Neuordnung des Stadtmagistrats:
1 Oberbürgermeister, 8 Stadträte, 1 Ratschreiber. Als Landesbehörden lassen sich nieder das großherzogliche Stadtamt, die großherzogliche Stadtdirektion sowie zwei Landämter. Oberste Behörde des Dreisamkreises ist das Dreisamdirektorium. In der Rechtsprechung gilt der Code Napoléon. Die alten Stadtrechte werden außer Kraft gesetzt.

1809   In der Grünwälderstraße wird eine Judenwirtschaft eingerichtet. Seit 1424 können erstmals wieder handeltreibende Juden sich in der Stadt aufhalten, dürfen sich aber nicht niederlassen.

1810   Am 10. Mai stirbt Professor Heinrich Sautier, Weltpriester, ein großer Wohltäter der Jugend und Begründer der Sautier-Reibelt-Stiftung. Auf seine Initiative geht die Einrichtung der späteren Sparkasse zurück.

Großherzog Karl 1811–1818

1812   Im sogenannten Kapuzinerwinkel wird der »Karlsplatz« angelegt.

1813–14   Befreiungskriege. 664 248 Mann vom Heer der Verbündeten marschieren durch Freiburg. Kaiser Alexander I. von Rußland, Kaiser Franz II. von Österreich und König Friedrich Wilhelm II. (in Begleitung des Prinzen Wilhelm, nachmaligen Deutschen Kaisers Wilhelm I.) weilen in der Stadt (Dezember–Januar).

1816–17   Schwere Nachkriegszeiten, Teuerung und Hungersnot in der Stadt.

1818   Am 22. August erhält das Großherzogtum Baden eine Verfassung.

Großherzog Ludwig 1818–1830

1819   Oberbürgermeister Adrians wird in den ersten Badischen Landtag gewählt.

1820   Die Hoffnung, Freiburg und der Breisgau würden nach dem Wiener Kongreß wieder zu Österreich zurückkehren, erfüllt sich nicht. Die Aufhebung der nur noch von wenigen Studenten besuchten Universität wird von der Regierung erwogen. Den vereinigten Bemühungen von Stadtverwaltung und Senat der Universität, insbesondere ihrem Sprecher, dem Universitätsprofessor Carl von Rotteck, ist die Erhaltung der Hochschule zu verdanken: Großherzog Ludwig garantiert den Fortbestand der Freiburger Universität, die daraufhin den Namen Alberto-Ludoviciana annimmt.

Am 25. August begeht die Stadt ihre 700-Jahr-Feier.

1821 Nach Auflösung des alten Bistums Konstanz wird Freiburg durch die päpstliche Bulle »Provida solersque« zum Sitz eines Erzbischofs für die neu errichtete Oberrheinische Kirchenprovinz bestimmt.
Die »Gesellschaft zur Förderung der Naturwissenschaften« wird gegründet.
Die beiden ersten Jahrmärkte werden als »Frühjahrs- und Herbstmessen« neu bestätigt.

1823 Das Theater wird vom Kornhaus in die Kirche des aufgehobenen Augustinerklosters an der Salzstraße verlegt.

1825 Eingemeindung der Wiehre.

1825–27 Oberbürgermeister Fidel André.

1826 Die »Gesellschaft zur Förderung der Geschichtskunde« wird gegründet.

1827 Als Teil der Beurbarungskasse wird die Öffentliche Sparkasse (städt. Sparkasse) am 15. Januar im Haus des Zunftmeisters Schlosser eröffnet (seit 1923 getrennt). Am 21. Oktober findet nach langen und schwierigen Verhandlungen die Inthronisation des ersten Freiburger Erzbischofs, des Münsterpfarrers Dr. Bernhard Boll, statt.

1828–32 Raimund Bannwarth Oberbürgermeister.

1828 Gründung des Freiburger Kunstvereins.

1828–29 Die erste evangelische Kirche (Ludwigskirche) wird aus Teilen der abgebrochenen romanischen Klosterkirche von Tennenbach erbaut (1944 zerstört).

Großherzog Leopold 1830–1852

1832 Die neue badische Gemeindeordnung erweitert das Wahlrecht und die Selbstverwaltung der Städte.

1833 Der wegen seiner liberalen politischen Reden und Schriften suspendierte Universitätsprofessor und Abgeordnete der 2. Kammer Carl von Rotteck wird zum Bürgermeister gewählt, die Wahl wird jedoch von der Regierung nicht bestätigt.

1833–39 und 1848–49 Bürgermeister Joseph von Rotteck.

1835 Carl von Rotteck und sein Schwiegersohn, Hofgerichtsadvokat Ruef, treten aus der Museumsgesellschaft aus und gründen die bürgerliche Lesegesellschaft »Harmonie«.

1837 Der letzte Namensträger des alten Freiburger Geschlechts der Snewlin, Franz Xaver Freiherr von Bollschweil, stirbt am 19. Juli.
Die Gewerbeschule wird eröffnet.

1839–48 und 1852–59 Bürgermeister Friedrich Wagner.

1839 Einweihung der evangelischen Ludwigskirche an der Zähringer Straße.

1840 Das Christoffelstor, nördlicher Abschluß der Kaiserstraße und Gegenstück zum Martinstor, wird abgebrochen.
Am 26. November stirbt Carl von Rotteck, Freiburgs »berühmtester Bürger«, kurz nach Wiedereinsetzung in sein Lehramt an der Universität.

1841 Die Höhere Bürgerschule für Knaben (heute Rotteck-Gymnasium) wird eröffnet.

1842 Dem Ausbau der Stadt zwischen Martinstor und Dreisam fällt der sogenannte »Katzenturm« zum Opfer.
Bau der Kaiserbrücke.

1845 Die Eisenbahnlinie Offenburg–Freiburg wird in Betrieb genommen.

1846 Die städtische Kunst- und Festhalle wird mit wesentlicher finanzieller Unterstützung durch die Beurbarungsgesellschaft erbaut.

1847 Am 14. Juni wird die Eisenbahnlinie Freiburg–Schliengen eröffnet.

1848 Badische Revolution. Die seit dem sogenannten Vormärz latent vorhandene revolutionäre Bewegung mit ihren Forderungen nach Pressefreiheit, Schwurgerichten, Volksbewaffnung und allgemeinem deutschen Parlament nimmt von Baden aus ihren Weg in alle deutschen Staaten. Bei Günterstal werden die badischen Revolutionäre unter (General) Sigel von den badischen Regierungstruppen am 23. April (Ostern) zurückgeworfen. Sigels und Struves Scharen dringen am 24. April in die Stadt ein, werden aber nach harten Straßenkämpfen von 8000 Mann Bundestruppen aus der Stadt vertrieben. Diese besetzen die Stadt, das Bürgermilitärkorps und die milizartig organisierte Feuerwehr (!) werden aufgelöst.

1849 Preußische Bundestruppen säubern nach der Kapitulation der meuternden Bundesfestung Rastatt die Stadt Freiburg, wohin sich die provisorische revolutionäre Regierung geflüchtet hatte, von Freischärlern und besetzen die Stadt. Max Dortu und noch zwei Anhänger der freiheitlichen Bewegung werden auf dem Wiehre-Friedhof standrechtlich erschossen. Dortus Grab (Ecke Erwin- und Dreikönigstraße) wird durch eine Stiftung seiner Eltern noch heute erhalten.
Juni bis Juli: Bürgermeister Alexander Buisson.

1850–52 Bürgermeister Johann Baptist Rieder.

1850 Am 5. Oktober verlassen die preußischen Truppen die Stadt.
Am 15. Dezember wird das erste Gaswerk (Gasfabrik) an der Stelle der heutigen Johanneskirche eröffnet. Die Straßen werden mit Gaslaternen beleuchtet.

1851 Die Freiwillige Feuerwehr wird gegründet.

Großherzog Friedrich I. 1852–1907

1853 Das von Bildhauer Alois Knittel geschaffene Berthold-Schwarz-Denkmal wird enthüllt.

1859 Weitere Einebnung der ehemaligen Festungsbastionen, -gräben und -wälle zu Bauzwecken.
Die Günterstalstraße wird angelegt.

1859–71 Bürgermeister Eduard Fauler.

1861 Die Eisenbahnstraße zum Rotteckplatz zum Bahnhof wird angelegt. Auf der Münsterturmspitze wird ein neuer Stern angebracht. Die Stadtverwaltung erhält einen 2. Bürgermeister, Ludwig von Theobald (1861–1866).

1864 Auf dem Areal der sogenannten Universitätsreben wird ein neues (nördliches) Stadtviertel angelegt.
Die israelitische Gemeinde Freiburgs wird durch Regierungserlaß vom 14. Oktober als Körperschaft des öffentlichen Rechts bestätigt.

1865 Aus den Beständen des Stadtarchivs wird die städtische Altertümersammlung gebildet, aus der später die städtischen Museen hervorgegangen sind.

1866 Das 5. Badische Infanterieregiment wird nach Freiburg verlegt. Im Zuge der Stadterweiterung wird das Predigertor abgebrochen. Das (Bertolds-)Gymnasium an der Bertoldstraße öffnet seine Pforten.
Die Freiburger Gewerbebank (Volksbank) wird gegründet.
Karl Schuster wird 2. Bürgermeister (1866–1871).

1867 Am Münster beginnen umfangreiche Restaurierungsarbeiten. Der graue Anstrich im Innern wird entfernt.
An der Katharinen-, Wilhelm- und Rheinstraße entstehen die ersten Wohnhäuser.
Das weibliche Lehrinstitut Adelhausen wird durch Regierungserlaß aufgehoben.

1868 Zum 50jährigen Bestehen der Badischen Verfassung wird am 22. August der Herzog-Albrecht-Brunnen (Universitätsgründer) auf der Kaiserstraße enthüllt.

1870–71 Im Deutsch-Französischen Krieg kämpft das 5. Badische Infanterieregiment bei Nuits und Belfort. Nach der Reichsgründung ist Baden nicht mehr Grenzland zu Frankreich. In der Stadt findet am 22. März eine Friedensfeier statt.

1871–88 Karl Schuster 1. Bürgermeister, 1875 wird die Amtsbezeichnung Oberbürgermeister wieder eingeführt.

1871–84 Karl Röttinger 2. Bürgermeister.

1872 Am Neujahrstag findet die letzte Bestattung auf dem alten Friedhof an der Karlstraße statt. Der neue Friedhof wird eröffnet.
Ein neues Wasserleitungsnetz mit Wasseranschluß für jedes Haus wird in der Stadt installiert.

1873 Der Breisgau-Geschichtsverein »Schauinsland« wird gegründet.

1874 Der Neubau des alten Rotteck-Gymnasiums wird eingeweiht. Eine neue Städteordnung wird eingeführt.

1876	Das von allen badischen Städten gestiftete Gefallenendenkmal wird in Gegenwart des Deutschen Kaisers Wilhelm I. und des Badischen Großherzogs als »Siegesdenkmal« enthüllt.
1884	Dr. Emil Thoma 1. Bürgermeister, seit 1913 Oberbürgermeister.
1885	Im sogenannten Palais Sickingen in der Salzstraße nehmen Erbgroßherzog Friedrich und Erbgroßherzogin Hilda nach ihrer Vermählung Wohnung in der Stadt. An der Universität wird der 1000. Student immatrikuliert.
1887	Die Teilstrecke Höllentalbahn Freiburg–Neustadt wird eröffnet.
1888–1913	Dr. Otto Winterer Oberbürgermeister.
1890	Am 1. Januar werden die Vororte Günterstal und Haslach eingemeindet. Gründung des Freiburger Münsterbauvereins.
1891	Am 21. September wird der Neubau der Höheren Mädchenschule (heute Goethe-Gymnasium) eingeweiht.
1892	Nach Installation der Zentralkanalisation werden die Rieselfelder in Betrieb genommen. Die Stadt erwirbt das Gut Mundenhof.
1896	Die neuerbaute Hildaschule (Volksschule für Mädchen), 1944 zerstört, wird eröffnet (7. Februar). Am 9. März reißt das Hochwasser der Dreisam die im Jahre 1756 erbaute steinerne Schwabentorbrücke weg. Dabei finden Landeskommissär Siegel und Geheimrat Sonntag den Tod in den Fluten.
1897	Die rasche Zunahme der Stadtbevölkerung erfordert den Bau einer zweiten Wasserleitung zur Brunnenstube im Sternwald.
1898	Die neue Schwabentorbrücke ist vollendet. Die Herz-Jesu-Kirche im Stühlinger wird eingeweiht.
1899	Die Johanneskirche ist vollendet.
1900	Die neue Kaiserstraßenbrücke und die beiden Stege sind fertiggestellt.
1901	Die Stadt erhält elektrische Stromversorgung durch das neuerrichtete städtische Elektrizitätswerk. Die Freiburger Pferdestraßenbahn wird elektrifiziert. Das Martinstor und das Schwabentor werden im Stil der Zeit renoviert. Im ehemaligen Schneckenwirtshaus am Münsterplatz (Nr. 15) wird die städtische Volksbücherei mit Lesesaal eingerichtet.
1902	Das neue Rathaus wird eingeweiht. Eröffnung der Turnseeschule. Der 2000. Student wird an der Universität immatrikuliert. Im September wird das Friedrich-Gymnasium eröffnet.
1903	Die Friedrichsbrücke über die Dreisam an der Gartenstraße ist vollendet.
1904	Oskar Riedel wird 2. Bürgermeister (ab 1913 1. Bürgermeister).
1905	Im September wird der neue Güterbahnhof eröffnet. Die neue Gewerbeschule wird eingeweiht (28. September).
1906	Am 1. Januar wird das alte Dorf Zähringen eingemeindet.
1907	Im September wird ein neues städtisches Realgymnasium mit Oberrealschule (heute Kepler-Gymnasium) eröffnet.

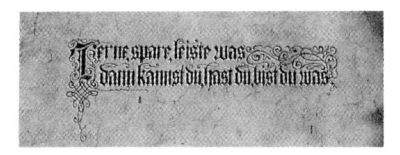

Großherzog Friedrich II. 1907–1918

1907	Eröffnung des Freiburger Lehrerseminars.
1908	Am 1. Januar wird das Dorf Betzenhausen nach Freiburg eingemeindet.
1909	Am 4. September öffnen die neuen Schulhäuser in Haslach und Betzenhausen ihre Tore.
1910	Am 8. Oktober wird das neue Stadttheater (am Werderring) feierlich eröffnet.

1911　Die Wahl der Stadtverordneten und der Stadträte wird erstmals nach dem neuen Gemeindewahlrecht (Verhältniswahl) vorgenommen. An der Universität wird der 3000. Student immatrikuliert. Die neue Mädchenvolksschule im Stühlinger wird eröffnet. Die Sparkasse zieht in das renovierte und innen umgebaute Falkensteinsche Haus.
Am 28. Oktober wird das neue Universitätsgebäude (heute Kollegiengebäude I) in Anwesenheit des Großherzogpaares feierlich eingeweiht.
Am 6. Dezember wird der sogenannte Raubrunnen auf dem Kartoffelmarkt enthüllt und der Stadt übergeben.

1912　25jähriges Amtsjubiläum des Oberbürgermeisters Dr. Otto Winterer, der das neue Gesicht der Stadt wesentlich mitbestimmt hat.

1913–22　Dr. Emil Thoma Oberbürgermeister, Dr. Carl Hofner 2. Bürgermeister.
Die Straßenbahnlinie Siegesdenkmal–Haslach über die neue Ochsenbrücke wird eröffnet.

1914　Am 1. Januar wird Littenweiler nach Freiburg eingemeindet.
Der Stadtrat gibt am 1. August die Mobilmachung bekannt, der Erste Weltkrieg beginnt. Am 4. Dezember fallen die ersten drei Fliegerbomben auf den Exerzierplatz.

1915　Einführung der Lebensmittelrationierung. Vom Februar bis April einzelne Bombenabwürfe durch feindliche Flieger zum Teil auf unbebautes Gelände. Ein Flugzeug wird von der Abwehr auf dem Schloßberg abgeschossen. Am 15. April fallen 7 Kinder und 1 Erwachsener den Bombenabwürfen im Stühlinger zum Opfer.
Die Schulhäuser in Günterstal und in der Oberwiehre (Emil-Thoma-Schule) werden eröffnet.
Vom Juli bis September einzelne Fliegerangriffe, die mehrere Verletzte und zwei Tote fordern.
Am 19. Dezember eröffnet der Kunstverein seinen Ausstellungspavillon (1944 zerstört).

1916　Ein feindliches Luftschiff wirft über Herdern und der Nordstadt am 27. Januar 38 Bomben ab.
Drei Personen werden verletzt. Im Oktober fallen beim Martinstor sechs Bomben, die einen Toten und fünf Verletzte fordern. Die Lebensmittelrationierung wird verschärft.

1917　Die Luftangriffe werden heftiger und erstrecken sich auf alle Stadtteile. 12 Tote und mehrere Verletzte sowie zunehmende Sachschäden sind zu beklagen. Freiburg wird Etappenhauptort.

1918　Die Luftangriffe fordern nochmals zwei Tote. Am 22. Oktober findet der letzte Fliegerangriff kurz nach Mitternacht statt. Die Bomben fallen in den Mooswald.
Am 9. November wird auf dem Karlsplatz die Revolution ausgerufen, es werden Umzüge veranstaltet und Soldatenräte gebildet.
Am 23. November verzichtet der Großherzog auf den Thron. Baden wird Republik.

Freistaat Baden 1918–1945

1918　Die heimkehrenden Truppen der Freiburger Garnison werden von der Bevölkerung und von der Stadtverwaltung feierlich empfangen und begrüßt.

1919　Ebenso werden die heimkehrenden Kriegsgefangenen am 10. April willkommen geheißen.
Im Juni herrscht große Erregung unter der Bevölkerung wegen der angedrohten Besetzung der Stadt durch französische Truppen. Vor allem junge Männer im wehrfähigen Alter verlassen die Stadt mit unbekanntem Ziel. Am 23. Juni abends löst sich die Spannung: Die deutsche Nationalversammlung hat die Unterzeichnung des Friedensvertrages gebilligt.
Die politische Struktur des neugewählten Freiburger Stadtrats: Zentrum 8, Sozialdemokraten 5, Mittelstandspartei 1, Deutsch-Demokraten 3, Deutschnationale Volkspartei 1 Vertreter.

1920　Der Freiburger Rechtsanwalt und Stadtrat Konstantin Fehrenbach wird am 25. Juni zum Reichskanzler berufen und mit der Bildung eines neuen Kabinetts beauftragt, dem unter anderen auch der Freiburger Professor Dr. Joseph Wirth als Finanzminister angehört und der nach Fehrenbachs Rücktritt (Mai 1921) das Reichskanzleramt übernimmt.

174

Im Rahmen von stadtgeschichtlichen Vorträgen, einer stadtgeschichtlichen Ausstellung, von Festspielen im Stadttheater, einem Festakt der Universität (17. Juli) und einem Festakt der Stadt (18. Juli) begeht Freiburg in schlichter, würdiger Form sein 800jähriges Stadtjubiläum.

1922–33 Oberbürgermeister Dr. Karl Bender.
Die Wahl von Oberbürgermeister Dr. Karl Bender (13. Juni), die Wiederwahl des 1. Bürgermeisters Oskar Riedel, des 2. Bürgermeisters Dr. Carl Hofner und die Wahl eines 3. Bürgermeisters, Josef Hölzl, leiten die »Weimarer Ära« in der Stadtgeschichte ein.
Ein Weinbaukongreß mit Ausstellung (2.–10. September) und eine elektrowirtschaftliche Ausstellung (19. September–16. Oktober) sind erste Versuche, die wirtschaftliche Stagnation zu überwinden.
Einweihung des Möslestadions am 1. Oktober.

1923 Mit der Besetzung Offenburgs durch die Franzosen am 4. Februar ist der Bahnverkehr nach Norden unterbrochen. Er wird übers Höllental durch Württemberg umgeleitet.
Die innenpolitischen Krisen der Reichspolitik lösen in Freiburg den Generalstreik und Ausschreitungen aus (18.–20. September).
Am 12. Dezember wird der Bahnverkehr über Offenburg wieder aufgenommen.
Feierliche Eröffnung des Augustinermuseums.

1925 Der Stadtteil Littenweiler wird an das Straßenbahnnetz (Linie 4) angeschlossen (7. März).

Das Bergrekordrennen für Motorfahrzeuge findet erstmals auf dem Schauinsland am 15.–16. August statt.

1926 Die Fluglinie Freiburg–Stuttgart wird eröffnet (5. Juli).
Der Freiburger Sender eröffnet sein Sendeprogramm (28. November).

1928 Der Bau der Rhodiaceta-Werke wird allgemein als erfolgversprechender Beginn weiterer industrieller Niederlassungen gewertet.

1929 Am 28. Februar erfolgt der Durchstich des Lorettoberges für die Verlegung der Höllentalbahn.
Auf dem 68. Katholikentag (28. August–1. September) zelebriert der Apostolische Nuntius in Berlin, Dr. Eugen Pacelli, der spätere Papst Pius XII., einen feierlichen Gottesdienst auf dem Meßplatz.

1930 Der erste Freiburger Weinmarkt läßt die Stadt als Umschlagplatz der südbadischen Weinbaugebiete (Markgräflerland, Kaiserstuhl) in Erscheinung treten (26. Februar).
Nach der Gemeinde St. Georgen wird eine Buslinie eröffnet (15. März).
Der regelmäßige Flugverkehr wird um die Linie Freiburg–Villingen–Konstanz erweitert (2. Juni).
Nach vielen Beratungen und Diskussionen wird die Schwebebahn auf den Schauinsland gebaut und in Betrieb genommen (1. Juli).
Die Stadt eröffnet das städtische Musikseminar, aus dem später die Staatliche Musikhochschule hervorgeht (4. Oktober).

1931 Die wirtschaftliche Depression und die zunehmende Arbeitslosigkeit führen zu kommunistischen Ausschreitungen in der Stadt, besonders am 2. Februar und 2. November. Radikale Elemente werden verhaftet, die erste Nummer der nationalsozialistischen Zeitung »Der Alemanne« wird beschlagnahmt.

1932 Der Sternwaldtunnel für die neue Linienführung der Höllentalbahn ist fertiggestellt (20. Januar).

Das erste Gemeinschaftsbad in Freiburg wird im Faulerbad eröffnet (21. Mai).
Der nationalsozialistische Parteiführer Adolf Hitler spricht zum erstenmal im Möslestadion am 30. Juli. Die Resonanz der Freiburger ist für ihn so enttäuschend, daß er auch später als Reichskanzler die Stadt stets gemieden hat.

Höchstzahl der Freiburger Arbeitslosen: 8000.

Die Stadt unter nationalsozialistischer Herrschaft

1933 Die Hakenkreuzfahne, Symbol und Parteifahne der Nationalsozialistischen Deutschen Arbeiterpartei (NSDAP), wird gegen den Willen und unter Protest des Oberbürgermeisters auf dem Rathaus gehißt (6. März). 32 kommunistische Funktionäre werden verhaftet (7. März). Oberbürgermeister Dr. Bender wird zwangsweise beurlaubt (10. April). Alle örtlichen Organisationen der SPD und der KPD werden aufgelöst, ihre Funktionäre verhaftet. Die Druckerei der SPD-Zeitung »Die Volkswacht« wird geschlossen (17. März).
Für die Stadt Freiburg werden drei Staatskommissäre eingesetzt (20. März).
Die Freiburger Handwerkskammer wird aufgelöst (19. April).
Oberbürgermeister Dr. Franz Kerber (1933–1945). Am 10. April wird der Hauptschriftleiter der NS-Zeitung »Der Alemanne«, Dr. Franz Kerber, zum kommissarischen Oberbürgermeister der Stadt Freiburg ernannt.
Der Stadtrat und der Bürgerausschuß werden aufgelöst und im Sinne der NSDAP neu gegliedert (29. April).
In ihrer ersten gemeinsamen Sitzung verleihen beide Gremien die Ehrenbürgerrechte an den Reichspräsidenten von Hindenburg, an den Reichskanzler Adolf Hitler und an den Reichsstatthalter des Gaues Baden, Robert Wagner (10. Mai).

Nach dem Ergebnis der Volkszählung vom 16. Juni ist die Einwohnerzahl der Stadt auf über 100 000 angestiegen.

Oberbürgermeister Dr. Kerber wird durch Wahl in seinem Amt bestätigt (25. August).

1934 Der neue Freiburger Rundfunksender wird in Betrieb genommen (14. Januar).
Der neue Bahnhof Freiburg-Wiehre an der neuen Linienführung der Höllentalbahn wird feierlich eröffnet (5. November).

1935 Auf dem Münsterplatz wird ein neuer St.-Georgs-Brunnen aufgestellt (17. November).

1936 Der in Freiburg wohnende Dichter Emil Strauß wird an seinem 70. Geburtstag zum Ehrenbürger ernannt (31. Januar).

Mit dem Einzug des Infanterieregiments Nr. 75 (Wiederherstellung der Wehrhoheit in der sogenannten entmilitarisierten Zone) wird Freiburg wieder Garnisonsstadt (8. März).

Das Verkehrsamt wird in dem hierzu umgebauten ehemaligen Wohnhaus Rottecks eingerichtet.

Dem Stadttheater wird ein Kammerspielhaus (ein beschlagnahmtes und umgebautes Haus der verbotenen Freimaurerloge) beigegeben (11. Juli).

Die elektrifizierte Teilstrecke der Höllentalbahn Freiburg–Neustadt wird erstmals befahren (4. November).

Die Bevölkerung muß erstmals eine Luftschutzübung mit Totalverdunkelung durchführen.

1937 Das deutsch-französische Frontkämpfertreffen in Freiburg wird mit hoffnungsvollen Versöhnungs- und Friedensreden begangen (4. Juli).

1938 Der Bertoldsbrunnen wird aus der Mitte der Straßenkreuzung in die Kaiserstraße (damals Adolf-Hitler-Straße) versetzt.

Die Gemeinde St. Georgen wird eingemeindet (2. April).
Die Freiburger Synagoge wird in Brand gesteckt und niedergelegt (9. November). Alle jüdischen Männer bis zum Alter von 85 Jahren werden verhaftet und erst nach einem halben Jahr aus dem Konzentrationslager Dachau wieder freigelassen.

1939 Beim Kriegsausbruch (Zweiter Weltkrieg) wird das städtische Ernährungs- und Wirtschaftsamt in der Rotteckschule eingerichtet (1. September).

1940 Am 10. Mai beginnt die Durchbruchsschlacht in Frankreich. Am Nachmittag fallen etwa 60 Bomben beiderseits der Bahnanlagen in der Nähe des Hauptbahnhofs, töten 57 Zivilpersonen, darunter 20 Kinder, und 11 Soldaten. Es handelte sich, wie erst nach Kriegsende bekanntgegeben werden konnte, um irrtümlichen Bombenabwurf durch deutsche Flugzeuge. Er wurde jedoch propagandistisch als feindlicher Terrorangriff ausgewertet.
Französische Artillerie beschießt die Umgebung von Merzhausen und Günterstal (11. und 13. Juni).
Die Tageszeitung »Tagespost«, dem Regime nicht mehr genehm, muß ihr Erscheinen einstellen, da sie keine Papierzuteilung mehr erhält (1. Februar).
Durch den Übergang der 7. Armee über den Oberrhein bei Sasbach und Breisach ist Freiburg ein einziges großes Heerlager.
Waffenstillstand mit Frankreich. Zum erstenmal läuten wieder die Kirchenglocken (25. Juni).
Englische Erkundungsflugzeuge über der Stadt machen deutlich, daß der Krieg noch nicht zu Ende ist (25. Juni).
Seit 12. Oktober ist Freiburg nicht mehr Operationsgebiet. Das normale Leben beginnt wieder, die Schulen erteilen wieder Unterricht.

Alle transportfähigen Juden werden nach dem Sammellager Gurs in Südfrankreich deportiert (23. Oktober).
Mit Geheimrat Professor Dr. Max Spemann stirbt am 18. September in Freiburg der letzte Nobelpreisträger in Deutschland. (Die NS-Reichsregierung hatte den deutschen Staatsangehörigen die Annahme des Nobelpreises verboten.)

1942 208 204 Stücke Winterbekleidung der Pelz- und Wollsammlung für die Soldaten der Ostfront und 4500 Paar Ski, die Freiburgs Skiläufer oder deren Angehörige auf dem Karlsplatz im Januar abliefern, machen dem Opfersinn der Bevölkerung alle Ehre, kommen aber für die kämpfende Truppe viel zu spät.
Während des Sommers werden eine Reihe von öffentlichen Denkmälern, soweit sie aus Bronze gegossen sind, »zur Auffüllung der Metallreserven« abgebaut, so die Kaiserstandfiguren auf der Dreisambrücke und am neuen Rathaus und die Statuen jener Fürsten (Herzog Konrad von Zähringen, Graf Egino I. von Freiburg, Herzog Leopold von Österreich, Großherzog Friedrich von Baden), die jeweils eine neue Ära in der Stadtgeschichte einleiteten.

1943 Die der NS-Presse unbequeme, seit 1784 bestehende »Freiburger Zeitung« muß ihr Erscheinen einstellen, da sie keine Papierzuteilung mehr erhält.
Vorwiegend aus Dortmund, aber auch aus anderen Städten des Rhein-Ruhr-Gebiets wird die Schuljugend nach Freiburg und Umgebung evakuiert und in den Schulen unterrichtet.
Die Versorgung der Bevölkerung wird auf allen Gebieten immer schwieriger: Kartoffelzuteilung pro Kopf gegenüber dem Vorjahr um 1 Zentner auf 3 Zentner herabgesetzt. Fast alle Gebrauchsgüter, die es überhaupt noch zu kaufen gibt, sind rationiert und werden auf Kartenabschnitten »aufgerufen«.

Am 2. Oktober werfen feindliche Flugzeuge erstmals Bomben über Freiburg ab. Keine Luftabwehr vorhanden, 6 Tote.

Erster nächtlicher Luftangriff in der Nacht vom 7./8. Oktober.

1944   Alle Männer von 15 bis 65 Jahren und alle Frauen von 16 bis 50 Jahren müssen sich zu Schanzarbeiten, einem neuen »Ehrendienst«, melden. Täglich ziehen die »Schipper« zum Tuniberg und zum Kaiserstuhl, zum Teil schon unter Bordwaffenbeschuß durch Flugzeuge (4. September).

Die sogenannte französische Vichy-Regierung flüchtet nach Sigmaringen, mit ihr kommen zahlreiche Franzosen durch die Stadt. Der Staatschef Marschall Pétain und der Ministerpräsident Laval übernachten am 7./8. September im Zähringer Hof.

Am 18. Oktober wird der Volkssturm durch Rundfunk aufgerufen. – Der Großangriff feindlicher Bombergeschwader am 27. November um 20 Uhr vernichtet innerhalb von 20 Minuten neun Zehntel des historischen Stadtkerns, Teile vom Stühlinger, der Wiehre und von Herdern. Die Zahl der Toten konnte nie genau ermittelt werden, mit Sicherheit hat der Krieg mindestens 2193 Zivilltote in der Stadt gefordert. Viele Freiburger flüchten in den nahegelegenen Schwarzwald.

Am Jahresende wohnen noch 63962 Personen in der Stadt, in welcher über 2000 Häuser zerstört oder unbewohnbar sind.

Freiburg unter französischer Militärregierung 1945 bis Oktober 1946

1945   Von Riegel her nähern sich französische Kampftruppen, hauptsächlich Panzerverbände. Beherzte Männer verhindern die sinnlose Sprengung der Schwabentorbrücke durch Werwolf-Hitlerjungen, die nach Abzug der wenigen Soldaten noch kämpfen wollen. Am 21. April fahren französische Panzer, zum Teil feuernd (obwohl keinerlei Widerstand geleistet wird), von Norden in die Stadt ein und besetzen sie kampflos. Am 8. Mai wird der 2. Weltkrieg durch Waffenstillstand beendet. Die Bevölkerung hat kaum Kenntnis davon, denn es gibt weder Zeitung noch Rundfunk, außerdem waren die meisten Radiogeräte beschlagnahmt oder abgeliefert worden.

Die Disziplin der französischen Besatzungstruppen ist, von Ausnahmen abgesehen, im allgemeinen gut. Die Plünderungen von ausländischen, ehemals zwangsverpflichteten Zivilarbeitern wirken sich in Stadt und Land zu einer Plage aus.

Am 14. Mai wird das Ausgehverbot (19–7 Uhr) in der Stadt gelockert: Von 6.00 bis 21.30 Uhr sind die Bewohner bemüht, den allernotwendigsten Bedarf für den nächsten Tag zu besorgen. Die zahlreichen Rückwanderer erhöhen die allgemeine Knappheit an den Bedarfsgütern des täglichen Lebens, die durch Requirierungsmaßnahmen der Besatzungstruppen noch weiter verschärft wird.

Freiburg wird seit der Besetzung von der französischen Militärregierung verwaltet.

Oberbürgermeister Dr. Max Keller (1945–1946). Die französische Militärregierung setzt am 1. Juni den städtischen Oberrechtsrat Dr. Max Keller als Oberbürgermeister ein (OB Dr. Kerber wurde am Schauinsland ermordet aufgefunden), dem ein siebenköpfiger Beirat zur Wahrnehmung der wichtigsten Verwaltungsfunktionen beigegeben ist.

Die Militärregierung fordert und genehmigt ein Gemeinderats-Komitee, das aus dem bisherigen Beirat und 5 weiteren Mitgliedern besteht.

Am 31. Mai findet zum erstenmal wieder die allgemeine große Fronleichnamsprozession von St. Johann aus statt.

Die erste Tageszeitung nach dem Zweiten Weltkrieg, die »Freiburger Nachrichten«, wird am 5. September von der Firma Rombach & Co herausgegeben.

Im Dezember werden die badischen Ministerien von Karlsruhe nach Freiburg verlegt.

Freiburg Hauptstadt des Landes Südbaden 1946–1951

1946   Oberbürgermeister Dr. Hoffmann (1946–1956).

Zu Anfang des Jahres lizenziert die Militärregierung vier politische Parteien, die ihre Tätigkeit aufnehmen (Bad. Christl. Soz. Volkspartei, Sozialdemokratische Partei, Demokratische Partei, Kommunistische Partei).

Am 15. September finden die ersten freien Gemeindewahlen (seit dem Ende der Weimarer Republik) in der französischen Besatzungszone statt (BCSV 17, SPD 8, DP 6, KP 3 Sitze).

Der erste frei gewählte Gemeinderat bestimmt aus seiner Mitte Dr. Wolfgang Hoffmann zum Oberbürgermeister, Franz Geiler zum 1. Beigeordneten, zu weiteren Beigeordneten Dr. Josef Brandel, Otto Vielhauser, Richard Streng.

Am 17. November erfolgt die Wahl der Beratenden Landesversammlung. Sie wird am 22. 11. im Kaufhaussaal eröffnet und wählt den Oberstudiendirektor

Leo Wohleb zum Regierungschef der (süd)badischen Landesregierung. Er residiert als Staatspräsident im »Colombischlößle«; das Parlament tagt im historischen Kaufhaus (Präsident Dr. Karl Person).

1948 Der Nachkriegswinter 1947/48 ist der härteste seit Ende des Krieges. Die Bekämpfung der akuten Hungersgefahr, die Enttrümmerung der Stadt und die Versorgung der Bevölkerung mit den allernotwendigsten Lebensmitteln und Bedarfsgütern, insbesondere Brennmaterial, sind Hauptaufgabe der Behörden. Der Naturalienhandel, das Tauschgeschäft und der schwarze Markt sind Erscheinungen der Zeit.
Am 14. Februar stirbt Erzbischof Dr. Conrad Gröber, seit 23. September 1947 Ehrenbürger der Stadt Freiburg.
Die sogenannte Währungsreform am 20. Juni leitet den Beginn normaler Zustände ein. Kassenbestand der Stadtverwaltung am 22. Juni: 26,- DM.
Am 3. Dezember wird Oberbürgermeister Dr. Hoffmann vom Stadtrat zum zweitenmal gewählt. Als Erster Beigeordneter wird Fritz Schieler (SPD) gewählt.

1949 Der Wiederaufbau der Stadt ermöglicht vielen Freiburgern den Zuzug aus ihren Notquartieren. Die Einwohnerzahl überschreitet die 100 000-Grenze.
Im wieder hinreichend instand gesetzten Großen Haus der Städtischen Bühnen, die seit Oktober 1945 im Casino, im Kaufhaussaal und im Maria-Hilf-Saal gespielt hatten, werden am 30. Dezember die Theatervorstellungen mit Wagners »Meistersinger von Nürnberg« eröffnet.
Mit großer Improvisationsgabe haben die Bürger im Verein mit dem städtischen Wiederaufbaubüro und dem Hochbauamt über 10 000 weniger beschädigte Wohnungen wieder bewohnbar gemacht.
Am 16. November weilt der Präsident des Deutschen Bundesrates, Ministerpräsident Arnold, in der Stadt.
Am 28. November besucht der Regent der päpstlichen Nuntiatur, Bischof Muench, die Stadt Freiburg.

1950 Am 15. April ist auf allen Linien (einschließlich der Buslinien) das städtische Straßenbahnnetz wieder voll in Betrieb. Am 26. und 27. April besucht der Bundespräsident, Professor Dr. Theodor Heuss, die Badische Landesregierung. Im Rathaus trägt er sich als erster in das neue »Goldene Buch« der Stadt Freiburg ein und spricht wiederholt seine Anerkennung über den in vollem Gang befindlichen Wiederaufbau der Stadt aus.

1951 Am 9. Dezember werden in der umstrittenen Volksabstimmung (nach Art. 118 des Grundgesetzes) 52,2 v. H. der abgegebenen Stimmen gegen den Zusammenschluß zum neuen Land Baden-Württemberg gezählt (im Landkreis Freiburg 69,6 v. H.). Das Land Baden-Württemberg wird trotzdem gebildet.

Freiburg im Land Baden-Württemberg 1952

1952 Nach der Bildung des Landes Baden-Württemberg wird im wieder aufgebauten Basler Hof das Regierungspräsidium Südbaden eingerichtet.
Der Wiederaufbau der Martinskirche wird begonnen.

1953 Der Stadtkreis Freiburg ist wieder selbständig.

1954 Bis zum Jahresende sind insgesamt über 252 Millionen DM Baugelder allein in den Wiederaufbau investiert worden. Trotzdem ist das Wohnungsdefizit der Stadt immer noch unverhältnismäßig hoch.

1956 Oberbürgermeister Wolfgang Hoffmann ist am 25. März nach langer Krankheit verstorben.

Oberbürgermeister Dr. Josef Brandel (1956–1962).
Bürgermeister Dr. Josef Brandel wird erstmals in direkter Wahl von der Einwohnerschaft Freiburgs zum Oberbürgermeister gewählt.

1957 Zur 500-Jahr-Feier der Freiburger Universität besucht Bundespräsident Dr. Theodor Heuss abermals die Stadt. Aus der ganzen Welt kommen Universitätsabordnungen nach Freiburg. Während der eine Woche dauernden Festlichkeiten wird der Grundstein zum neuen Kollegiengebäude II gelegt.

1958 Der Dichter Reinhold Schneider, Ehrendoktor der Universitäten von Freiburg i. Br. und Münster i. W., Träger der Friedensklasse des Ordens »Pour le mérite« und Inhaber des Friedenspreises des deutschen Buchhandels, stirbt am 6. April in Freiburg.

1959 Am 5./6. Juni wird die Partnerschaft mit der Stadt Besançon begründet.
König Ibn Saud von Saudi-Arabien weilt mit einem Teil seines Harems in der Stadt.

1960 Am 25. März wird der »Reinhold-Schneider-Preis der Stadt Freiburg« (5000 DM) gestiftet, der alle zwei Jahre verliehen werden soll.

Bei den Landtagswahlen am 15. Mai werden Stadtrat Dr. Hans Filbinger (CDU) und Erster Bürgermeister Fritz Schieler (SPD) als Landtagsabgeordnete gewählt.
Am 1./2. Oktober besucht der Stadtrat von Besançon die Partnerstadt Freiburg.
Am 16. Oktober erhält der Freiburger Komponist Franz Philipp zu seinem 70. Geburtstag den Reinhold-Schneider-Preis.
Die Innungen des Freiburger Handwerks stiften eine neue Amtskette für den Oberbürgermeister, die von einer Arbeitsgemeinschaft der Freiburger Gold- und Silberschmiede angefertigt wurde (29. Dezember).

1961 Am 1. Februar wird in der Stadt- und Landesverwaltung die Fünftagewoche eingeführt.
Am 18. April wird der Bebauungsplan für den neuen Stadtteil »Bischofslinde« vom Stadtrat gebilligt.
Die Stadt schließt sich der »Gasversorgung Süddeutschland GmbH« an. Die städtischen Gaswerke sollen stillgelegt werden (4. Juli).
Der 10000. immatrikulierte Student erhält von der Stadtverwaltung eine goldene Uhr.

1962 Oberbürgermeister Dr. Eugen Keidel (1962–1982).

Die 1951 eingerichtete Pädagogische Akademie I wird Pädagogische Hochschule.
Am 30. Juni tritt der schwer erkrankte Oberbürgermeister Dr. Brandel von seinem Amt zurück.
Das letzte Teilstück der Autobahn Hamburg–Basel wird im Raum Freiburg fertiggestellt und durch Bundesverkehrsminister Dr. Seebohm für den Verkehr freigegeben.
Das Siegesdenkmal wird abgetragen und weiter westlich an den Friedrichring versetzt.
Beim 2. Wahlgang am 7. Oktober wird der Karlsruher Stadtdirektor Dr. Eugen Keidel zum Oberbürgermeister gewählt.

1963 Vom 2. bis 4. Mai wird in Anwesenheit des Innsbrucker Bürgermeisters, Dr. Dr. Alois Lugger, und einer Abordnung von Stadträten die Partnerschaft zwischen den beiden Städten Freiburg und Innsbruck festlich begründet.
Mit Peter Johannes Maria Weber wird am 22. Oktober der 150000. Einwohner Freiburgs geboren. Er erhält von der Stadt ein Sparbuch über 150 DM.
Der Rektor der Universität enthüllt vor dem neuen Kollegiengebäude II an der Stelle der 1938 niedergebrannten Synagoge eine Gedenktafel (11. November).
Auf dem südlichen Münsterplatz findet eine Trauerfeier für den ermordeten Präsidenten der USA, John Fitzgerald Kennedy, statt, an der über 15000 Menschen teilnehmen. Studenten und Schüler der Gymnasien veranstalten aus diesem Anlaß einen Fackelzug (25. Oktober).

Das sogenannte Sickingen-Palais an der Salzstraße, Sitz des Landgerichts, ist in der ursprünglichen äußeren Fassade wieder aufgebaut (22. November).
Die neue Stadtbücherei am Münsterplatz wird feierlich eröffnet (11. Dezember).
Die Aufstellung der seit Kriegsbeginn 1939 ausgelagerten Bestände des Freiburger Stadtarchivs in dem neuen Magazingebäude an der Grünwälderstraße ist zum Jahresabschluß beendet. Damit ist das größte Kommunalarchiv in Baden-Württemberg wieder voll benutzbar.

1964 Der Großmarkt wird vom Karlsplatz in das Gebiet nördlich des Gaswerks verlegt (2. März). Die 5. Etappe der Tour de France endet bei der Gewerbeschule II. Oberbürgermeister Dr. Keidel startet die 6. Etappe Freiburg–Besançon beim Wiehrebahnhof (26./27. Juni).

Bei der Neuwahl der bisherigen drei Beigeordneten wählt der Stadtrat erstmals einen 4. Beigeordneten (Bürgermeister) (31. Juli). Erster Bürgermeister Dr. Gerhard Graf. Bürgermeister: Dr. Robert Heidel, Hermann Zens, Berthold Kiefer.
Der Maler Rudolf Riester erhält den Reinhold-Schneider-Preis.
Der Kugelgasbehälter, Kernstück der Freiburger Gasfernversorgung, ist erstellt (18. Dezember).

1965 Ein neuer Bertoldsbrunnen mit Reiterstandbild wird anstelle des (1944) zerstörten Brunnens feierlich enthüllt (27. November).
Der von 36 auf 48 Mitglieder erweiterte Stadtrat tritt erstmals zusammen (7. Dezember).

1966 Die Städtischen Bühnen feiern ihr 100jähriges Bestehen mit Beethovens Oper »Fidelio« (28. Januar).

Der Leiter des Freiburger Bachchors, Professor Theo Egel, erhält den Reinhold-Schneider-Kulturpreis der Stadt.
Der ehemalige Freiburger Stadtrat und bisherige Innenminister Dr. Hans Filbinger wird vom baden-württembergischen Landtag zum Ministerpräsidenten gewählt. Der Freiburger Stadtrat Dr. Rudolf Schieler wird Justizminister (14. Dezember).

1967 Im neuen Wohngebiet »Weingarten« wird ein Fernheizwerk in Betrieb genommen (14. März).
Zwischen Freiburg und Colmar (Elsaß) ist wieder ein Linienverkehr mit Omnibussen eingerichtet.
Das neue Wohnbaugebiet in »Landwasser« wird mit einer Buslinie an das städtische Straßenbahnnetz angeschlossen.

1968 Der Dichter Kurt Heynicke erhält den Reinhold-Schneider-Preis (5. April).
Mit der Übergabe des Rektorats an Professor Dr. Bruno Boesch ist erstmals ein ausländischer (Schweizer) Staatsangehöriger Rektor der Freiburger Universität (16. April).
Zur Erinnerung an die vor 600 Jahren (1368) begonnene Epoche österreichischer Stadtherrschaft findet eine Partnerschaftswoche in Freiburg statt, an welcher die Innsbrucker Delegation unter Führung ihres Bürgermeisters Dr. Dr. Lugger teilnimmt (7.–13. Juni).
In der Stadt Padua wird die Städtepartnerschaft Freiburg–Padua vom Freiburger Oberbürgermeister in Anwesenheit von Vertretern der Stadtratsfraktionen, des Rektors der Freiburger Universität und anderer Delegierten feierlich unterzeichnet (16. Juni).
Der Freiburger Dichter und Publizist Franz Schneller, Träger des Reinhold-Schneider-Preises 1962, ist am 23. November verstorben.

1969 Der »Schloßbergring«, das letzte Teilstück der großzügigen Verkehrs-Ringstraße um die Altstadt, wird fertiggestellt. Hierzu müssen das sog. Milchhäusle und weitere Häuser beim Schwabentor abgebrochen werden.

Die Stadt rüstet sich allgemein mit Renovierungs- und Verschönerungsarbeiten an öffentlichen Gebäuden (Rathaus, Kaufhaus, Martinstor, Schwabentor) für das bevorstehende Stadtjubiläum im Jahre 1970.

März: Eröffnung des ersten Thermalbades mit einem Schwimmvergleichskampf der Partnerstädte Besançon, Innsbruck und Padua und der mit Padua verschwisterten Stadt Nancy. Mit diesem Thermalbad wird erstmals das im Mooswald durch Tiefbohrungen festgestellte Thermalwasser genutzt. Die Thermalwasser-Vorkommen im Bereich des Mooswaldes sollen später weiter erschlossen und für ein Heilbad genutzt werden.

Mai: Die zweite Ausbaustufe des 38 000 Quadratmeter großen Freiburger Großmarktes wird in Betrieb genommen.
Zum ersten Mal findet die Büro-Fachausstellung Südbaden statt.
Die Stadt wird dem »Zweckverband Industriezone Hochdorf« beitreten; der Verband soll auf dem etwa 100 Hektar großen Gelände bei Freiburg eine Industriezone planen, bauen und verwalten. Dies soll der erste Versuch in der Bundesrepublik für eine interkommunale wirtschaftliche Zusammenarbeit sein.

Juni: Rund um den Moosweiher wird ein Erholungsgebiet für den Stadtteil Landwasser angelegt, dessen Kosten auf 700 000 DM veranschlagt sind.

Juli: Zwischen dem Karlsplatz und dem Stadtgarten wird eine Fußgängerbrücke über drei Felder mit einer Spannbandkonstruktion und einem Kostenaufwand von 664 000 DM gebaut; eine Brücke in dieser Konstruktion besteht in Deutschland noch nicht.

Des heißen Sommers wegen benötigt Freiburg täglich mehr als 50 000 Kubikmeter Trinkwasser. Ohne das neue Wasserwerk bei Hausen an der Möhlin würde die Wasserversorgung zusammenbrechen.

Oktober: Im Rathaus wird der Vertrag über die kommende Belieferung der Stadtwerke mit Erdgas von Oberbürgermeister Dr. Keidel und den Geschäftsführern der Gasversorgung Süd (GvS), Huwald und Dr. Sievers, unterzeichnet.

November: Oberbürgermeister Dr. Keidel vollzieht den ersten Spatenstich für die vereinseigene Schwimm- und Gymnastikhalle der Freiburger Turnerschaft von 1844. Der Neubau wird ein Lehrschwimmbecken, Schwimm- und Sprunghallen und darüber eine Gymnastikhalle beherbergen.

Dezember: Die Planung für einen neuen Ratssaal mit einem Aufwand von 2 165 000 DM wird genehmigt; er wird im südlichen Flügel des neuen Rathauses entlang der Rathausgasse eingebaut.

1970 Januar: In der Frühe des Neujahrstages wird das erste Freiburger Kind im Jubiläumsjahr geboren: Anja Plocher.
Im Rathaus ist unter der Nummer 3 18 47 ein telefonischer Aufnahmedienst eingerichtet worden, der bei Tag und Nacht für Fragen und Anliegen der Bürger bereitsteht.

Anläßlich des Jubiläumsjahres lädt der Oberbürgermeister etwa tausend betagte Mitbürgerinnen und Mitbürger zu einer »Kaffeetafel« in die Stadthalle, die vom Bach-Chor musikalisch begleitet wird.

Februar: Vertreter von 14 Wohnungsbauunternehmen sind zu einem Gespräch mit Oberbürgermeister Dr. Keidel und Bürgermeister Zens über den Wohnungsbau geladen; außer der Sorge, daß der Wohnungsbedarf durch die geringer gewordene finanzielle Hilfe des Landes nicht mehr gedeckt werden könnte, kommt der Mangel an großen bebaubaren Flächen zutage.

April: Eine Delegation des Schweizer Kantons Basel-Stadt mit Regierungspräsident Arnold Schneider an der Spitze stattet der Stadt einen offiziellen Besuch ab und besichtigt neue Universitätsbauten und Wohngebiete.

Die Südseite des Münsterplatzes wird für den allgemeinen Kraftfahrzeugverkehr gesperrt; auf der Ostseite bleiben 20 Plätze für einstündiges Parken mit Parkuhren. Damit wurde die Sperrung der Innenstadt für Autos eingeleitet.

An die Stelle der bisherigen fünf Fakultäten sind 15 neue getreten; nach der neuen Grundordnung der Universität bestehen jetzt die Theologische, die Rechtswissenschaftliche, die Wirtschaftswissenschaftliche, zwei Medizinische, vier Philosophische, eine Mathematische Fakultät, je eine Fakultät für Physik, Chemie, Pharmazie, Biologie, Erdwissenschaften und Forstwissenschaften.

In der Feierstunde »Jugend gratuliert ihrer Stadt« werden die Preise aus dem Schülerwettbewerb, den das Presseamt anläßlich des Stadtjubiläums veranstaltet hat, verteilt und die bis zum 10. Mai dauernde Ausstellung der Wettbewerbsarbeiten eröffnet. Am gleichen Tag eröffnet die Bundesbahndirektion ebenfalls in der Gewerbeschule II die Ausstellung »125 Jahre Badische Eisenbahn« und die »Woche der Eisenbahn«. Während der Ausstellung wird eine Planskizze für einen neuen Hauptbahnhof gezeigt.

Mai: Im Augustinermuseum wird die Jubiläumsausstellung »Kunstepochen der Stadt Freiburg« mit 550 Werken eröffnet.

William S. Tubmann, Präsident von Liberia, trifft in Freiburg ein.

Juni: Die Fußgängerbrücken über die Schloßbergstraße (Mozartsteg, Hermannsteg und Schwabentorsteg) und der Karlsteg vom Karlsplatz zum Stadtgarten werden für den Verkehr freigegeben.

An die 140 Millionen DM sollen für den Straßenbau westlich der Eisenbahn in den nächsten fünf Jahren aufgewendet werden; davon 31 Millionen DM für die Sundgauallee zwischen Westrandstraße und Fehrenbachallee, für die Mooswald-Padua-Allee – L 118 (Westrandstraße) etwa 68 Millionen DM.

Oberbürgermeister Dr. Keidel eröffnet in Bonn in der Landesvertretung Baden-Württemberg die Ausstellung »850 Jahre Stadt Freiburg«.

Mit der Uraufführung des von Wolf Hart gedrehten Freiburg-Films beginnt die Jubiläumswoche.

Die »Breisgauer Narrenzunft« veranstaltet im Raum der Gerberau, auf dem Augustinerplatz und im Augustinergarten mit Bewirtung, Tanz, Weinlauben und Vergnügungspark das »Fest an der Stadtmauer«.

Festakt zur 850-Jahr-Feier im Großen Haus der Städtischen Bühnen im Beisein von Bundespräsident Dr. Heinemann mit einer Begrüßung durch Oberbürgermeister Dr. Keidel, einer Ansprache von Ministerpräsident Dr. Filbinger und einem Festvortrag von Professor Dr. Karl Bader, Zürich, früher Generalstaatsanwalt des Landes Baden.

Als besonders wertvolles Geschenk überreichen die Schweizer Zähringerstädte Freiburg den in Schweinsleder gearbeiteten Faksimiledruck der »Berner Chronik von 1483«.

Einzelhandelsgeschäfte und Kaufhäuser in der Innenstadt zeigen in ihren Schaufenstern die Ausstellung »Wandel einer Stadt«, Bilder aus der 850jährigen Geschichte der Stadt. Am Abend festliches Geläute von allen Kirchen, Bläserchöre spielen von allen Türmen und Toren.

Mit feierlichen Gottesdiensten beginnt der Sonntag; im Münster feiert Erzbischof Dr. Schäufele ein Pontifikalamt. Großer Trachtenumzug mit Beteiligung der Bad. Hess. Bürgerwehren; 65 Gruppen und Wagen.

Der Zähringer-Herzöge Stammsitz, an den noch eine Ruine erinnert, war die Zähringer-Burg

Beginn der alemannischen Woche mit einem Vortrag von Professor Dr. Thürer aus St. Gallen, mit Sitzungen von Schriftstellern aus dem Elsaß, der Schweiz, aus Vorarlberg und Baden, mit der Aufführung des »Erasmus vom stillen Winkel« von Kurt Heynicke durch die Alemannische Bühne und einem Vortrag des Rektors der Universität, Professor Dr. Boesch, »Zweimal 850 Jahre alemannisch«.

Auf dem Münsterplatz übergibt der Präsident der Industrie- und Handelskammer, Direktor Heinz Quester, dem Oberbürgermeister den erneuerten ältesten Brunnen Freiburgs, den gotischen Fischbrunnen, für dessen Renovierung von Industrie und Handel 100 000 DM aufgebracht worden sind.

Eröffnung des Weindorfes und des Weinfestes auf dem Münsterplatz.

Festakt der Universität zum Stadtjubiläum im Auditorium maximum.

Gedenkstunde der Zähringer Vereine mit Gästen aus der Schweiz bei der Burgruine und bunter Abend »Zähringer in Zähringen« im Festzelt bei der Hinterkirchstraße.

Großer Festzug mit 43 Gruppen und Wagen der Winzer, mit Gruppen aus den Partnerstädten, aus den deutschen und schweizerischen Zähringerstädten und aus den Gemeinden der Regio.

Festaufführung im Großen Haus der Städtischen Bühnen mit Beethovens »Fidelio«.

Oberbürgermeister Dr. Dr. Lugger, Innsbruck, übergibt im Schloßbergteil des Stadtgartens als Geschenk einen Regen- und Sonnenschutzschirm aus Stahl; zwei weitere Schirme werden von den Partnerstädten Besançon und Padua geschenkt; an der Übergabe nehmen Vertreter der Vereine der Badener in Hamburg und Berlin teil.

Im Kaufhaus wird die Fotoausstellung »Freiburger Partnerstädte stellen sich vor« im Beisein von Vertretern aus Padua eröffnet.

Ein großes Feuerwerk auf dem Schloßberg beschließt die Juni-Feiern zum Stadtjubiläum.

Juli: Beim 31. ADAC-Bergpreis am Schauinsland fährt Rolf Stommelen mit 5:18,07 Minuten (126,7 Stundenkilometer) einen neuen Rekord.

September: Auf dem Meßplatz wird die bis zum 20. September dauernde 5. Badische Landwirtschafts-Ausstellung eröffnet.

Oktober: Beim Freiburger Symposion »Alkohol und Leber« ist zum ersten Mal der von der Freiburger Firma Dr. Falk gestiftete Eppinger-Preis in Höhe von 5000 US-Dollar verliehen worden; er ging an Professor Dr. T. E. Starzl aus Denver (USA), der die erste erfolgreiche Lebertransplantation vorgenommen hat.

Der Presseball anläßlich des Jubeljahres mit über 1000 Gästen bildet den gesellschaftlichen Abschluß der Jubiläumsfeiern.

Bei der Oberbürgermeisterwahl erhält Dr. Eugen Keidel 78,1 Prozent aller gültigen Stimmen und 54,9 Prozent der Stimmen aller Wahlberechtigten.

Die Freiburger Bevölkerung spricht mit dem überzeugenden Votum für Dr. Keidel dem Manne Dank und Vertrauen aus, in dessen erster achtjähriger Amtszeit die größten kommunalpolitischen Aufgaben gelöst wurden, die es nach der Wiederaufbauzeit gegeben hat. Mit dem Bau der Wohngebiete Landwasser, Weingarten-Binzengrün, Bischofslinde oder Neueschholz und der Weiterentwicklung der alten Stadtteile wurde Wohnraum für etwa 35 000 Menschen geschaffen. Der Bau des Wasserwerks West bei Hausen an der Möhlin erlöste Freiburg von den Wassersorgen. Die große Sanierung der Straßenzüge wurde fertiggestellt oder begonnen. Die Bebauungspläne und Straßenpläne für die Zukunft sind vom Willen getragen, die Stadt weiterzuentwickeln, aber liebenswert zu erhalten.

November: Freiburg wird eine der acht Hochschul-Regionen des Landes; zu ihr gehören die Universität, die Pädagogische Hochschule, das Seminar für Studienreferendare, die Staatliche Hochschule für Musik, die Ingenieurschulen Offenburg und Furtwangen, die Pädagogische Hochschule Lörrach und die höhere Verwaltungsschule Kehl.

Dezember: Der Karlsbau, mit Tiefgarage mit 750 Abstellplätzen, 35 Geschäftsräumen, Hotel mit Gaststätte, Kongreß- und Tagungsräumen, wird festlich eröffnet.

Der Oberbürgermeister legt den Entwurf des Haushaltsplanes für 1971 vor; er beläuft sich auf 274,3 Millionen DM im ordentlichen Haushalt und in den Erfolgsplänen und auf 87 Millionen DM im außerordentlichen Haushalt und in der Finanzplanung; das Gesamtvolumen beträgt im Entwurf 361,3 Millionen DM.

1971 Januar: Zum zehnten Male wird der Hansjakob-Tag abgehalten, auf dem zum ersten Male Kontakte mit Lothringen zustande kommen.

Die Staudingerschule in Haslach, Freiburgs erste »Gesamtschule«, wird offiziell übergeben.

März: Beim Amt für öffentliche Ordnung wird der 10 000. Ausländer in Freiburg registriert. Der Gemeinderat stimmt der Eingliederung von Lehen zu. Lehen wird Stadtteil von Freiburg und erhält einen Ortschaftsvertrag, der dem neuen Stadtteil eine weitgehende Selbständigkeit sichert. Damit beginnt die Gebiets- und Gemeindereform in der Freiburger Region.

Der neue Schlacht- und Viehhof, einer der modernsten in der Bundesrepublik, wird seiner Bestimmung übergeben.

Mai: Eine 40 mal 60 Meter große Ausstellungshalle wird als Ergänzung zur Stadthalle entlang der Schützenallee auf dem Meßplatz gebaut.

Juni: Der Gemeinderat tagt zum erstenmal im neuen Ratssaal; in der Sitzung wird nur ein Tagungspunkt, der Vertrag über die Eingemeindung der Gemeinde Lehen in die Stadt Freiburg, unterzeichnet.
Die »Tour de France« fährt nach 1964 zum zweiten Male Freiburg an; die Fahrer kommen von Basel über den Schwarzwald ins Möslestadion und fahren über Breisach nach Mulhouse weiter.

Juli: Auf Beschluß des Gemeinderats wird Altregierungspräsident Anton Dichtel Ehrenbürger der Stadt.
Der Landtag verabschiedet in 3. Lesung des Kreisreformgesetz mit der Eingliederung des Kreises Hochschwarzwald in den Kreis Freiburg und das Regionalverbandsgesetz, das die Stadt zum Sitz und Mittelpunkt der Region Südlicher Oberrhein macht.

Oktober: Erster Bürgermeister Dr. Graf ist als Vertreter der Stadt in der Hauptstadt Liberias, Monrovia, und unterzeichnet dort am 27. mit der Bürgermeisterin dieser Stadt, Ellen Sandimanie, eine Freundschaftsurkunde, die die Pflege verschiedener Kontakte vorsieht.
In der Stadthalle findet der Bundesparteitag der Freien Demokraten statt.

Dezember: Die bisherige Gemeinde Opfingen wird Stadtteil von Freiburg.
Seit Dezember verkehren zwischen Littenweiler und Komturplatz die modernsten Straßenbahnwagen der Bundesrepublik, die Gelenktriebwagen GT 8.

Nach Feststellungen des Deutschen Wetterdienstes in Offenbach war Freiburg mit 1994 Stunden Sonne die sonnenreichste Stadt der Bundesrepublik.

1972 März: Mit 26 Ja-Stimmen, bei 17 Nein-Stimmen und einer Enthaltung, beschließt der Gemeinderat die Umgründung der Stadtwerke in eine Versorgungs- und in eine Verkehrsgesellschaft. Es werden eine »Verkehrs-AG« und eine AG für Elektrizitäts- und Wasserversorgung (FEW AG) gegründet, die zur Holdinggesellschaft »Stadtwerke Freiburg GmbH« gehören.

In Landwasser wird das »Haus der Begegnung«, ein Gemeinschaftswerk der Katholischen und Evangelischen Kirche und der Stadt, eröffnet.

April: Im Rathaus von Opfingen wird der Eingliederungsvertrag mit Freiburg unterzeichnet. Richtfest in Zähringen am Baukomplex Alban-Stolz-Straße mit 332 Wohnungen für rund 1000 Menschen.

Juni: Waltershofen wird an das städtische Verkehrsnetz angeschlossen.
Von 1972 bis 1976 muß die Stadt nach Erklärung von Erstem Bürgermeister Dr. Graf über 100 Millionen DM für den Schulhausbau aufwenden; besonders groß ist der Bedarf an Schulraum bei den Gymnasien.

Das Freiburger Weinfest »Olympiade des Weines« wird auf dem Münsterplatz eröffnet.
Der brasilianische Erzbischof Dom Helder Camara spricht im Auditorium maximum der Universität.

Juli: Waltershofen ist Stadtteil von Freiburg.
Der Gemeinderat erklärt sich grundsätzlich mit der Sperrung der Innenstadt wie mit der Einrichtung von Fußgängerzonen einverstanden.
Das Zifferblatt der Turmuhr am Münster wird wie im Mittelalter auf Stein, und zwar auf die Befundreste um 1500 in den Planetenfarben jener Zeit, aufgemalt; die verrostete Blechscheibe mit dem Zifferblatt von 1851 wird entfernt.

September: Das Deutsch-Französische Gymnasium nimmt seinen Unterricht in drei Räumen der Französischen Schule an der Habsburgerstraße auf.
Auf dem Messegelände wird die Ausstellung »Schalten und Walten der Hausfrau« eröffnet.

Oktober: Der Deutsche Caritasverband begeht sein 75jähriges Bestehen mit einer Eucharistiefeier im Münster.
Bundesparteitag der FDP in der Stadthalle.

November: Bei den Bundestagswahlen werden neben Dr. Evers (CDU) Dr. Böhme (SPD) und Dr. Vohrer (FDP) in den Bundestag gewählt.

Dezember: Der traditionsreiche Freiburger Fußball-Club feiert sein 75jähriges Bestehen.

1973 Januar: Die Gemeinde Tiengen ist Teil der Stadt.
Das Regierungspräsidium Südbaden heißt jetzt Regierungspräsidium Freiburg.
Das Einkaufszentrum Schwarzwald-City mit 15000 Quadratmeter Nutzfläche, mit Kosten von 65 Millionen DM erbaut und einer Tiefgarage mit 600 Einstellplätzen, wird eröffnet.
Der Gemeinderat genehmigt den Vertrag über die Eingemeindung von Munzingen nach Freiburg. Der Eingemeindungsvertrag wird am 8. Februar im Rathaus von Munzingen durch Oberbürgermeister Dr. Keidel und Bürgermeister Baumann unterzeichnet.

März: Auf dem Ausstellungsgelände am Meßplatz wird die erste südwestdeutsche Camping- und Freizeit-Ausstellung eröffnet.

April: Die dritte Schwabentorbrücke, die Leo-Wohleb-Brücke, und die Leo-Wohleb-Straße werden im Beisein von

Frau Wohleb durch Oberbürgermeister Dr. Keidel eingeweiht.

In den alten Gewölben des neuen Rathauses findet die Eröffnungsvorstellung des 1953 gegründeten Wallgraben-Theaters mit Thomas Bernhards Stück »Der Ignorant und der Wahnsinnige« statt.

Mai: Eine für den städtischen Verkehr besonders wichtige Entscheidung fällt in der Gemeinderatssitzung: Mit großer Mehrheit wird die Erweiterung des Straßenbahnnetzes, der Bau der Stadtbahn zwischen Rotteckring und Gaußstraße/Berliner Allee, die Unterquerung des Rotteckrings und die Planung der Trasse durch die Verkehrs-AG beschlossen.

Eine stadträtliche Abordnung mit Oberbürgermeister Dr. Keidel nimmt an den Feierlichkeiten der schweizerischen Stadt Burgdorf zum Gedenken an die Verleihung des Stadt- und Marktrechtes vor 700 Jahren an diese Zähringer-Gründung teil. Dr. Keidel überbringt die Glückwünsche der deutschen Zähringerstädte.

Juni: Eröffnung der bis zum 3. Juli dauernden Weintage auf dem Münsterplatz.

Die Entscheidung über die Oberfinanzdirektion Freiburg ist gefallen. Diese große Bundes- und Landesbehörde bleibt bestehen, sie wird sogar erweitert, indem die Bundesvermögensverwaltung für ganz Baden der Freiburger Oberfinanzdirektion angegliedert wird.

Juli: Die Gemeinde Munzingen gehört zur Stadt.

Der Regionalverband Südlicher Oberrhein nimmt seine Arbeit auf; die Planungsgemeinschaft Breisgau ist aufgelöst.

Unbekannte hissen in der Morgendämmerung auf der Spitze des Münsterturms eine große Stadtfahne; sie war mit einem Kletterseil fachmännisch und sauber an der Kreuzblume verknotet.

Im Stadtteil Landwasser wird zum ersten Mal Wochenmarkt gehalten.

Die Stadt ruft die Bürgerschaft auf, Baumpatenschaften, das heißt die Pflege für einen der rund 11 500 Straßenbäume, zu übernehmen.

Professor Dr. Helmut Engler wird zum neuen Rektor der Universität gewählt. Sein Vorgänger, Dr. Hansjürg Steinlin, verläßt Freiburg.

September: Die Badische Landwirtschaftsausstellung wird eröffnet.

Auf dem Stühlinger Kirchplatz findet der erste Freiburger Flohmarkt statt.

Oktober: Das Große Haus der Städtischen Bühnen wird nach dem Wiederaufbau des Bühnenhauses und anderen Instandsetzungsarbeiten mit Mozarts Oper »Titus« unter dem neuen Generalmusikdirektor Marek Janowski eröffnet.

Etwa 2000 Wissenschaftler aus aller Welt weilen anläßlich des Leber-Kongresses in Freiburg. Professor Baruch S. Blumberg aus Philadelphia, Entdecker des Hepatitis-Virus, erhält den Eppinger-Preis.

November: Der Rektor der Universität, Professor Dr. Engler, teilt mit, daß die Zahl der Studierenden an der Universität auf 15 500 angewachsen sei, 3300 seien neu immatrikuliert worden, und die Zahl der Ausländer betrage 1085.

Im neuen »Haus Weingarten«, eine aus sozial- und gesellschaftspolitischen Gründen von der Stadt mit 6,8 Millionen DM erbaute Einrichtung für sozial Benachteiligte in diesem Stadtteil, findet ein »Tag der offenen Tür« statt; es ist das erste Haus dieser Art in der Bundesrepublik.

Die Innenstadt zwischen Martinstor und Siegesdenkmal, Oberlinden und Stadttheater wird für den Individualverkehr gesperrt.

Die Energieknappheit führt dazu, daß der weihnachtliche Lichterglanz im Stadtzentrum eingeschränkt wird. Die Weihnachtssterne, die vom Ausschuß Freiburger Wirtschaftswerbung in den Einkaufsstraßen der Innenstadt aufgehängt wurden, werden nicht beleuchtet.

Dezember: Auf dem Rathausplatz findet zum ersten Male ein Weihnachtsmarkt statt.

Das Einkaufszentrum an der Krozinger Straße in Weingarten mit Räumen für 23 Läden wird eröffnet.

1974 Mai: Die Volksbank Freiburg eG, die als Freiburger Gewerbebank seit 1866 existiert und 96 Jahre in der Franziskanerstraße ihren Sitz hatte, zieht in einen Neubau in der Bismarckallee gegenüber dem Hauptbahnhof um. Den Bau der Volksbank in der Franziskanerstraße übernimmt die städtische Sparkasse.

Juni: Die »Flugplatz Freiburg-Breisgau GmbH« wird durch einstimmigen Beschluß des Gemeinderates gegründet.

Juli: Der Landtag von Baden-Württemberg beschließt die Gemeindereform. Umkirch bleibt, im Gegensatz zur Zielplanung, selbständig. Die Lösung des Stadt-Umland-Problems im Sinne einer langfristigen Entwicklung bleibt im Gebiet Freiburg lückenhaft. Unter dem Eindruck der bevorstehenden gesetzlichen Eingemeindung nach Freiburg unterzeichnen die Gemeinden Ebnet und Kappel den Eingliederungsvertrag mit Freiburg.

Mit Lehen, Munzingen, Tiengen, Opfingen, Waltershofen und Hochdorf im Westen und Ebnet und Kappel im Osten ist die Stadt Freiburg von 162 000 Einwohner im Jahr 1970 auf 180 000 Einwohner angewachsen.

Die Gemarkungsfläche beträgt jetzt 15 168 Hektar, vor der Gemeindereform waren es 7990 Hektar.

Mit der Renovierung der Rathausgasse und des Rathausplatzes wird eine weitere Zone der Stadtmitte zur attraktiven Fußgängerzone umgestaltet.

Der Autobahnzubringer Mitte geht im Jahr 1974 seiner Vollendung entgegen. Der letzte Bauabschnitt zwischen der Ochsenbrücke und der Kronenbrücke, wo der Zubringer den Altstadtring erreicht, wird gebaut.

Gleichzeitig wird anstelle der alten Schwabentorbrücke, die abgerissen wurde, eine neue, dritte Brücke in diesem Gebiet erstellt. Mit diesen Arbeiten werden die großen Straßenbauprojekte im Ost-West-Bereich vollendet.

August: Nach zwei Jahren findet am Schauinsland wieder das vom ADAC organisierte Automobilrennen statt. Erstmals ist das Rennen nur für Touren-, GT-, Sport- und Formelwagen, nicht für Motorräder, zugelassen.

September: Auf dem Meßplatz, in der Stadthalle und den Ausstellungshallen findet die 5. Badische Handwerks- und Gewerbeausstellung statt.

Oktober: Die traditionsreiche Freiburger Herbstmesse findet unter großer Beteiligung von Schaustellern und Händlern auf dem Meßplatz statt.

November: Am 27. November begeht die Stadt das Gedenken an die vor dreißig Jahren erfolgte Zerstörung des größten Teils der alten Stadt.

Dezember: Auf dem Rathausplatz ist zum zweiten Male der Weihnachtsmarkt aufgebaut.

1975 Januar: Die Stadt zählt nun etwas mehr als 180 000 Einwohner. Im Einzugsgebiet der Stadt, im Landkreis Breisgau-Hochschwarzwald, wohnen weitere rund 185 000 Menschen.

Februar: Am 1. Februar findet im Stadtzentrum der erste »lange Samstag« statt. Der »Ausschuß Freiburger Wirtschaftswerbung«, dem die Einzelhandelsgeschäfte der Innenstadt angehören, organisiert seit diesem Zeitpunkt an jedem verkaufsoffenen Samstag eine Art Volksfest, den »Erlebnissamstag«, der zu einer im ganzen oberbadischen Raum geschätzten Attraktion geworden ist.
Am Rosenmontag säumen über 50 000 Menschen die Straßen der Altstadt, durch die der Rosenmontagszug mit etwa 3500 Narren zieht. Unter den auswärtigen Teilnehmern sieht man auch eine karnevalistische Abordnung aus der Partnerstadt Besançon.

An der Universität sind im Wintersemester 16 628 Studenten eingeschrieben.

Dem Wiederaufbau der sogenannten »Gerichtslaube« (erstmals erbaut 1280) stimmt der Gemeinderat zu und genehmigt für den ersten Bauabschnitt rund 500 000 DM. Ein aus Freiburger Bürgern zusammengesetztes Kuratorium hat schon erhebliche Geldmittel und Sachspenden für den Wiederaufbau dieses ältesten Rathausteils gesammelt.

März: In der Gewerbeschule II führt der Direktor der Schule, Richard Fehrenbach, das von ihm, seinen Kollegen und Schülern während vieler Jahre konstruierte und gebaute Planetarium vor. Dieses Planetarium gilt als eine der bedeutendsten, nicht von einer Industrie erbauten Anlagen dieser Art in der ganzen Welt.

April: Oberbürgermeister Dr. Keidel nimmt am 11. April den ersten Spatenstich für das Hallenbad in Haslach vor. Bei den am 24. April stattfindenden Gemeinderatswahlen werden folgende Ergebnisse erzielt: CDU 21 Sitze, SPD 17 Sitze, Freie Wählervereinigung 5 Sitze und FDP 5 Sitze. Die Wahlbeteiligung liegt bei 59,8 Prozent.

Mai: Im Tennis-Daviscup-Spiel Bundesrepublik Deutschland : Schweiz in Freiburg siegen die Deutschen mit 5:0. Im bevölkerungsreichen Stadtteil Haslach-Weingarten wird ein Abenteuerspielplatz eröffnet.
Beim Internationalen Bergrennen am Schauinsland, veranstaltet vom ADAC Freiburg, siegt der Schweizer Fredy Amweg.

Juni: Die Ortsvorsteher von Hochdorf, Herbert Kossmann, Tiengen, Herbert Schächterle, und Kappel, Rudolf Gross, werden vom Gemeinderat erneut gewählt.
Die »Leo-Wohleb-Brücke« wird fertiggestellt. Mit dem gleichzeitigen Ausbau der Schwarzwaldstraße wird die Verkehrsverbindung in Ost-West-Richtung erheblich verbessert.
Die Freiburger Weinwoche auf dem Münsterplatz sieht über 100 000 Besucher. Mehr als 200 verschiedene badische Weine werden angeboten.

Juli: Auf dem Gelände des früheren Anzuchtgartens an der Schwarzwaldstraße, gegenüber dem Meßplatz, wird mit einem Kostenaufwand von 12 Millionen Mark das Deutsch-Französische Gymnasium gebaut.

Nach Beendigung der Spielzeit der Städtischen Bühnen verlassen Intendant Volker von Collande und Generalmusikdirektor Marek Janowski die Stadt Freiburg.
Am 200. Geburtstag des Freiburger Historikers und Politikers Carl von Rotteck legen der Rektor der Universität, Professor Dr. Helmut Engler, und Oberbürgermeister Dr. Eugen Keidel am Grabmal im Alten Friedhof einen Kranz nieder.
Auf der neuerrichteten Schwabentorbrücke werden die alten Figurengruppen wieder aufgestellt.

September: Am 6. und 7. September veranstaltet der Verkehrsverein Freiburg ein »Alemannisches Wochenende«. Das große Volksfest wird von mehr als 100 000 Menschen aus allen Teilen des südbadischen Landes und des benachbarten Auslandes besucht.
Der Freiburger Theologieprofessor Dr. Klaus Hemmerle wird Bischof von Aachen.
Die Städtischen Bühnen eröffnen die Spielzeit mit »Theater total«. Das Publikum wird auf den Straßen und im Theater über die Aufführungen und den gesamten technischen Aufwand informiert.

Oktober: Der Deutsche Fleischer-Verband tagt anläßlich seines 100jährigen Jubiläums in Freiburg.

Am Rotteckring, vor dem Schwarzen Kloster, wird eine Gedenkstätte für die Opfer des Nationalsozialismus errichtet.

November: Im Kongreßsaal auf dem Karlsplatz tagt die Synode der Evangelischen Kirche in Deutschland. Unter den Teilnehmern sieht man auch Altbundespräsident Dr. Gustav Heinemann.

Ringerweltmeister Adolf Seger wird vom Deutschen Ringerbund als »Ringer des Jahres« geehrt.

Dezember: Am 12. Dezember wird das Richtfest für die im Rohbau wieder aufgebaute »Gerichtslaube« begangen.

Der Gemeinderat beschließt mit 28 Ja- und 15 Nein-Stimmen die Planungen für den Ausbau der Kaiser-Joseph-Straße zur Fußgängerzone. Haushaltsmittel werden noch nicht bereitgestellt. Die Mittel sollen durch Spenden der Anlieger aufgebracht werden.

Im Mittelpunkt des Dezember steht der Weihnachtsmarkt auf dem Rathausplatz.

1976 Februar: Das Projekt »Stadtbahn nach dem Westen« wird vom Bundesverkehrsministerium in das Programm für den öffentlichen Nahverkehr aufgenommen. Die erste Voraussetzung für die Verwirklichung dieses großen Nahverkehrsprojektes in Freiburg ist damit geschaffen.

Im Wintersemester studieren 17 388 junge Leute an der Universität, 4234 an der Pädagogischen Hochschule und 800 an der Staatlichen Musikhochschule.

Erster Bürgermeister Dr. Gerhard Graf berichtet, daß die Stadt Freiburg 90 Prozent der Sportanlagen besitze, die nach den geltenden Richtlinien des Kultusministeriums bis 1990 vorhanden sein sollen.

April: Neuer Vorsitzender des ADAC-Gaues Südbaden wird Franz Rösch.

Bei der am 4. April stattgefundenen Landtagswahl erringen im Wahlkreis Freiburg-Ost Dr. Hans Filbinger, im Wahlkreis Freiburg-West Dr. Conrad Schroeder (beide CDU) die Direktmandate. Über die Zweitauszählung erreichen Dr. Jürgen Meyer und Dr. Rudolf Schieler (beide SPD) und Klaus Rösch (FDP) Mandate. Freiburg ist damit im Landtag mit fünf Abgeordneten vertreten.

Der Gemeinderat beschließt mehrheitlich, die Stadtbahn zwischen Bertoldstraße und dem Stadtteil Stühlinger über eine Brücke zu führen.

Mai: Aus Anlaß des 75jährigen Jubiläums der Albert-Konzerte spielen in der Stadthalle die Wiener Philharmoniker unter Karl Böhm.

Im Gewölbe des Münsters werden Schäden festgestellt, die eine vorübergehende Sperrung des Längsschiffs zur Folge haben.

Am 26. Mai stirbt der Philosoph Martin Heidegger.

Juni: Oberbürgermeister Dr. Keidel gibt im Historischen Kaufhaus auf dem Münsterplatz einen Empfang zu Ehren des Staatspräsidenten von Liberia, Dr. William R. Tolbert.

Die Freiburger Feuerwehr begeht ihren 125. Geburtstag mit einem Festakt und einer großen Übung in der Kaiser-Joseph-Straße.

Die Freiburger Weintage auf dem Münsterplatz, der Oberlindenhock und der Hock auf dem Rathausplatz werden wieder zur Hauptattraktion des Monats. Die Winzertochter Gisela Faber aus Freiburg-St. Georgen wird zu Beginn des Weinfestes zur Badischen Weinkönigin gekrönt.

Mit der Spielzeit der Städtischen Bühnen unter Generalmusikdirektor Klauspeter Seibel, Chefdramaturg Wolfgang Poch und Verwaltungsdirektor Hans Steiert endet die bislang wirtschaftlich erfolgreichste Periode der Nachkriegszeit. Die Leitung der Städtischen Bühnen wird vom neuen Intendanten, Dr. Manfred Beilharz, übernommen.

August: Die Stadtbücherei wird 75 Jahre alt.

September: Das Deutsch-Französische Gymnasium beginnt mit 286 Schülern und Schülerinnen in elf Klassen im Neubau an der Schwarzwaldstraße seinen Unterricht.

Mit einem Theatermarkt in allen Räumen und mit Attraktionen auf verschiedenen Plätzen der Stadt beginnen die Städtischen Bühnen die neue Spielzeit. Gleichzeitig veranstalten Kunstvereine und Künstlerverbände, die Architektenkammer und die Volkshochschule die erste Freiburger Kulturwoche.

Der in der ganzen Welt bekannte Freiburger Verlag Herder wird 175 Jahre alt.

Der Gemeinderat wählt einstimmig Dr. Gerhard Graf für weitere acht Jahre zum Ersten Bürgermeister.

Am 11. September wird auf dem Messegelände die Badische Landwirtschaftliche Ausstellung eröffnet.

Die Bohrversuche im Mooswald nach Thermalquellen sind erfolgreich. Es wird eine Quelle erschlossen, die 43 Grad Celsius aufweist und etwa die gleiche Zusammensetzung hat wie die Quellen von Bad Krozingen und Bad Bellingen.

Oktober: Der 10. Freiburger Presseball am 2. Oktober, die »Nacht der Orchideen«, wird wieder zu einem Höhepunkt der gesellschaftlichen Ereignisse in und um Freiburg.

Bei der Bundestagswahl am 3. Oktober beträgt die Wahlbeteiligung im Wahlkreis Freiburg 88,5 Prozent. Das Direktmandat erringt der Kandidat der CDU, Dr. Hans Evers. Über die Zweitauszählung kommen Dr. Rolf Böhme (SPD) und Dr. Manfred Vohrer (FDP) in den Bundestag.

Die Freiburger Verkehrsbetriebe feiern ihre vor 75 Jahren erfolgte Gründung.

50 Jahre alt wird das älteste deutsche Wirtschaftsgymnasium, das Walter-Eucken-Gymnasium in Freiburg. 150 Jahre alt wird der Breisgau-Geschichtsverein Schauinsland.

November: Die Öffentliche Sparkasse Freiburg begeht mit einem Festakt das 150. Jubiläum ihrer Gründung.
Vor 50 Jahren strahlte der erste Freiburger Rundfunksender Programme aus einem eigenen Studio aus.

Dezember: In Haslach wird das neue Hallenbad mit besonderer Holzkonstruktion eröffnet.
Das aus Sicherheitsgründen gesperrte Hauptschiff des Münsters wird für die Besucher wieder zugänglich gemacht.

1977 Januar: In der ersten Sitzung des neuen Jahres beschließt der Gemeinderat die Aufstellung eines Bebauungsplans für das »Mineral-Thermalbad Mooswald«.

Februar: Als Nachfolger von Professor Dr. Helmut Engler wird der Theologe Professor Dr. Bernhard Stoeckle zum neuen Rektor der Universität gewählt.
Am Rosenmontagsumzug nehmen etwa 4000 Narren aus Freiburg und dem ganzen Umland, auch aus Besançon, und zahlreiche Musikkapellen teil.

März: Das Gebiet des Mundenhofs, bisher der Gemarkung von Umkirch zugehörig, wird in die Gemarkung Freiburg aufgenommen.

April: Das Hallenbad Freiburg-West, eines der schönsten Hallenbäder der Bundesrepublik, wird eröffnet. Das Bad hat vier verschiedene Becken, eine 50-Meter-Bahn und einen 10-Meter-Sprungturm. Es entspricht den internationalen Sportbedingungen.

Mai: Der Freiburger Fußball-Club wird Meister der ersten Amateurliga, erreicht damit die Qualifikation für die Aufstiegsrunde und schafft schließlich auch den Aufstieg zur zweiten Bundesliga.

Juni: Die Errichtung des Parkhauses an der Schloßbergstraße mit etwa 750 Parkplätzen durch die Kommunalbauten GmbH wird vom Gemeinderat beschlossen.
Auf dem Münsterplatz findet wieder das große Freiburger Weinfest statt.

Juli: Am 13. Juli trifft die Tour de France in Freiburg ein. Nach einem Ruhetag wird am 15. Juli mit einem Rundstreckenrennen in Freiburg-West zur nächsten Etappe gestartet.

August: Auf dem Münsterplatz wird mit einem Volksfest das 25jährige Jubiläum des Landes Baden-Württemberg begangen.

September: Der musikalische Leiter der Berner Oper, Klaus Weise, wird zum neuen Generalmusikdirektor gewählt.
Vom 10. bis 24. September besuchen über 100 000 Menschen die Badische Handwerks- und Gewerbeausstellung auf dem Messegelände.

Oktober: Die Badische Weinkönigin, Gisela Faber aus Freiburg-St. Georgen, wird zur Deutschen Weinkönigin gewählt.
Am 8. Oktober findet in der Mensa I der Freiburger Presseball statt, der zu Ehren des 25jährigen Jubiläums von Baden-Württemberg unter dem Motto »Freiburg im Breisgau, die (un)heimliche Hauptstadt« steht.
Die Freiburger Kolping-Familie wird 125 Jahre alt.
Anläßlich des 150jährigen Jubiläums der Erzdiözese Freiburg feiert im Münster der Apostolische Nuntius, Erzbischof Guido del Mestri, ein Pontifikalamt.
In den Messehallen findet die Ausstellung »Interbrossa« statt, eine internationale Fachausstellung der Bürsten- und Pinselindustrie, die zur bisher größten Ausstellung dieses Gewerbes in der ganzen Welt wird.

1978 Januar: Stadtsyndikus Weis gibt bekannt, daß der Wiederaufbau Freiburgs formaljuristisch abgeschlossen ist. Der Wiederaufbau hat seit der Zerstörung im November 1944 rund 30 Jahre gedauert.
Das Städtische Verkehrsamt legt eine Untersuchung über die Freiburger Beherbergungsbetriebe vor und kommt zu dem Ergebnis, daß mindestens 500 Hotelbetten der ersten Kategorie fehlen.

Februar: Am Rosenmontagsumzug beteiligen sich 5 000 Narren aus Freiburg und ganz Südbaden. Es ist der größte Rosenmontagsumzug, den Freiburg bisher sah.
In der Kartäuserstraße wird in Anwesenheit von Bundespräsident Walter Scheel die neue Jugendherberge eröffnet.
Der Freiburger Bundestagsabgeordnete Dr. Rolf Böhme (SPD) wird Parlamentarischer Staatssekretär in der Bundesregierung von Bundeskanzler Helmut Schmidt.

März: Nach einem Beschluß des Gemeinderats wird im Colombi-Schlößchen das Museum für Ur- und Frühgeschichte eingerichtet.
Der Papst ernennt den Freiburger Weihbischof Dr. Oskar Saier zum neuen Erzbischof als Nachfolger des verstorbenen Hermann Schäufele.

April: Das Jesuitenschloß wird teilweise renoviert. Angegliedert wird ein Gaststättengebäude, nach dessen Fertigstellung das Jesuitenschloß als Tageserholungsheim für alte Menschen genutzt werden kann.
Als Nachfolger des verstorbenen Bürgermeisters Hermann Zens wird vom Gemeinderat der Fraktionsvorsitzende der CDU, Dr. Sven von Ungern-Sternberg, zum Bürgermeister gewählt, er übernimmt das Baudezernat.

Juni: Nach 22 Jahren legt die Stadtverwaltung einen neuen Flächennutzungsplan vor; er weist rund 240 Hektar neue Wohnbaugebiete aus.

Beim 35. ADAC-Bergpreis am Schauinsland siegt der Freiburger Mario Ketterer; er wird deutscher Meister der Rennsportwagen.

Bei den Freiburger Weintagen auf dem Münsterplatz werden 285 badische Weine offeriert.

Der Neubau der B 31-Ost von der Schützenallee zur Kappler Straße mit Umgehung von Ebnet soll im Bereich der Wohnquartiere in zwei Tunnelstrecken verlegt werden.

August: Der Freiburger CDU-Abgeordnete, Dr. Hans Filbinger, tritt als Ministerpräsident von Baden-Württemberg zurück.

In den Hallen und auf dem Messegelände wird die Ausstellung »Schalten und Walten der Hausfrau« eröffnet, an der rund 450 Aussteller beteiligt sind.

Oberbaudirektor Wolfdieter Batsch gibt nach Abschluß eines Bauabschnitts der Fußgängerzone Kaiser-Joseph-Straße bekannt, daß in der Altstadt jetzt genau 5555 Meter Straßenbächle fließen.

September: In der Bertoldstraße wird das Rombach-Center eröffnet, eine der größten Buchhandlungen der Bundesrepublik Deutschland, deren Besonderheit ihre neuartige Organisation und Aufmachung darstellt.

Am 13. September beginnt der 85. Deutsche Katholikentag in Freiburg mit einem Empfang, den Oberbürgermeister Dr. Keidel im Historischen Kaufhaus gibt. Der Oberbürgermeister, der eine große Zahl von hohen Würdenträgern der Kirche und des Staates begrüßen kann, bedankt sich bei dem Präsidenten des Katholikentags, Minister Professor Hans Maier, einem Freiburger, für die umfangreiche Organisationsarbeit. Bei den zahlreichen Veranstaltungen des Kirchentags, zu dem mehr als 100000 Menschen nach Freiburg kommen, sind außer den kirchlichen Würdenträgern aus Deutschland, Europa und Übersee auch die Spitzen des Staates vertreten. Dem Bundespräsidenten Walter Scheel, Bundeskanzler Helmut Schmidt, zahlreichen Ministern und den Vorsitzenden aller im Bundestag vertretenen Parteien, den Präsidenten zahlreicher größerer deutscher Vereinigungen aus Wirtschaft und Kultur gibt Oberbürgermeister Dr. Keidel im Rathaus einen Empfang. Der Kirchentag endet am 18. September. Bei Hauptkundgebungen auf dem Meßplatz sind jeweils 60000 und 80000 Menschen anwesend.

Im Möslestadion besiegt der Freiburger FC den Fußball-Club Cosmos, New York, der mit Franz Beckenbauer angetreten ist, mit 2:0 Toren.

Im Stadtteil Tiengen wird ein Mehrfamilienhaus bezogen, das mit einem neuen System der Sonnenenergiegewinnung geheizt wird. Es handelt sich um ein Projekt, das vom Bundesforschungsministerium gefördert wird.

Der Gemeinderat stimmt einer Bewerbung der Stadt Freiburg für die Ausrichtung der Landesgartenschau des Jahres 1986 zu.

Die auf dem Gelände des ehemaligen Rotteck-Gymnasiums errichtete neue Universitäts-Bibliothek wird in Betrieb genommen. In diesem Haus lagern rund 5 Millionen Bände. Der Neubau kostet 65 Millionen Mark.

Oktober: Am 12. Freiburger Presseball in der Mensa I nehmen der neue Ministerpräsident von Baden-Württemberg, Lothar Späth, Bundesminister Offergeld, die Landesminister Engler und Eberle und Oberbürgermeister Dr. Keidel teil.

Erster Bürgermeister Dr. Gerhard Graf nimmt in Paris den Preis »France-Allemagne« für die beispielhafte Partnerschaft Freiburg–Besançon entgegen.

Am Sternwaldeck wird der Neubau des Max-Planck-Instituts für internationales und ausländisches Strafrecht offiziell eingeweiht.

November: Freiburg wird Landessieger im Wettbewerb um die besten Leistungen für den Wiederaufbau und der Gestaltung des Stadtbildes. Später erhält die Stadt als einzige unter den deutschen Städten zwischen 100000 und 200000 Einwohnern die goldene Medaille für die Leistungen des Wiederaufbaus und des Stadtbildes.

Dezember: Die Aktion »Weihnachtswunsch« der Badischen Zeitung bringt neben zahlreichen Sachspenden eine Einnahme von mehr als 140000 Mark.

Der in der 2. Bundesliga spielende ERC Freiburg weist am Jahresende einen Punktestand auf, der ihm den Aufstieg in die 1. Eishockey-Bundesliga sichert.

1979 Januar: Die ehemalige Mülldeponie »Wolfsbuck«, westlich des Flugplatzes, ist vom städtischen Forstamt rekultiviert worden. Das Umweltministerium von Baden-Württemberg hat der Stadt Freiburg für die hervorragend gelungene Umwandlung des Müllbergs in eine Erholungslandschaft einen Preis zuerkannt.

Februar: Tapley Bennet, in den dreißiger Jahren Student in Freiburg, heute Botschafter der USA bei der NATO in Brüssel, stattet Oberbürgermeister Dr. Keidel im Rathaus einen Besuch ab.

Das städtische Gartenamt und zahlreiche Gärtner aus dem Raum Freiburg bauen in der Stadthalle eine Blumenschau. Mehr als 50000 Frühlingsblumen blühen! Noch mitten im Winter erleben hier Zehntausende den Frühling. Die größte Blumenschau, die es in Südbaden je gab.

Der Gemeinderat stimmt mit großer Mehrheit der Planung des »Seeparks Süd« zu. Am Flückigersee soll eine Erholungszone geschaffen werden, die dreimal größer ist als der Stadtgarten.

Am Rosenmontag erlebt Freiburg den größten Umzug alemannischer Fasnet, der hier stattfand. Etwa 100000 Menschen säumen die Straßen der Innenstadt, durch die 6000 Narren, darunter etwa 1000 auswärtige, ziehen. Die Teilnahme aus ganz Südbaden, aus Frankreich und der Schweiz ist besonders stark. Den Tag krönt die von der Breisgauer Narrenzunft getragene alemannische Freiburger Fasnet.

März: Das Kneipp-Kurhaus St. Urban im Stadtteil Herdern, das von der Kongregation der Barmherzigen Brüder von Maria Hilf betreut wird, feiert das 50jährige Bestehen.

April: Fünfzig Mitglieder des Europarates besuchen Freiburg. Sie erkundigen sich über den Wiederaufbau und die Sanierung der Altstadt, für die Freiburg von der Bundesregierung eine Goldmedaille erhalten hat.
Der Moraltheologe, Professor Dr. Bernhard Stoeckle, wird erneut zum Rektor der Universität gewählt.

Mai: In Freiburg beginnt eine »Französische Woche«. Im Historischen Kaufhaus auf dem Münsterplatz wird die Woche vom französischen Botschafter in Bonn, Jean Pierre Brunet, und dem Ersten Bürgermeister Dr. Gerhard Graf eröffnet.

Juni: Die Bürger von Oberlinden begehen in einem kleinen Festakt den 250. Geburtstag der hier stehenden Linde.
Bei der Direktwahl zum Europaparlament am 10. Juni gehen 61 Prozent der Freiburger Wahlberechtigten an die Urne. Die CDU erringt 43%, die SPD 36,4%, die FDP 9,3% und die »Grünen« 10,3% der Stimmen. Der Stimmenanteil der »Grünen« wird im ganzen Land stark beachtet.
Der Freiburger Dr. Rudolf Schieler (SPD) wird Mitglied des Europaparlaments.
Frau Dr. Gertrud Luckner (80) wird Ehrenbürgerin von Freiburg. Die Stadt dankt Frau Luckner mit der Verleihung der Ehrenbürgerschaft für ihre im Dienste des Deutschen Caritasverbandes geleistete Hilfe für alle Unterdrückten, insbesondere die Juden während der Zeit der Hitlerdiktatur. Frau Luckner, der »Engel der KZ«, wurde schon bald nach dem Krieg vom Staat Israel mehrfach geehrt.

Die »Gerichtslaube«, der älteste Teil des Rathauses, wird nach ihrem Wiederaufbau der Öffentlichkeit übergeben. Professor Dr. Hans Thieme, der das Kuratorium für den Wiederaufbau dieses historischen Gebäudes leitete, übergibt Oberbürgermeister Dr. Eugen Keidel die Schlüssel zu diesem Teil des Rathauses, in dem einst die Selbstverwaltung Freiburgs begann, als im Jahr 1498 Kaiser Maximilian I. den Deutschen Reichstag eröffnete. Der Wiederaufbau wurde im wesentlichen durch die Arbeiten Freiburger Handwerksinnungen und ihrer Mitglieder möglich. Um den Wiederaufbau hat sich Stadtrat Wilhelm Eschle in besonderer Weise verdient gemacht.

Mit der Wahl der neuen Badischen Weinkönigin – Susanne Hagin aus Weil-Haltingen – werden die Freiburger Weintage eröffnet.

Juli: Die »4. Freiburger Kunstwoche«, die vom 6. bis 15. Juli dauert, wird eröffnet.
Die »Freiburger Theaterwoche« wird über die Landesgrenzen hinaus stark beachtet.

Der Freiburger Rennfahrer Mario Ketterer stellt beim 12. ADAC/FMC-Schauinslandrennen einen neuen Rekord auf. Er durchfährt die 11,2 Kilometer lange Bergstrecke in 4:59,20 Minuten (= 134,75 km/Stunde).

Oberhalb des Hirzberges wird das 13 Meter hohe Holzkreuz des Schweizer Bildhauers Franz Eggenschwiler aufgestellt. Dieses Kreuz stand während des Deutschen Katholikentages auf dem Meßplatz.

Der Bertoldsbrunnen, das von Bildhauer Röslmeier im Jahr 1965 geschaffene Denkmal der Stadtgründer von Zähringen, wird wieder im Schnittpunkt des »Zähringer Stadtkreuzes« aufgestellt.
Der Münsterturm, lange Zeit wegen Reparaturarbeiten für die Besucher gesperrt, kann wieder bestiegen werden.
September: Am 4. wird Oberbürgermeister Dr. Eugen Keidel 70 Jahre alt. Aus allen Kreisen der Bevölkerung werden ihm Ehrungen zuteil und Glückwünsche überbracht. Ministerpräsident Lothar Späth überbringt ihm die goldene Staufer-Medaille, eine seltene Auszeichnung des Landes Baden-Württemberg.
Zwischen dem 8. und 16. September besuchen etwa 110 000 Menschen die 8. Badische Landwirtschaftsausstellung im Messezentrum an der Schwarzwaldstraße.
Die älteste Einwohnerin von Freiburg, Lina Stählin, wird am 22. des Monats 105 Jahre alt.
Die Schloßberg-Garage, die von der stadteigenen Freiburger Kommunalbauten GmbH mit einem Aufwand von 22 Millionen Mark gebaut wurde, wird am 22. mit einem Volksfest eingeweiht.
Neben Innsbruck, Padua und Besançon wird die englische Stadt Guildford die vierte im Partnerschaftsbund. Guildford, etwa 50 Kilometer südwestlich von London gelegen, ist die Hauptstadt der Grafschaft Surrey. Die Partnerschaftsurkunde wird am 22. September im Saal des Historischen Kaufhauses auf dem Münsterplatz vom Stadtoberhaupt von Guildford, Ron Burgess, und Oberbürgermeister Dr. Keidel unterzeichnet. Der anwesende britische Botschafter in der Bundesrepublik Deutschland, Oliver Wright, und der britische Generalkonsul McCarthy haben sich im Rathaus in das Goldene Buch der Stadt eingetragen.
Der ADAC Südbaden gedenkt am 27. September in einer Feierstunde im Historischen Kaufhaus seiner Gründung vor 75 Jahren.

Oktober: Am 29. Oktober wird im »Basler Hof« der frühere Landrat von Waldshut, Dr. Norbert Nothhelfer, als Präsident des Regierungsbezirks Freiburg in sein Amt eingeführt. Sein Vorgänger, Dr. Hermann Person, amtierte als Regierungspräsident seit 1967.

November: Am 2. November rettet der 14jährige Schüler Martin Werner einem dreijährigen Mädchen das Leben. Er drang in die brennende Wohnung eines Hauses in der Zasiusstraße ein und trug das Kind unter Lebensgefahr aus den Flammen.

1980 Januar: In einem alten Wohnhaus in der Tellstraße, Stadtteil Stühlinger, explodiert Gas, das aus einer defekten Leitung ausgeströmt war. Das Haus wird zerstört. Die Katastrophe fordert vier Menschenleben und viele Verletzte.

März: Bei den Landtagswahlen am 16. wird Günter Schrempp, SPD, im Wahlkreis West und Ludger Reddemann, CDU, im Wahlkreis Ost in den Landtag gewählt. Über die Landesliste kommen die beiden »Grünen«, Biologiestudent Helgo Bran und Architekt Hans Dietrich Erichsen, in den Landtag. Deutsche Meister in den lateinamerikanischen Tänzen und Siebte der Weltrangliste der Profis wird das Freiburger Tanzpaar Ute Streicher und Eugen Fritz.

Juni: Am 6. findet in der Stadthalle der Bundesparteitag der Freien Demokratischen Partei statt.
Am Morgen des 8. Juni beenden starke Polizeikräfte die Hausbesetzung in den ehemaligen Bankgebäuden und Bürohäusern Ecke Kaiser-Joseph-Straße/Schreiberstraße. In den Tagen danach gibt es zahlreiche Sachbeschädigungen und Demonstrationen in der Innenstadt.
Bei den Kommunalwahlen am 22. werden 20 Sitze von der CDU, 14 von der SPD, 5 von der FDP, 4 von den Freien Wählern und 4 von den Grünen belegt. Die Bunte Liste erhält einen Sitz.

Juli: Die Schauinslandbahn wird 50 Jahre alt.

September/Oktober: Der September wird vom Bundestagswahlkampf beherrscht. Mit 10 000 Besuchern setzt die SPD die Rekordmarke bei einer Kundgebung in der Halle der Verkehrsbetriebe, bei der Bundeskanzler Helmut Schmidt und SPD-Kandidat Dr. Böhme sprechen. Bei der Wahl am 6. Oktober erringt der Kandidat der SPD, Dr. Rolf Böhme, mit Abstand am meisten Stimmen in der Stadt Freiburg. Da zum gesamten Bundestagswahlkreis auch Teile des Landkreises Breisgau-Hochschwarzwald gehören, der traditionell eine CDU-Hochburg ist, geht das Direktmandat im gesamten Wahlkreis dennoch knapp an Dr. Schröder (CDU). Dr. Rolf Böhme, SPD, und Dr. Manfred Vohrer von der FDP werden über die Landeslisten in den Bundestag gewählt. Böhme bleibt Parlamentarischer Staatssekretär im Bundesfinanzministerium. Der »direkte Draht« zur Bundesregierung bleibt so für Freiburg erhalten.

November/Dezember: Erstmals finden in Freiburg »Jazz-Tage« statt. Tausende feiern in der Stadthalle die internationalen Bands. Mit dem Folk-Festival im April, dem Theater-Festival im Juni, der Kunstwoche im Juli runden die Jazz-Tage die großen kulturellen Ereignisse des Jahres ab.

1981 Das erste Vierteljahr 1981 wird durch Hausbesetzungen und damit verbundenen polizeilichen Häuserräumungen gekennzeichnet. Nach der Räumung der Gebäude am Dreisameck ziehen die Besetzer in das zwischen der Schwarzwaldstraße und der Talstraße gelegene alte Gewerbeviertel »Schwarzwaldhof« ein. Besetzt werden vor allem die ehemaligen gewerblichen Räume dieses Areals. Anfang März wird in der Moltkestraße ein Haus besetzt und am andern Tag wieder durch die Polizei geräumt. Dies war der Auftakt zu den bisher schwersten Randalen. In der Nacht des Aschermittwoch ziehen Trupps vom Schwarzwaldhof her durch die Innenstadt und zertrümmern Schaufensterscheiben in der Kaiser-Joseph-Straße und anliegenden Straßen und beschädigen öffentliche Gebäude. Auf Anordnung des Stuttgarter Innenministeriums wird der Schwarzwaldhof geräumt, es kommt zu weiteren Krawallen. Die Schäden werden auf mehr als eine Million Mark geschätzt. Der Schwarzwaldhof bleibt wochenlang von der Polizei abgeriegelt, bis der Abriß der Gebäude beginnt.
Eine Gruppe Freiburger Bürger, an deren Spitze der evangelische Dekan Karlheinz Ronecker und der Prior des Dominikanerordens, Pater Günter Paulus, stehen, sucht das Gespräch mit den Hausbesetzern und erreicht beim Eigentümer des Hauses in der Marienstraße, eines früheren Krankenhauses, die Zusage, daß ehemalige Hausbesetzer dort einziehen dürfen. Die Gruppe muß für die anfallenden Mieten Bürgschaft leisten.

Oktober: Die ersten Entscheidungen über die Kandidatennominierung zur Wahl des Oberbürgermeisters fallen. Oberbürgermeister Dr. Eugen Keidels Amtszeit endet im November 1982. Die CDU beschließt, den bisherigen Bürgermeister, der das Baudezernat betreut, Dr. Sven von Ungern-Sternberg als Kandidaten zu benennen. Die SPD nominiert den Freiburger Bundestagsabgeordneten und Parlamentarischen Staatssekretär im Bonner Finanzministerium, Dr. Rolf Böhme.

Die Gerberau und die Herrenstraße werden in die Fußgängerzone einbezogen. Der alte Wiehrebahnhof wird verschiedenen kulturellen Gruppen zur Verfügung gestellt. Im Colombi-Schlößchen wird das Museum für Ur- und Frühgeschichte eingerichtet.

1982 Die Deutschordenskommende wird wieder aufgebaut. Der Bau der Umgehungsstraße St. Georgen wird in Angriff genommen. Auf dem Gelände der alten Ziegelei Uffhausen wird mit dem Bau des »Augustinums«, eines Komplexes mit 300 Appartements für alte Menschen, begonnen. In der Nachbarschaft des Mineral-Thermalbads im Mooswald wird das Sporttraumatologische Institut fertiggestellt, dessen Leitung Professor Dr. Armin Klümper übernimmt.

Der Gemeinderat wählt als Nachfolger von Manfred Beilharz, der nach Kassel geht, Ulrich Brecht, bisher Essen, zum neuen Intendanten der Städtischen Bühnen.

Oberbürgermeister Dr. Rolf Böhme

Am 2. Oktober findet der 16. Freiburger Presseball unter dem Motto »Szenenwechsel« statt. Im Rathaus muß die Szene gewechselt werden. Der 3. Oktober, Tag der Oberbürgermeisterwahl, bringt noch keinen Sieger. Dr. Sven von Ungern-Sternberg von der CDU fehlen nur 900 Stimmen zur absoluten Mehrheit. Beim 2. Wahlgang am 17. Oktober holt der Kandidat der SPD, Dr. Rolf Böhme, mächtig auf. Er läßt seinen Gegenkandidaten knapp hinter sich und wird mit 40 632 von 81 158 Stimmen zum neuen Oberbürgermeister von Freiburg gewählt. Am Donnerstag vor dem zweiten Wahltag spricht der zurückgetretene Bundeskanzler Helmut Schmidt vor 15 000 Menschen auf dem Freiburger Münsterplatz. Es ist die größte politische Kundgebung, die Freiburg nach dem Krieg erlebte.

Der neue Oberbürgermeister amtiert einige Wochen als Amtsverweser, da ein chancenloser OB-Kandidat gegen die Wahl Einspruch erhob. Nach Ablehnung des Einspruchs wird Dr. Böhme am 21. Dezember offiziell in sein Amt eingeführt.

Dr. Eugen Keidel, 20 Jahre lang als Oberbürgermeister tätig, prägte eine Ära, die mit seinem Namen verbunden bleibt. Zu den Leistungen dieser Zeit gehören die Sicherung der Wasserversorgung, der Bau von 42 Prozent der 70 000 Wohnungen Freiburgs, die Einrichtung der autofreien Zone im Stadtkern, der Bau von vielen Schulen und Bädern, die Eingemeindung von sieben Nachbargemeinden in die Stadt und damit die Vergrößerung der Freiburger Gemarkung um 90 Prozent sowie der Bau des Mineral-Thermalbads im Mooswald, das seinen Namen trägt. Eugen Keidel wird Ehrenbürger der Stadt.

Im November werden die letzten Teile des Gerüstes am Münsterturm abgebaut. Nach 25 Jahren wird der Münsterturm wieder in seiner ganzen Schönheit sichtbar.

Das »Eugen-Keidel-Bad«, das Mineral-Thermalbad Freiburgs, registriert am 29. Oktober den einmillionsten Besucher.

Auf dem Rathausplatz findet vom 27. November bis zum 20. Dezember der Weihnachtsmarkt statt.

Am 1. Dezember tritt der bisherige Polizeichef von Offenburg, Bernhard Schreiber, die Nachfolge von Albert Maier an, der mit viel Geschick die Freiburger Polizeidirektion seit 1973 leitete.

Am 21. Dezember wird Oberbürgermeister Dr. Rolf Böhme in sein Amt eingeführt. In seiner ersten Haushaltsrede verweist er darauf, daß er sein Versprechen einhält, die Nettokreditaufnahme unter 30 Millionen Mark zu halten. Das Haushaltsvolumen erreicht 643 Millionen Mark, 4,2 Prozent mehr als 1981.

1983 Januar: Am 22. und 23. treffen sich etwa 20 000 Mitglieder der Oberrheinischen Narrenzünfte in Freiburg.
Am 29. findet in der Stadthalle zum 6. Male der Bundesparteitag der Freien Demokratischen Partei statt.
In der Universitätsbibliothek wird eine Ausstellung »50 Jahre Machtergreifung Hitlers« eröffnet, mit Dokumenten, die an die Freiburger Ereignisse jener Tage erinnern.
Oberbürgermeister Dr. Böhme wird neuer Protektor der Freiburger Fasnet.

Februar: Professor Dr. Volker Schupp wird als Nachfolger von Professor Dr. Bernhard Stoeckle zum Rektor der Universität gewählt.

März: Vor dem Gemeinderat legt Oberbürgermeister Dr. Böhme seine Gedanken und Pläne über die wirtschaftliche Entwicklung Freiburgs dar. Ein Wirtschaftsbeirat und eine Ideenbörse werden ins Leben gerufen. Förderung des Fremdenverkehrs, Ausbau der Stadthalle, Lösung des Problems Kongreßhaus, Bau eines neuen Hotels, Koordinierung der Freiburg-Werbung, Förderung des heimischen Gewerbes, Bau der Bundesstraße 31-Ost und Untersuchung einer Tieflage der Straße im Dreisambereich, Bahnhofbau und Ausbau des Bahnhofvorplatzes werden als weitere Ziele genannt.
Die Camping- und Freizeitausstellung wird von 45 000 Menschen besucht.

Mai: Teile der Stadt werden vom Hochwasser überflutet.

Juni: Das Kulturamt organisiert eine Landeskunstwoche.
Die Ranzengarde Concordia wird 125 Jahre alt.
Oberbürgermeister Dr. Rolf Böhme eröffnet am 24. zusammen mit der neuen Badischen Weinkönigin, Beate Hildwein, das Freiburger Weinfest.

Juli: Mit dem Theaterfestival geht die Spielzeit der Städtischen Bühnen zu Ende. Intendant Beilharz verläßt Freiburg.
Es wird eine Stadtbau GmbH gegründet, eine Dachgesellschaft, der die Freiburger Kommunalbau GmbH, die Sied-

lungsgesellschaft und die Gesellschaft für Stadterneuerung mbH angehören.
Am 26. stirbt Erster Bürgermeister Dr. Gerhard Graf. Graf diente der Stadt 27 Jahre als Bürgermeister und davor als Rechtsrat. 1956 wurde er Bürgermeister, 1964 Erster Bürgermeister und Stellvertreter des Oberbürgermeisters. Er betreute zunächst das Bauwesen, dann das Dezernat für Kultur, Schulen und Sport. In der Zeit seines Dezernats wurden 20 Schulen gebaut, darunter das Deutsch-Französische Gymnasium, das Gewerbeschulzentrum und die Staudinger-Gesamtschule. Die Stadt nahm am 29. mit einem Requiem im Münster Abschied von Gerhard Graf.

September: Vom 10. bis 18. besuchen 115000 Menschen die 8. Badische Handwerks- und Gewerbe-Ausstellung auf dem Messegelände. Mehr als 500 Aussteller und alle Handwerker-Innungen stellen dort in drei Hallen und 17 Leichtbauhallen aus.
Die traditionelle Freiburger Herbstmesse vom 15. bis zum 24. Oktober bietet zahlreiche neue Attraktionen.
Die Staatliche Musikhochschule beginnt im neuen Gebäude an der Schwarzwaldstraße ihren Lehrbetrieb.

Zwischen der Universität Freiburg und der Universität Budapest wird ein Partnerschaftsvertrag unterzeichnet.
Neuer Rektor der Universität ist Professor Dr. Volker Schupp.

November: Dr. Sven von Ungern-Sternberg wird Erster Bürgermeister und Stellvertreter des Oberbürgermeisters. Dr. Hans Evers wird Bürgermeister, ihm unterstehen die Ressorts Kultur, Schulen und Sport.
Der neue Oberbürgermeister der Partnerstadt Innsbruck, Romuald Nüscher, besucht Oberbürgermeister Dr. Rolf Böhme und trägt sich in das Goldene Buch der Stadt ein.
Im Colombi-Schlößchen wurde das neueingerichtete Museum für Ur- und Frühgeschichte (Direktor Gerd Biegel), im Beisein von Ministerpräsident Lothar Späth feierlich eröffnet.

Dezember: Am 9. wird die neue Stadtbahn eröffnet. Sie verbindet die westlichen Stadtteile Bischofslinde, Lehen, Betzenhausen und Landwasser mit der Stadtmitte.
Der Gemeinderat genehmigt 23 Millionen Mark als Investitionsvolumen für die Landesgartenschau 1986. Mit diesem Beschluß werden die ersten Arbeiten im Gelände der Gartenschau freigegeben.
Im Wintersemester 83/84 stieg die Zahl der an der Universität Studierenden auf 22 213. Es ist die höchste Zahl von Studenten, die je bei der im Jahr 1457 gegründeten Universität eingeschrieben waren.
An Weihnachten herrschten mit 17,4 Grad C frühsommerliche Temperaturen.

1984 März: Bei der Landtagswahl vom 25. März werden Ludger Reddemann (CDU), Günter Schrempp (SPD) und die Grünen Thilo Weichert und Hans Dieter Stürmer in den beiden Freiburger Wahlkreisen gewählt.

April: Am 1. stirbt überraschend der Theologe Professor Dr. Karl Rahner. Dem 1904 in Freiburg geborenen Religionsphilosophen sollte die Würde eines Ehrenbürgers von Freiburg verliehen werden. Wenige Tage nach dem Beschluß des Gemeinderats kommt die Kunde von seinem Tode.

Mai: Auf der »Interbrossa«, der einzigen Spezialmesse für die Bürstenindustrie und Hersteller von Maschinen für diesen Industriezweig, werden rund 10000 Besucher aus etwa 60 Ländern aller Erdteile gezählt.
Am 5. Mai besucht Oberbürgermeister Dr. Böhme und eine Delegation der Gemeinderäte die Partnerstadt Innsbruck aus Anlaß der vor 10 Jahren gegründeten Partnerschaft.

Mai: Der Gemeinderat beschließt mit Mehrheit den Bau einer Kultur- und Tagungsstätte (KTS), die auf dem Gelände zwischen der Bertoldstraße, Sedanstraße und Bismarckallee entstehen soll. Ministerpräsident Späth sagt Oberbürgermeister Dr. Böhme einen Landeszuschuß von 30 Millionen Mark zu. Wulf-Heinrich Daseking wird als Nachfolger von Klaus Humpert zum Chef des Stadtplanungsamtes berufen.

Juni: Einweihung der staatlichen Musikhochschule Freiburg. Die Architektengruppe 4 (Dieter Poppe, Arnold Rudel und Hans-Dieter Hecker) lieferte den Entwurf für den imposanten Bau gegenüber dem Meßplatz. Auf dem Gelände befand sich früher der Anzuchtgarten des städtischen Gartenamtes. Die Musikhochschule ist 1946 als städtische Schule gegründet worden, ihr erster Direktor war Prof. Dr. Gustav Scheck. Im neuen Haus sind 66 hauptberufliche Professoren und ebenso viele Lehrbeauftragte tätig. Beim Einzug in den Neubau zählt die Musikhochschule 562 Studierende. Direktor Prof. Dr. Johann-Georg Schaarschmidt dankt bei der Einweihung Land und Stadt für die hohen Investitionen (allein für den Bau 30,6 Millionen Mark).
Die Freimaurerloge »Humanitas zur freien Burg« feiert 200jähriges Jubiläum. Gegründet wurde die Freiburger Loge im Jahr 1784 durch Goethes Schwager Johann Georg Schlosser und andere. Ursprünglich nannte sie sich »Zur edlen Aussicht«.

Juli: Bürgermeister Berthold Kiefer, seit 20 Jahren Dezernent für Soziales, öffentliche Ordnung und Feuerwehr, wird auf weitere acht Jahre gewählt.
Ehrenbürger und Alt-Oberbürgermeister Dr. Eugen Keidel stiftet anläßlich

seines 75. Geburtstages einen mit 10 000 Mark dotierten Förderpreis für junge Handwerker und Kaufmannsgehilfen.
Am 5. Juli wird auf Initiative von Oberbürgermeister Dr. Rolf Böhme die »Freiburger Regio-Gesellschaft« gegründet. Ihr treten auch die Landkreise Ortenau, Breisgau-Hochschwarzwald, Emmendingen, Lörrach und Waldshut bei. Mitglieder werden ferner Städte, die Universität Freiburg, Kammern, Verbände und Firmen. Damit erhält Südbaden eine Institution, wie sie bereits in Basel und im Elsaß besteht.

August: Das mit einem Kostenaufwand von 33 Millionen Mark errichtete Berufsbildungszentrum im Stadtteil Landwasser nimmt den Schulbetrieb auf.

September: Die 11. Ausstellung »Schalten und Walten der Hausfrau« wird von 125 000 Menschen besucht.
Die Freiburger Turnerschaft von 1844, mit ihren 4800 Mitgliedern einer der größten und ältesten deutschen Sportvereine, feiert das 140-Jahr-Jubiläum.

Oktober: Die Freiburger Verkehrs AG führt eine Umweltschutzkarte ein, die 38 Mark kostet und einen Monat lang für Fahrten auf allen städtischen Bus- und Bahnstrecken gilt. Freiburg leistet damit als erste deutsche Stadt einen Beitrag zur Reduzierung des Pkw-Verkehrs.
Der erste Versuchssender für einen lokalen Sendebereich in Baden-Württemberg, das »Stadtradio Freiburg«, nimmt seine auf zwei Jahre begrenzte Tätigkeit auf.
Bei der Gemeinderatswahl am 28. Oktober erhalten die CDU 18, die SPD 13, die Grünen 9, die Freien Wähler 4 und die FDP 3 Sitze, die Friedensliste 1 Sitz.

Oktober: Am Morgen des 8. Oktober macht die Raumfähre Challenger Aufnahmen von der Freiburger Bucht. Das Experiment wurde von der Abteilung Luftbildmessung der Forstwissenschaftlichen Fakultät der Universität Freiburg unter Leitung von Prof. Dr. Gerd Hildebrandt vorbereitet.

Dezember: Oberbürgermeister Dr. Rolf Böhme überreicht dem Freiburger Oskar Birkenfelder, Mitglied des Zentralrats der Sinti und Roma, das Bundesverdienstkreuz. Es ist die erste Ehrung dieser Art, die in der Bundesrepublik einem Zigeuner zuteil wurde.

1985 Januar: Das »Autonome Kulturzentrum«, von zahlreichen alternativen Gruppen in einem besetzten Haus am Glacisweg betrieben, wird durch Brand zerstört. Die Brandursache ist nicht aufgeklärt worden.

März: Alt-Stadträtin May Bellinghausen stirbt am 13. März. Im Stadtteil Haslach nannte man sie den »guten Geist von Haslach«.

Juni: Oberbürgermeister Dr. Rolf Böhme eröffnet die Freiburger Weintage auf dem Münsterplatz, die von mehr als 100 000 Menschen besucht werden.
Die Stadtbahn ist fertig. Der erste Stadtbahnzug erreicht die Endstation am Moosweiher im Stadtteil Landwasser.
Der Stadtteil Stühlinger wird 100 Jahre alt. Der Geburtstag wird mit mehreren Feiern begangen.

Juli: Die neue Synagoge mit Gemeindezentrum für die jüdischen Mitbürger entsteht Ecke Nußmann-/Engelstraße, in der Nachbarschaft des Münsters. Oberbürgermeister Dr. Rolf Böhme führt den ersten Spatenstich aus. Landesrabbiner Levinson sagt: »Hier wird ein Haus Gottes, eine Pforte des Himmels entstehen!«
Am 5. Juli findet die erste öffentliche Mitgliederversammlung der Freiburger Regio-Gesellschaft statt. Ministerpräsident Lothar Späth sagt, die Landesregierung werde die Bemühungen der Freiburger Regio-Gesellschaft, die Wirtschaftskraft des südbadischen Grenzlandes zu stärken, unterstützen. Er begrüßt die angestrebte, grenzüberschreitende Zusammenarbeit auf den Gebieten Raumplanung, Forschung und Technik am Oberrhein.

September: Der Gemeinderat stimmt der Auszeichnung von Philomene Steiger und Professor Dr. Franz Büchner zu Ehrenbürgern der Stadt zu. Den Festakt am 12. September im Historischen Kaufhaus erlebt Philomene Steiger nicht mehr. Im Alter von 89 Jahren stirbt sie am 8. September. Oberbürgermeister Dr. Rolf Bühme überreicht dem 90jährigen Professor Büchner beim Festakt die Ehrenbürgerurkunde. Die Festrede hält der Historiker Prof. Dr. Hugo Ott.

November: Das Große Haus der Städtischen Bühnen, das »Stadttheater«, besteht seit 75 Jahren. Am Jubiläumsabend hält der frühere Intendant Hans Reinhard Müller die Festrede, und Mozarts Oper »Die Hochzeit des Figaro« wird aufgeführt.

Dezember: In Anwesenheit des stellvertretenden Kultusministers von Bulgarien, Ivan Miluscher, und des Ministers für Kultus und Wissenschaft von Baden-Württemberg, Prof. Dr. Helmut Engler, eröffnet Oberbürgermeister Dr. Rolf Böhme in der Universitätsbibliothek die Ausstellung »Das erste Gold der Menschheit«. Die Goldfunde von Varna werden in Freiburg zum ersten Mal außerhalb Bulgariens gezeigt. Direktor Gerd Biegel vom Freiburger Museum für Ur- und Frühgeschichte hat diese Ausstellung möglich gemacht. Sie wird von Zentausenden besucht.

Auf Einladung des Rektors der Freiburger Universität, Prof. Dr. Volker Schupp, und der Regio-Gesellschaft kommen am 12. und 13. Dezember zahlreiche Persönlichkeiten aus der Schweiz, Frankreich und Baden-Württemberg in Freiburg zum Symposium »Universität und Regio« zusammen. Ministerpräsident Lothar Späth, Wirtschaftsminister Herzog und Wissenschaftsminister Prof. Dr. Helmut Engler vertreten die Landesregierung, anwesend sind der Maire von Straßburg, Marcel Rudloff, Dr. Kurt Jenny, Mitglied der Regierung des Kantons Basel-Stadt, Regierungspräsident Dr. Norbert Nothhelfer, die Nobelpreisträger Professor Köhler und Professor Arber, Basel, Professoren der Universitäten von Basel, Freiburg, Straßburg und Mülhausen, die Präsidenten der Industrie- und Handelskammer südlicher Oberrhein, Eugen Martin, von Basel, Dr. Wyss, und dem Elsaß, Lesage und Uhrich, und viele andere.

Nach den Worten von Ministerpräsident Späth muß »die Oberrheinregion eine europäische Musterregion werden«, Oberbürgermeister Dr. Rolf Böhme meint: »Am Oberrhein muß ein Europa der Bürger, nicht der Bürokraten entstehen.«

Der Gemeinderat stimmt erneut mit Mehrheit dem Bau einer Kultur- und Tagungsstätte zu.

1986 April: Am 18. öffnet die Landesgartenschau im Seepark ihre Tore. Sie dauert bis zum 12. Oktober. Geschäftsführer der Landesgartenschau GmbH und verantwortlich für die Vorbereitung, Durchführung und Abwicklung ist Bürgermeister Dr. Hans Evers. Bernhard Utz, Direktor des städtischen Gartenamts, ist für das Gesamtbild der Gartenschau zuständig, Wolfgang Fritz steht der Verwaltung vor, und Bernd Dallmann ist Direktor der Landesgartenschau GmbH.

Oberbürgermeister Dr. Rolf Böhme und der Minister für Landwirtschaft, Forsten und Umwelt, Gerhard Weiser, eröffnen im Beisein von 30 000 Besuchern diese größte Landesgartenschau, die es bisher gegeben hat. Schon eine Woche vor der Eröffnung besucht die Regierung des Kantons Basel-Stadt, mit Regierungspräsident Professor Dr. Hansrudolf Striebel, das Gartenschaugelände und übergibt dem Freiburger Oberbürgermeister den »Basler Platz«.

Juni/Juli: Die Stadtteile St. Georgen und Haslach feiern ihre erste Erwähnung vor 1200 Jahren. In einer Schenkungsurkunde des Klosters St. Gallen, die das Datum des 26. Dezember 786 trägt, werden die Orte zusammen mit Wittnau und Merzhausen genannt. In beiden Stadtteilen wird die 1200 Jahre alte Ortsgeschichte mit vielen Veranstaltungen gefeiert. In St. Georgen erleben etwa 60 000 Zuschauer am 6. Juli einen großen historischen Umzug.

Das Erholungsgelände am Dietenbach ist vollendet. Der Westen Freiburgs besitzt nun mit dem Seepark und dem Dietenbachpark zwei neue große Erholungszonen.

Wirtschaftsminister Herzog und Oberbürgermeister Dr. Rolf Böhme eröffnen das Freiburger Technologie-Center in der Wippertstraße.

September: Die Badische Handwerks- und Gewerbe-Ausstellung lockt etwa 120 000 Besucher an.

Oktober: Die Landesgartenschau schließt ihre Tore. Bis zum letzten Tag, dem 12. Oktober, zählte man insgesamt 1,967 Millionen Besucher. Es haben mehr als 3000 Sonderveranstaltungen stattgefunden. Mit jeweils etwa 45 000 Besuchern erreichten der Südwestfunk beim Jubiläum und die Badische Zeitung mit dem Sommernachtsfest Rekorde.

Am Vorabend des Gartenschaufinales, am 11. Oktober, feiern rund 1400 Gäste in der Mensa auf der Hochallee das Fest der »Blüten, Blätter, Orchideen«.

Freiburgs Journalisten hatten zum Jubiläum des 20. Freiburger Presseballs geladen, der unter der Schirmherrschaft von Oberbürgermeister Dr. Rolf Böhme steht. Das Land Baden-Württemberg wird durch Ministerpräsident Lothar Späth und Justizminister Dr. Heinz Eyrich vertreten.

Eine Woche nach Ende der Landesgartenschau sinkt die »Arche« in einer stürmischen Nacht in die Tiefe des Sees. Sie symbolisierte während der Gartenschau das »Überleben der Natur«.

November: Die »Freiburger Gesellschaft für Kultur, Tagungen und Ausstellungen GmbH« wird gegründet. Geschäftsführer wird Bernd Dallmann, der die Landesgartenschau erfolgreich betreut hatte.

Dezember: Der Weihnachtsmarkt auf dem Rathausplatz wird bei idealer Witterung zum großen Erfolg.

1987 Januar: Am 12. Neujahrstreffen der Trachten aus Südbaden, aus dem Elsaß und der Schweiz im Saal des Historischen Kaufhauses auf dem Münsterplatz. Oberbürgermeister Dr. Rolf Böhme und seine Frau Margret begrüßen die Trachtenabordnungen und Honoratioren der Stadt erstmals in der Tracht des Stadtteils St. Georgen.

Bei der Bundestagswahl erreicht Dr. Conrad Schroeder, CDU, das Direktmandat. Gernot Erler zieht über die Landesliste der SPD in den Bundestag ein.

Februar: Die Gewerbeschulen Freiburgs feiern die Gründung der ersten Gewerbeschule vor 150 Jahren. Die vier Schulen erhalten die Namen »Friedrich Weinbrenner«, »Walther Rathenau«, »Richard Fehrenbach« und »Gertrud Luckner«.

März: Das älteste Gasthaus Deutschlands, der »Rote Bären« in Oberlinden, wird 600 Jahre alt.

Mai: Anläßlich der Britischen Woche sind in Freiburg Nachbildungen der britischen Kronjuwelen zu sehen.

Juni: Im Haus der früheren Druckerei von Poppen & Ortman wird die »Freiburger Markthalle« mit zahlreichen Ständen eröffnet, die kulinarische Spezialitäten anbieten.
Auf dem Gelände beim Mundenhof wird das Freiburger Zelt-Musik-Festival eröffnet, das an 17 Tagen ein internationales kulturelles Programm präsentiert.

September: Freiburg wird die Goldmedaille beim Bundeswettbewerb »Bürger es geht um Deine Gemeinde« zuerkannt. Die Stadt wird außerdem ausgezeichnet für die gelungene Stadtentwicklung.
Der Verein »Obere Altstadt« eröffnet einen Kunstmarkt.
In der Albert-Ludwigs-Universität wird in Anwesenheit von Bundespräsident Richard von Weizsäcker der 20. Romanistentag eröffnet.
Bundestagung der Wirtschaftsjunioren. Bundeskanzler Dr. Helmut Kohl hält die Festrede.

Oktober: Das Freiburger Philharmonische Orchester wird 100 Jahre alt.
In den Schnewlinstraße wird das »Jazz-Haus Freiburg« eröffnet, das sich zu einem internationalen Treffpunkt des Jazz entwickelt.

Nachfolger des in den Ruhestand getretenen Bürgermeisters Berthold Kiefer wird Hansjörg Seeh, SPD. Er übernimmt das Sozialdezernat.

November: Die neue Synagoge, die in der Nußmannstraße gebaut wurde, wird im Beisein vieler jüdischer Bürger, die einst in Freiburg ihre Heimat hatten, eingeweiht. Diese Menschen und ihre Familienangehörigen, die jetzt im Ausland leben, sind als Gäste der Stadt eingeladen worden.

1988 Februar: Der Gemeinderat stimmt mit 32 gegen 14 Stimmen dem Bau einer Kultur- und Tagungsstätte zu.

März: Bei der Wahl zum Landtag von Baden-Württemberg werden in den beiden Freiburger Wahlkreisen gewählt: Günter Schrempp (SPD), Ludger Reddemann (CDU), Johanna Quis (Grüne) und Rose Glaser (Grüne).

April: Das Freiburger Münster wird von der Bundesregierung als »Kulturdenkmal von besonderer nationaler Bedeutung« anerkannt.
Der EHC Freiburg steigt in die 1. Eishockey-Bundesliga auf.

Mai: Oberbürgermeister Dr. Rolf Böhme besucht mit einer Delegation die Stadt Madison, Wisconsin (USA), und unterzeichnet dort die Urkunde über die Gründung einer Partnerschaft Madison/Freiburg.

Juni: Bundeswissenschaftsminister Möllemann und Wissenschaftsminister Professor Dr. Helmut Engler eröffnen das Internationale Zelt-Musik-Festival.
Der Bürgerentscheid über die Kultur- und Tagungsstätte (KTS) ergibt 36301 Neinstimmen und 29425 Jastimmen. Da das erforderliche Quotum nicht erreicht wurde, gilt der Bürgerentscheid gegen den Bau des Hauses als gescheitert. Der Gemeinderat beschließt daraufhin mit 33 gegen 16 Stimmen erneut den Bau der KTS.

Juli: Auf dem Gelände des Seeparks findet ein großes Sommernachtsfest statt. Es wird von 45000 Menschen besucht.

August: Am 8. 8. 1988 lassen sich in Freiburg 40 Paare trauen.
12000 Besucher erleben im Seepark ein klassisches Konzert. Es spielt das Royal Philharmonic Orchestra, London, mit Yehudi Menuhin als Solist.

September: Der Regionalsender des Südwestfunks »Radio Breisgau« beginnt mit den Sendungen.
Der Ortsteil Tiengen feiert das 1100-Jahr-Jubiläum.
Eine Delegation der Stadt Madison, USA, mit Bürgermeister Joseph Sensenbrenner, weilt in der Stadt. Im historischen Kaufhaus auf dem Münsterplatz besiegeln Oberbürgermeister Dr. Rolf Böhme und Bürgermeister Joseph Sensenbrenner die Partnerschaftsurkunde.
Am Kongreß der Deutschen Gesellschaft der Naturforscher und Ärzte nehmen rund 2000 Gäste aus aller Welt teil. Beim Festabend sind Bundespräsident Richard von Weizsäcker, Bundesforschungsminister Riesenhuber und Wissenschaftsminister Helmut Engler anwesend.

Dezember: Die Schauinslandbahn wird nach einer halbjährigen Urlaubszeit wieder eröffnet. Anstelle der bisherigen Großkabinen werden nun die Fahrgäste in einer größeren Anzahl kleinerer Kabinen befördert.

1989 April: Eine Delegation aus der japanischen Stadt Matsuyama mit Bürgermeister Nakumara weilt in Freiburg. Nakumara und Oberbürgermeister Dr. Rolf Böhme unterzeichnen das Partnerschaftsabkommen, das nun die beiden Städte verbindet.
Der »Friedrichsbau« wird wieder eröffnet. Nach einem umfassenden Umbau im Innern wird das Gebäude wieder zu einem zentralen Treffpunkt für die Freiburger.

Der Lokalsender »Radio Freiburg 1« nimmt seine Sendungen auf.

Das Bürgerhaus am Seepark wird eröffnet.

Die Universität stellt ein Konzept für die zu errichtende neue 15. Fakultät vor. Für diese Fakultät für Angewandte Wissenschaften ist ein Teil des Rieselfeldes als Standort vorgesehen.

August: Der Stadtteil Waltershofen feiert das 850-Jahr-Jubiläum.

Freiburg und Lwow, früher Lemberg, werden Partnerstädte. Lemberg war bis 1918 Hauptstadt der österreichisch-ungarischen Provinz Galizien, wurde dann polnisch und gehört seit 1945 zur UdSSR. Freiburg gehörte bis 1804 zu Österreich.

September: Am 4. wird Alt-Oberbürgermeister Dr. Eugen Keidel 80 Jahre alt.

Bürgermeister Dr. Hans Evers geht in Pension. Er wird im historischen Kaufhaus feierlich aus dem Dienst der Stadt verabschiedet.

Nachfolger als Bürgermeister und Dezernent für Kultur und Sport wird Thomas Landsberg, SPD.

Oktober: Bei der Kommunalwahl werden in den Gemeinderat gewählt: 14 Sitze für die CDU, 13 Sitze für die SPD, 10 Sitze für die Grünen, Freie Wähler 3 Sitze, FDP 3 Sitze, Republikaner 3 Sitze, Linke Friedensliste 1 Sitz, ÖDP 1 Sitz. Insgesamt 20 Sitze werden von Frauen besetzt. Damit hat der Freiburger Gemeinderat den höchsten Anteil von Frauen in der Bundesrepublik.

November: Das ehemalige Kinderkrankenhaus St. Hedwig in der Karlstraße wird Notunterkunft für die aus der DDR kommenden Umsiedler und Flüchtlinge.

Etwa 150 Menschen aus der DDR kommen mit einem Sonderflug, den Freiburger finanziert haben, zu einem Tagesbesuch nach Freiburg.

Dezember: Das Kinder- und Jugend-Theater nimmt im früheren Marienbad, das mit einem Kostenaufwand von 6 Millionen Mark umgestaltet wurde, den Spielbetrieb auf.

Mit 21,5 Grad Celsius erlebt Freiburg am 16. Dezember den wärmsten Dezembertag, seit es eine Aufzeichnung über Temperaturen gibt.

1990 Januar: Der russische Staatszirkus mit Clown Oleg Popov gastiert in Freiburg.

Februar: Zehntausende erleben in der Stadthalle die vom städtischen Gartenamt und den Gärtnereien aufgebaute Blumenschau.

Thomas Landsberg übernimmt als Bürgermeister das Dezernat Kultur, Schulen, Sport.

März: 15 000 Besucher sehen die Camping- und Freizeit-Ausstellung.

In Mulhouse, Elsaß, findet eine erste gemeinsame Sitzung der Gemeindeparlamente von Mulhouse und Freiburg statt.

Mai: Im Seepark wird ein »Japanischer Garten« eröffnet.

Juni: Das 8. Internationale Zelt-Musik-Festival wird zum Großereignis des Sommers.

Im Mooswald, beim Mineral-Thermalbad »Eugen-Keidel-Bad« wird das große Dorint-Hotel mit der Mooswaldklinik eröffnet. Die Leitung übernimmt Professor Dr. Armin Klümper.

Juli: Der bisherige Stadtkämmerer Dr. Engelbert Bernauer wird Bürgermeister. Peter Heller (Grüne) übernimmt als Bürgermeister das neue Dezernat für Umweltschutz.

Auf dem Messegelände findet die größte deutsche Ausstellung für Umweltschutz und Ökologie, die »Öko 80«, statt.

September: Die hauswirtschaftliche Ausstellung »Schalten und Walten der Hausfrau« wird von mehr als 120 000 Menschen besucht. Erstmals bieten die Stadthallen- und Ausstellungs-GmbH und die Freiburger Verkehrs-AG den Besuchern eine kostenlose Fahrt zum und vom Ausstellungsgelände an. Mehr als 40 000 Freifahrtscheine werden ausgegeben.

Am 23. September wird der seit acht Jahren amtierende Oberbürgermeister Dr. Rolf Böhme erneut für weitere acht Jahre zum Stadtoberhaupt gewählt. Rolf Böhme erreicht im ersten Wahlgang 53,3 Prozent der abgegebenen Stimmen. Der Kandidat, den die CDU aufgestellt hat, Klaus Guggenberger, hat mit 24,3 Prozent ebenso das Nachsehen wir Maria Viethen, die Kandidatin der Grünen und der alternativen Szene mit 20,4 Prozent der Stimmen.

Mit einer nur fünfzigprozentigen Wahlbeteiligung wird in Freiburg ein Minusrekord aufgestellt. Mit der Wiederwahl von Dr. Rolf Böhme stimmt die Bürgerschaft mehrheitlich der bisherigen Gemeindepolitik des Oberbürgermeisters zu.

Die Ehrenbürgerin von Freiburg, Frau Dr. Gertrud Luckner, wird am 26. September 90 Jahre alt. Der Präsident des Deutschen Caritasverbandes, Prälat Dr. Georg Hüssler, und Oberbürgermeister Dr. Rolf Böhme überbringen ihr die Glückwünsche des Caritasverbandes und der Freiburger Bürgerschaft. In der Zeit der Nazi-Diktatur und besonders in den Kriegsjahren bemühte sich Frau Luckner im Auftrag des Deutschen Caritasverbandes und von Erzbischof Dr. Conrad Gröber, den Verfolgten und speziell den Juden zu helfen. Sie konnte viele Juden vor der Vernichtung retten, ehe sie selbst in ein Konzentrationslager eingeliefert wurde. Der Staat Israel ehrte Gertrud Luckner nach dem Krieg auf vielfältige Weise.

Oktober: Am 3., dem Tag der deutschen Wiedervereinigung, findet im Historischen Kaufhaus auf dem Münsterplatz eine Feier statt, bei der Professor Dr. Dieter Oberndörfer die Festrede hält. Oberbürgermeister Dr. Rolf Böhme sagt in seiner Ansprache: »Die deutsche Einheit ist ein Geschenk der Geschichte an die Deutschen.«

Vom 25. bis 29. Oktober weilt eine Delegation der ukrainischen Partnerstadt Lwows (Lemberg) in Freiburg.

In einem offiziellen Festakt im Kaisersaal des historischen Kaufhauses auf dem Münsterplatz wird das Partnerschaftsabkommen durch die Oberbürgermeister beider Städte, Bogdan Kotik und Dr. Rolf Böhme unterzeichnet und besiegelt.